Hrsg.
Iwanowski's
Reisebuchverlag

# 101 Florida

## Geheimtipps & Top-Ziele

IWANOWSKI'S REISEBUCHVERLAG

Im Internet:

**www.iwanowski.de**

Hier finden Sie aktuelle Infos zu allen Titeln, interessante Links – und vieles mehr!

**Einfach anklicken!**

Schreiben Sie uns, wenn sich etwas verändert hat. Wir sind bei der Aktualisierung unserer Bücher auf Ihre Mithilfe angewiesen: **info@iwanowski.de**

**101 Florida – Geheimtipps & Top-Ziele**
**1. Auflage 2011**


Salm-Reifferscheidt-Allee 37 • 41540 Dormagen
Telefon 0 21 33/26 03 11 • Fax 0 21 33/26 03 33
E-Mail: info@iwanowski.de
Internet: www.iwanowski.de

Titelfoto: Michael Iwanowski
Alle anderen Farbabbildungen: siehe Bildnachweis Seite 247
Layout: Ulrike Jans, Krummhörn
Karten: Klaus-Peter Lawall, Unterensingen
Titelgestaltung: Studio Schübel, München
Redaktionelles Copyright, Konzeption und dessen ständige Überarbeitung:
Michael Iwanowski



Gesamtherstellung: Offizin Andersen Nexö, Leipzig
Printed in Germany

**ISBN: 978-3-86197-009-5**

# Inhaltsverzeichnis

## SPORT & OUTDOOR 178

## ESSEN & ÜBERNACHTEN 206

## ANHANG 228

# Einleitung

# Florida – mehr als nur der „Sunshine State“

101 Florida – das sind 101 Gesichter eines der beliebtesten Reiseziele der USA. Lassen Sie sich auf eine kurzweilige Reise mitnehmen. Auf jeweils zwei Seiten zeichne ich ein Bild des vielleicht erst auf den zweiten Blick äußerst abwechslungsreichen Sunshine State.

Denkt man an Florida, denkt man an Sonne, Strände und Vergnügungsparks, weniger an Städte und naturbelassene Landschaften, Abenteuer in der Wildnis, Kunst und Kultur. Wie so oft bleibt auch hier ein Reisegebiet auf wenige Klischees beschränkt. Das Spannende am Reisen ist aber, die kleinen, unbekannten Details und Kleinode kennenzulernen.

Als ich vor mehr als 25 Jahren das erste Mal den südlichsten Zipfel des amerikanischen Festlandes besuchte, reiste ich oft von einer Enttäuschung zur anderen: langweilige Küstenhighways, lärmende Attraktionen, Strände ohne die subtropisch obligatorischen Palmen, zugebaute Uferfronten am Atlantik und Golf, Mückenplage im Südwesten, Staus auf der Route nach Key West – das muss nicht sein!

Eher zufällig führte mich mein Weg am Ende dieser Reise regelrecht ins Abseits: Nur wenige Meilen von den Küstenstraßen entfernt im Landesinneren erwartete mich das „andere" Florida. Und siehe da: Ich entdeckte kleine Städtchen, malerische Seen, kristallklare Flüsse, gemächliches Südstaaten-Flair ohne Hektik, aber Ruhe, Gelassenheit, Genuss. Und ich ließ mich nieder, bis heute...

Auf meinen Streifzügen per Auto, Fahrrad, Boot und Kleinflugzeug entdeckte ich oft unbekannte Kleinode. Haben Sie schon einmal mal etwas von Inverness, Chokoloskee, Mount Dora, Apalachicola oder Cedar Key gehört? Oder von den Stränden auf Amelia Island, Anna Maria Island? Von Homosassa mit seinen Manatees, dem idyllischen Hontoon Island? Von Alligatoren ja, aber von Bären?

Beginnen Sie zu blättern, entdecken Sie Ihre Schwerpunkte und Interessen, um daraus Ihre persönliche Reiseroute zu kreieren. Wetten, dass Ihr Weg oft abseits der touristischen Trampelpfade führt?

Gute Reise!

Michael Iwanowski

# Orte & Städte

# 1 St. Augustine: Amerikas älteste Stadt ... liegt in Florida!

Die älteste von Europäern gegründete Stadt der Vereinigten Staaten – wer vermutet sie schon in Florida? Der spanische Eroberer Ponce de León betrat hier – zwischen dem Gebiet des Mantanzas Inlet und dem San Sebastian River – kurz nach Ostern 1513 als erster Europäer floridianischen Boden. Er taufte das Land **Pascua Florida** (»blühende Ostern«) und wurde so ungewollt zum Namensgeber des Bundesstaates.

In St. Augustine mit seinen gerade mal 15.000 Einwohnern kann man lebendige Geschichte auf Schritt und Tritt erleben: zu Fuß, mit der Old Town Trolley Tour oder bei einer Kutschfahrt, die innerhalb einer Stunde an den wichtigsten Sehenswürdigkeiten vorbeiführt (Start und Ende an der Avenida Menéndez, in der Nähe des Castillo de San Marcos).

Südlich des Visitor Centers markiert das **Old City Gate** (Stadttor) den Eingang zur Altstadt. Durch das Tor mit seinem kleinen befestigten Wall taucht man in die alte spanische Stadt ein – eine Art Freilichtmuseum, für die sich nicht nur historisch Interessierte begeistern dürften. Die frühere Hauptstraße und heute als schöne Fußgängerzone gestaltete **St. George Street** bildet das Herz des Zentrums, in dem sich mehr als 50 liebevoll restaurierte Häuser aneinanderreihen, viele mit Souvenirläden oder Restaurants.

*Tour durch das Fort*

## Castillo de San Marcos National Monument

Befanden sich hier zwischen 1565 und 1675 insgesamt 9 Holzforts, die nacheinander Angriffen, Bränden oder der Verwitterung zum Opfer fielen, so bauten die Spanier die Anlage ab 1672 zu jener wuchtigen Festung aus, die man noch heute besichtigen kann und die die älteste Steinfestung der USA ist.
Als Baumaterial wurde Muschelstein (»Coquina«) verwendet. Diese zementähnliche Mischung aus Muschelresten hatte nicht nur den Vorteil, dass sich das Gestein leicht verarbeiten ließ, sondern ist zudem etwas elastisch, sodass Kanonenkugeln bei ihrem Aufprall abgefedert wurden. Von einem breiten Wassergraben umgeben, hat das Fort die Form eines vierstrahligen Sterns, an dessen Ecken sich kleine Wachtürme (»Pfefferbüchsen«) befinden.
**Fototipp**: Vom Fort aus hat man einen schönen Blick auf die mittelalterlich wirkende Altstadt und die Matanzas Bay.

*Geschichte auf Schritt und Tritt : Die St. George Street in der Altstadt von St. Augustine*

Besonders sehenswert ist das vor über 200 Jahren ganz aus Zypressen- und Zedernholz errichtete **Wooden School House** (nicht zu verwechseln mit dem Oldest House, das ebenfalls in St. Augustine steht). Wenige Schritte weiter stößt man auf das **Spanish Quarter Living History Museum**, in dessen restaurierten Häusern das Leben in St. Augustine während der spanischen Zeit veranschaulicht wird. Am Ende der Fußgängerzone liegt das **Government House** aus dem frühen 17. Jahrhundert, in dem man Silber- und Goldmünzen, die in spanischen Schiffswracks gefunden wurden, bewundern kann. Das Museum liegt am Hauptplatz, der **Plaza de la Constitución** (Cathedral Pl./King St.). Dieser wird von der **Cathedral of St. Augustine**, dem Sitz der ältesten katholischen Gemeinde der USA, überragt. Die Kirche wurde 1793 bis 1797 erbaut und 1887 nach einem Brand neu errichtet.

St. Augustine hat trotz aller Touristen im wahrsten Sinne des Wortes seine Ruhe bewahrt – unterbrochen nur an Freitagen und Samstagen zwischen 10.30 und 15.30 Uhr, wenn jeweils zur halben Stunde Kanonenschüsse abgefeuert werden! Salut!

**INFO**

**Information:** www.staugustine.com, www.historicaugustine.com
**Sightseeing:** Der kleine **Red Train** fährt entlang der wichtigsten Sehenswürdigkeiten, www.redtrains.com.
**Übernachten:** **Pirate House**, 32 Treasury St., www.piratehaus.com. Saubere, helle Zimmer, komplett eingerichtete Küche, Grillmöglichkeit. Im Preis inbegriffen ist Frühstück, bei dem es Pfannkuchen (Pancakes) gibt – so viele, wie man essen kann. Fahrradverleih.
**Essen & Trinken:** **Collage**, 60 Hypolita St., www.collagestaug.com. Das Restaurant in einem kleinen alten Gebäude verspricht zu Recht »artful global dining«. Die Intimität wird durch warme Farben unterstrichen.Die angebotenen Speisen sind exzellent zubereitet. Raffinierte Fisch-, Fleisch- und Pastagerichte treffen beinahe jeden Geschmack.

# 2 Inverness: »Hauptstadt« des Citrus County

Das kleine Städtchen Inverness (nicht zu verwechseln mit dem schottischen Ort gleichen Namens) kann zu Recht als »Hauptstadt« des Citrus County bezeichnet werden. In seinem Zentrum spürt man förmlich **das »andere« Florida**: Die historischen Häuser sind restauriert, das alte Courthouse symbolisiert mit Südstaaten-Charme den alten Ortskern und drum herum macht es Spaß, sich Zeit zum Schlendern zu nehmen und die Seele baumeln zu lassen. Restaurants, kleine Cafés und die nicht wegzudenkenden Andenkenlädchen laden zum Verweilen ein. Im Old Courthouse Heritage Museum erfährt man viel über die Lokalgeschichte, Floridas Prähistorie, Indianer und die ersten Siedler. Alles ist sehr liebevoll arrangiert und einen kurzen Besuch wert.

Nur eines fehlt – Touristenströme. Inverness stellt damit ein besonderes Ziel für Individualisten dar, die jenseits des trubeligen Massentourismus das ursprüngliche Florida entdecken, idyllische Plätze und viel Ruhe finden möchten. Dies hängt sicher auch damit zusammen, dass **die Region um Inverness von viel Wasser bestimmt wird**: Das Gebiet liegt an einer weit verzweigten Seenplatte, den Tsala Apopka Lakes, und ist von zahlreichen Flüssen sowie dem Golf von Mexiko umgeben. Natur pur ist hier angesagt. Insbesondere die Landschaft des wildromantischen Withlacoochee River, der die nördliche Grenze bildet, ist so fantastisch, dass dagegen selbst die Everglades verblassen.

Die Umgebung von Inverness bietet sich für verschiedenste sportive Unternehmungen an: Wer Zeit und Muße mitbringt, kann sein Glück beim Angeln versuchen, gilt dieses Gebiet doch als beste Angelregion für den großen, schmackhaften Barsch. Wer sein Abendessen jedoch lieber nicht vom Angelglück abhängig machen möchte, dem sei beispielsweise das »Fisherman's Restaurant« empfohlen. Neben solcherart kulinarischen Erkundungstouren bietet sich als aktive Erlebnis-Tour der Withlacoochee Fahrradtrail an. Ein guter Ausgangspunkt hierfür ist »Suncoast Bicycles«. Folgen Sie der alten, stillgelegten Bahnlinie, die zu einem bequemen, durchgängig asphaltierten Fahrradweg ausgebaut wurde – über viele Kilometer werden Sie durch traumhafte unberührte Landschaften kommen!

*Abendstimmung bei Inverness*

*Florida pur! Naturidylle auf dem Withlacoochee Bicycle Trail*

So sollte man z. B. nach knapp vier Meilen keinesfalls die Abzweigung zum idyllisch gelegenen **Fort Cooper State Park** mit seinem kleinen Badesee verpassen. Hier gibt es einen sehr netten Rastplatz (überdacht – alles sehr liebevoll gestaltet). Bevor Sie die State Road überqueren und es sportiv auf dem Fahrradtrail weitergeht, bietet sich ein kleiner Zwischenstopp an: Um die Ecke nach links geht es zu einem rustikalen Landrestaurant (»Shamrock«), wo man zur Rast einen ganz besonders leckeren Hamburger (Heerscharen von Bikern kommen am Wochenende extra deswegen hierhin!) und ein kühles Bier bekommt.

Nach dieser Stärkung sind die knapp vier Meilen zum »Wild West«-Ort **Floral City** noch schneller zu schaffen, bevor es wiederum die insgesamt zwölf Meilen (nun Richtung Norden) zurück nach Inverness geht, wo man den Tag am besten im **Lake House** beschließt.

Kurzum: Das floridianische Inverness ist einen Umweg wert, durchaus auch einen etwas längeren Aufenthalt!

INFO

**Information:** www.visitcitrus.com, www.cccourthouse.org, www.railstotrailsonline.com, www.suncoastbicycles.com

**Essen & Trinken:** **Fisherman's Restaurant**, 12311 E. Gulf to Lake Hwy., www.fishermansrestaurant.biz. In dem von vielen Einheimischen besuchten und dazu preiswerten Restaurant sollten Sie unbedingt einmal den Grouper-Fisch oder ein Alligatorensteak probieren - der kulinarische Abstecher lohnt sich!

**Übernachten:** **The Lake House**, 8604 E. Gospel Island Rd.3586, www.thelakehouse.org. Diese ehemalige Fischer- und Jägerlodge wurde vor wenigen Jahren zu einem Gästehaus umgewandelt und ist toll für alle, die ländliche Atmosphäre mögen: Direkt am Lake Henderson gelegen, kümmert sich Cathy, die Besitzerin, mit Liebe um die Gäste und macht interessante Vorschläge für die Gestaltung des Aufenthalts.

## 3 Naples: schönes Stadtbild und lebendige Atmosphäre am Pier

1867 durch die ersten weißen Siedler gegründet, vermittelt Naples zu Recht den Eindruck eines sehr vornehmen Städtchens. Hier leben viele Millionäre, und bei einer Fahrt südwärts entlang der küstennahen Straße (Golf Shore Boulevard) fühlt man sich wie in »Schöner Wohnen«... Alles ist super gepflegt, und vielerorts scheinen die Grashalme stündlich gekämmt und die Blumenrabatten täglich gezupft zu werden.

### Tipp: Ask Renate!

Renate war jahrelang Stewardess bei der Lufthansa und als diplomierte Concierge in den besten Hotels der Welt tätig. Nun bietet sie in ihrem privaten Refugium (sehr gepflegt und ruhig) eine großzügige Unterkunft mit Schlaf- und Wohnzimmer, Küche, Terrasse und Internet an. Es gibt wohl niemanden, der Ihnen Florida und insbesondere die Westcoast einschließlich Naples besser erklären und zeigen kann. **Ask Renate:** Renate Riebel, 133 Illinois Dr., Naples, Tel. (239) 434 27 57, renateriebel@yahoo.com.

Naples ist das **Pendant zu Palm Beach** an der Ostküste, denn es macht dem Prominentenort am Atlantik in seiner Mondänität Konkurrenz. Die architektonischen Vorgaben scheinen aus Italien und Spanien zu stammen, und im Einklang mit dem herrlichen Wetter und der tollen Vegetation kann man sich schnell wie in einem irdischen Paradies vorkommen. Nur im Norden von Naples ist es erlaubt worden, Hochhäuser zu bauen, im ortsnahen Gebiet am Strand blieb alles flach. Die Strände hier sind nicht ganz so breit wie auf Marco Island, dafür aber doch deutlich weniger frequentiert.

*Vom Pier aus kann man herrliche Fotos vom Strand und den traumhaften Sonnenuntergängen machen*

Seit den Tagen, als Naples nur mit dem Schiff erreichbar war, spielte sich »das Leben« am Pier ab. 1964 zerstörte der Hurrikan Donna den Pier, der jedoch wieder aufgebaut wurde und heute etwa 300 m lang ist. Besonders schön ist es hier zur Zeit des Sonnenuntergangs, aber auch sonst ist den ganzen Tag etwas los: Schaulustige, Spaziergänger und Angler sorgen für eine lebendige Szenerie.

*Schöner Wohnen in Naples*

In der Region um Naples lebten schon vor Christi Geburt Calusa-Indianer. Einen guten Einblick in die Frühgeschichte bis zur Gegenwart dieses indianischen Volkes erhält man im **Collier County Museum**, das im County-Verwaltungskomplex untergebracht ist und in dem lokale Exponate gezeigt werden.

Erst als eine Eisenbahnverbindung fertig gestellt war und der Tamiami Trail 1928 Naples mit den anderen Teilen Floridas verband, begann der Aufschwung dieses Ortes. Heute leben hier 22.000 Menschen, vermehrt durch annähernd 100.000 Besucher in der Wintersaison. Naples ist »Hauptstadt« des Collier County, dem viertgrößten Produzenten von Gemüse in Florida. Nicht nur das italienische Restaurant Vergina lohnt den Weg in die 5th Avenue – hier gibt es zahlreiche elegante Geschäfte, Kunstgalerien und Boutiquen, die zum Shoppen und Flanieren einladen. Wer sich überdies ein Bild vom Leben in der »vor-touristischen Zeit« machen möchte, der sollte das älteste Gebäude Naples ansehen: Das ganz in weiß getünchte **Palm Cottage** aus dem Jahre 1895 erinnert mit seiner Veranda etwas an die Südstaaten oder an Key West. Ebenfalls historisches Flair vermittelt der **Old Marine Marketplace at Tin City**: Hier hat man an der Waterfront alte Fischerhäuser und Bootsschuppen restauriert, in denen heute Geschäfte und Restaurants untergebracht sind.

INFO

**Information:**
www.paradisecoast.com, www.napleshistoricalsociety.org, www.colliermuseums.com

**Essen & Trinken: Sea and Salt,** 1186 3rd St., www.seasaltnaples.com. Im Herzen der mondänen 3rd St. gelegen und im Stil lässiger Eleganz konzipiert. Eine Terrasse zur Straße (schön zum Gucken!), schöne Bar, kompetenter Service, edles Besteck, weißes Linnen. Die Küche ist nord-italienisch geprägt: Antipasti-Gerichte wie Carpaccio vom Thunfisch und Lachs, Parmaschinken und Salami, Pasta. Im Zentrum stehen aber die Fischgerichte: superfrische Angebote wie Grouper, Redsnapper, Brasse, Schwertfisch, als Beilage frisches Gemüse. Die Speisekarte wird abgerundet durch fantastische Desserts… Natürlich gibt es auch Fleisch, z. B. vom feinen Kobe-Rind. Keine amerikanische Hektik, man wird nicht eilig »abserviert«, sondern genießt alles in Ruhe.

**Übernachten: Bellasera**, 221 9th St. South, www.bellaseranaples.com. Apartmenthotel (1-3 Zimmer) mit gutem Preis-Leistungs-Verhältnis.

# 4 Chokoloskee: auf den Spuren der Pionierzeit

Nur knapp 50 Kilometer südwestlich von Naples an der Westküste liegt ein fast vergessenes Fleckchen Florida. Man folgt dem Tamiami Trail Richtung Miami bis zur Kreuzung mit der State Road 29, etwas weiter südlich erreicht man Everglades City, den westlichen Zugang zum Everglades-Nationalpark; ein Nest mit 500 Einwohnern, im Sommer Heimat von Milliarden Mücken. Über einen Damm gelangt man zur letzten Siedlungs-Enklave des südwestlichen Florida, bevor die Wildnis der Everglades beginnt.

Das Örtchen trägt den klangvollen Namen Chokoloskee und ist tatsächlich eine »last frontier«. Vor über 2.000 Jahren begannen Indianer hier zu siedeln, und die Vorausetzungen waren gut: Jagd, Fischfang und die fruchtbare Erde machten ein Leben möglich. Im 18. Jahrhundert folgten Seminolen-Indianer aus Georgia und Nordflorida, die dem Druck der weißen Siedler weichen mussten. Nach und nach folgten auch weiße Pioniere, die mit Häuten und Federn handelten.

Die wachsende Bevölkerung benötigte bald eine Versorgung mit den Gütern des Alltags. Das erkannte **Ted Smallwood** und eröffnete 1906 seinen Store, der in späteren Jahren auch als Postamt und Bank dienen sollte. Hier kaufte man ein, hier handelte man – und das bis 1982.

*Supermarkt à la Grandma*

*Herzlich willkommen in der »guten alten Pionierzeit«*

Seit 1974 gehört der Smallwood Store zum **National Register of Historic Places**, und als er geschlossen wurde, blieben 90 Prozent des Inventars mit ihm erhalten. In den vergangenen Jahren besann sich eine Enkelin von Smallwood der historischen Bedeutung und eröffnete ein Museum. Viel brauchte sie nicht einzurichten, denn das gut erhaltene Original war sozusagen »museumsreif«.

Wenn man heute die Holztreppen hinaufsteigt und die knarrende Tür öffnet, wird man vom Ambiente der Pionierzeit empfangen: Fast alle Alltagsgegenstände der vergangenen 100 Jahre, zumeist etwas angestaubt, lassen die alten Zeiten lebendig werden. Fast ist man geneigt, den Store nicht als Museum, sondern als einen Laden wahrzunehmen, in dem man noch heute einkaufen könnte. Im Nachbarraum des »Geschäfts« werden Felle, Häute und viele lokale Exponate gezeigt, die einen Eindruck von dem damaligen Siedlerleben vermitteln.

Bevor man wieder den Weg zurück in die Zivilisation antritt, ist ein Stopp im **Havana Café** zu empfehlen. Und dann heißt es auch schon: Goodbye, schöne alte Zeit!

**INFO**

**Information:** www.chokoloskee.com
**Bootstouren in die Everglades:** Chokoloskee Charters auf Chokoloskee Island, www.chokoloskeecharters.com.

**Essen & Trinken:** **Havana Café**, 801 Copeland Avenue, Chokoloskee. Hier gibt es Kleinigkeiten wie Milchkaffee oder einen köstlichen Key Lime Pie, aber auch frischer Fisch oder Paella werden auf Wunsch zubereitet.

# 5 Fort Lauderdale: mit dem Wasser-Taxi durch Floridas Venedig

Fort Lauderdale gilt in Florida als eine »gewachsene« Stadt. Immerhin 160.000 Einwohner zählend und im Winter sowie Frühjahr ein bevorzugtes Reiseziel für Erholungssuchende, konnte sich die Stadt ein individuelles Flair erhalten und blieb in gewisser Weise mondän. 1838 errichtete hier der Major William Lauderdale im Zuge der Seminolenkriege ein Holzfort, das nach dem Rückzug der Truppen 1857 allmählich verfiel. Später erbaute man das sogenannte »House of Refuge«, eine Zufluchtsstätte für Schiffbrüchige.

**Tipp**

Einen guten Eindruck von den Villen und den Kanälen Fort Lauderdales erhält man, wenn man mit der auf Südstaaten-Steamer getrimmten »Jungle Queen« eine Tour unternimmt (www.junglequeen.com). Ebenso gibt es eine »Barbecue & Shrimp Dinner Cruise« mit Variety Show. Das Essen wird als »All-you-can-eat-Buffet« angeboten.

Der entscheidende Anstoß zur Stadtentwicklung kam zwar durch den Eisenbahnanschluss durch Flagler. Doch die sumpfige Landschaft eignete sich nicht sonderlich gut zur Bebauung. Charles Green Rodes hatte schließlich die das Stadtbild noch heute entscheidend prägende Idee: Er entwässerte die Sümpfe durch das Ausheben parallel zueinander laufender **Kanäle**, schüttete mit dem gewonnenen Aushub die dazwischen liegenden Flächen auf und gewann so Siedlungsland.

*Mit Stil: Bootsanlegestelle vor dem Haus*

*Die Jungle Queen*

Heute weist Fort Lauderdale insgesamt 266 Kilometer Wasserwege auf, der größte Teil davon sind künstliche Kanäle. Stolz ist die Stadt auf ihren Beinamen **»Venice of America«** (das Venedig Amerikas). Auch der Beiname »Yachting Capital of the World« verweist auf die enge Verbundenheit mit dem Wasser.

Wer die Kanäle und damit **das »echte« Fort Lauderdale** entdecken möchte, der sollte dies am besten mit einem Wasser-Taxi tun. Es gibt insgesamt 13 Anlegestellen, an denen Sie nach Belieben zu- und aussteigen können. In der Hauptsaison (ca. Dezember bis April) gibt es zusätzlich die Möglichkeit, zum South Beach (Miami Beach) zu fahren – in jedem Fall ein lohnender Ausflug! Wer es dagegen noch romantischer und ganz im Stile Venedigs mag, der sollte eine **Gondelfahrt** unternehmen, bei der man nicht nur einiges über die Stadtgeschichte, sondern auch über die Geschichte der Gondeln an sich in Fort Lauderdale erfährt.

Doch nicht nur die Kanäle lohnen einen Besuch. Empfohlen sei ebenso ein Bummel entlang der Strandpromenade, die sich wirklich sehen lassen kann, haben es die Stadtväter doch verstanden, den elf Kilometer langen Atlantikstrand frei von jeglicher Bebauung zu halten (erst jenseits des A1A liegen die Hotels). Besonders beliebt ist Fort Lauderdale daher auch bei Studenten, die in Scharen den Badeort während der Weihnachts- und Frühjahrsferien besuchen und für Party-Stimmung sorgen. Wem der Sinn jedoch eher nach Ruhe und Erholung vom Trubel steht, der sollte diese Zeiten besser meiden.

Auf keinen Fall versäumen sollte man dagegen einen Besuch des lohnenden **Museum of Art**, das eines der eindrucksvollsten Kunstmuseen Floridas ist und mit Werken von Dalí, Warhol, Matisse und Picasso aufwartet.

**INFO**

**Information:** www.sunny.org, www.watertaxi.com, www.gondolaman.com
**Essen & Trinken:** **Old Florida Seafood House**, 1414 N. E. 26th St., www.oldflaseafood.com. Sehr gute Fischgerichte, mittlere Preise, beliebt bei Einheimischen, leger.

**Übernachten:** **Blue Seas Courtyard**, 4525 El Mar Drive, www.blueseascourtyard.com. In mexikanischem Stil errichtetes Boutique Hotel mit tropischem Garten und Pool – der ideale Ort zum Entspannen.

# 6 Tallahassee: von Charme und Geschichte einer fast vergessenen Hauptstadt

Wer weiß schon, dass Tallahassee die Hauptstadt Floridas ist und nicht etwa Miami oder Orlando?! Tallahassee zählt trotz seiner Rolle als Regierungssitz Floridas zu den eher unbekannteren Städten des Bundesstaates. Nur wenige Touristen kommen in den »Panhandle« und bringen sich damit um die Gelegenheit, eine wirklich charmante, gewachsene Stadt kennen zu lernen, die geprägt ist durch einen Mix aus historischer und studentischer Kultur.

Schon lange vor Ankunft der europäischen Eroberer, genauer gesagt vom 5. bis zum 17. Jahrhundert, siedelte in dieser Gegend der Stamm der **Apalachee-Indianer**. 1539 traf der spanische Entdecker Hernando de Soto hier die Häuptlinge, um sich nach der Umgebung und vermeintlichen Schätzen zu erkundigen. Er überwinterte mit seinen Leuten am Lake Jackson und feierte das erste christliche Weihnachtsfest in Nordamerika. 1633 errichteten die Spanier eine Reihe von Missionsstationen, so u. a. auch die San-Louis-Mission. 1704 bezwangen die Engländer Spaniens christliche Bastionen und verjagten auch die Indianer. Aus dieser Zeit soll der Name Tallahassee stammen, der so viel wie »alte Stadt« bzw. »verlassene Felder« bedeuten soll.

1824 avancierte Tallahassee zur Hauptstadt von Florida. Die beiden rivalisierenden Städte, St. Augustine im Osten und Pensacola im Westen, lagen 600 km weit auseinander. So suchte man nach einem Kompromiss und einigte sich so ziemlich auf die Mitte, eben auf Tallahassee. 1845 behielt die Stadt ihren Rang als Hauptstadt des 27. Bundesstaates der USA. Im Sezessionskrieg 1861 bis 1864 stand Florida auf Seiten der Südstaaten und wurde nach der Kapitulation von Truppen der Nordstaaten besetzt.

*Downtown Tallahassee: Von den Bäumen hängt das Spanische Moos*

In der ländlich geprägten Stadt mit ihren 150.000 Einwohnern kann der Besucher Südstaaten-Charme spüren: Alleen, von deren Bäumen das Spanische Moos herabhängt, das State Capitol, versteckt liegende herrschaftliche Häuser, in Würde gealterte Gärten, ein renoviertes Altstadtviertel und nur wenige Hochhäuser haben ein ruhiges, behäbiges Stadtbild erhalten. Wer die Stadt erkunden möchte, kann dies gut zu Fuß tun, ist das Zentrum doch übersichtlich strukturiert.

*Einen Besuch wert: das Old Capitol*

Keinesfalls versäumen sollte man den Besuch des **Florida State Capitol**: Das Old State Capitol strahlt mit seinen Säulengängen, der Kuppel und seiner einfachen Innenausstattung die Vornehmheit alter amerikanischer Regierungssitze aus. 1839 begonnen, wurde das Gebäude bereits 1845 und 1902 vergrößert – denn lebten 1845 nur 58.000 Menschen in Gesamtflorida, so waren es 1902 bereits 530.000 und heute sind es knapp 10 Millionen. Kein Wunder, dass die Verwaltung deshalb auch mehr Raum beanspruchte. So wurde denn 1978 das **New Capitol**, ein eher schmuckloser, einfallsarmer Bau errichtet, der aber immerhin 22 Stockwerke umfasst, sodass sich an klaren Tagen von oben ein toller Ausblick auf die Stadt und sogar bis nach Georgia bietet.

Gerade von hier oben bestätigt sich, was ein lokaler Prospekt nicht ganz unbescheiden bemerkt: dass Tallahassee wie Rom auf sieben Hügeln liegt, die zu den Apalachian Mountains gehören.

INFO

**Information:** www.seetallahassee.com
**Essen & Trinken:** **Barnacle Bill's Seafood Emporium**, 1830 N. Monroe St., www.barnaclebills.com. Besonders zu empfehlen für Freunde von Austern und geräuchertem Fisch, aber auch Steaks und Pasta bereichern die vielseitige Speisekarte. Rustikale Atmosphäre. **Chez Pierre**, 1215 Thomasville Rd., www.chezpierre.com. Französisch beeinflusste Küche mit guten Suppen und Pasteten, mittlere Preise. Sehr beliebter Brunch am Sonntag, gemütliche Atmosphäre.
**Übernachten:** **Hotel Duval**, 415 N. Monroe St., www.hotelduval.com. Anstelle des alt eingesessenen Plaza Hotels eröffnete hier vor einiger Zeit ein schickes Boutique-Hotel mit drei Restaurants. Jede Etage ist in einem anderen Farbton gehalten, alles sehr elegant.

# 7 Eustis: ein Geheimtipp für Relaxen, Kultur, Schlemmen und Natur

Der kleine Ort Eustis ist malerisch am gleichnamigen Lake Eustis gelegen und strahlt geradezu ländliche Idylle aus: Orangenplantagen, Pferdezucht und Baumschulen bestimmen die produktive Wirtschaft. »Downtown Eustis« ist liebevoll restauriert, die Stadt bemüht sich um mehr Besucher.

Eine Reihe von niedlichen Spezialgeschäften, schmucken Restaurants, einem originellen Friseurladen überraschen – und am meisten überrascht sicherlich die Entdeckung des wunderschönen **Bay Street Theatre**.

Man vermutet nicht unbedingt, dass hier im ländlichen Florida mittlerweile seit 1974 Komödien und Dramen gespielt werden. Das bereits 1922 erbaute Theatergebäude ist mittlerweile wunderschön restauriert, ein kulturelles Kleinod zwischen Seen, Wäldern und Plantagen. Es ist ein Theater für die Gemeinde, eben ein »community Theatre«. Man taucht als Besucher in ein nostalgisch anmutendes Amerika ein, ein Stückchen längst vergangener Zeiten. Plüschig, klein und übersichtlich. Schön, dass es noch so etwas gibt.

*Downtown Eustis*

*Das Bay Street Theatre in weihnachtlicher Beleuchtung*

Im 1983 eröffneten **Eustis Historical Museum** kann man viel über die lokale Geschichte erfahren. Ursprünglich gehörte das Clifford House (1910–1911 erbaut) einem Kaufmann, der dem Ort wichtige Impulse gab. Für die damalige Zeit war es sehr luxuriös: 18 Räume, italienische Fliesen, extravagante Verglasungen... Seit 1983 gehört es zum National Register of Historical Places.

Und wem nach all diesen kulturellen Eindrücken nun der Sinn nach kulinarischen Genüssen steht, dem sei das Café Gianni empfohlen.

Zum guten Schluss: Versäumen Sie nicht, an der sehr gepflegten Dockanlage am Lake Eustis eine Pause einzulegen und sowohl die Füße wie auch die Seele baumeln zu lassen, um dieses kleine Juwel in Zentral-Florida zu genießen.

**INFO**

**Information:** www.eustis.org, www.baystreetplayers.org

**Essen & Trinken:** **Café Gianni**, 31 East Magnolia Avenue. Ein authentischer Italiener mit legerem Ambiente und abseits des US-Mainstream. Es ist zwar etwas teurer, dafür viel besser als nur Durchschnitt. Besonders empfehlenswert ist der Brunch am Sonntag.

**Sonstiges:** Schon seit mehr als 100 Jahren wird jeweils am letzten Februar-Wochenende in Eustis das **George-Fest** zu Ehren des ehemaligen US-Präsidenten George Washington gefeiert. Das mehrtägige Event, das u. a. eine große Parade und Bootsrennen umfasst, zieht immer viele Tausend Menschen aus der Umgebung an. Weitere Infos auf der Website der Stadt.

# 8 Mount Dora: Idylle zwischen Zitrusfrüchten und Zypressen

**Tipp**

Die City of Mount Dora hat einen tollen Stadtplan veröffentlicht, der über das Internet als pdf zum Download bereitsteht und entsprechend zur eigenen Ansicht ausgedruckt werden kann. Dieser Plan bietet nicht nur einen Abriss über die geschichtlichen Daten und Fakten der Stadt, sondern hält auch interessante Tourenvorschläge bereit: Infos unter www.mountdora.com

Das kleine Mount Dora mit seinen 11.000 Einwohnern liegt nur eine halbe Stunde nördlich von Orlando am Lake Dora. Dieser ist Teil einer großen Seenplatte, zu der auch der Lake Eustis, Lake Griffin und Lake Harris gehören.

Der Ort liegt idyllisch auf für Florida ungewöhnlich hohen Hügeln – sagenhafte 60 m über dem Meeresspiegel –, von denen aus man einen wunderbaren Ausblick auf den See genießen kann. Den Ortskern schmücken eine Reihe hübsch restaurierter viktorianischer Häuser, von denen einige wie **einem Märchenbuch entsprungen** wirken. Des Weiteren laden viele Antiquitätengeschäfte zum Shopping ein und last but not least gibt es eine Reihe gemütlicher Restaurants, in denen es sich herrlich schlemmen lässt.

Die Umgebung Mount Doras ist geprägt von viel Wasser, schattigen Alleen und großen Orangenhainen. So ist besonders das Anmieten eines Bootes zu empfehlen, um einen Eindruck der Wasserlandschaft zu gewinnen. Sehr reizvoll ist ei-

*Im Angebot eines Antiquitätenladens: eine Telefonzelle aus London*

*Schiff ahoi zwischen Sumpfzypressen*

ne Fahrt über den Lake Dora und durch den **Dora Canal**, der zum Lake Eustis führt, eine malerisch und romantisch anmutende Verbindung beider Seen.

Eine fantastische Vogelwelt, Alligatoren und Schildkröten bevölkern den Urwald aus bis zu 2.000 Jahre alten Sumpfzypressen, die den Wasserweg säumen. So eine Bootsfahrt auf dem Mount Dora Canal ist nicht ganz einfach: Das Wasser ist flach und einige Baumstümpfe sind z. T. schwer auszumachen. Wer nicht selbst Boot fahren möchte, dem sei eine geführte Tour empfohlen.

INFO

**Information:** www.mountdora.com, www.whattodoinmtdora.com
**Bootstouren:** **Mount Dora Boating Center**, www.mtdoraboats.com und **Captain Doolittle's Eco-Tours**, www.doracanaltour.com
**Essen & Trinken:** **The Goblin Market Restaurant**, 330 Dora Drady Way, www.goblinmarketrestaurant.com. In einer kleinen Gasse liegt dieses sehr gemütliche, liebevoll eingerichtete Restaurant. Auf 2 Etagen verteilt, sitzt man in gediegen anmutenden Räumen, die z. T. durch Bücherwände und schöne Gemälde geschmückt sind. Eine lauschige Terrasse mit mediterranem Flair sowie eine gemütliche Bar im oberen Stockwerk laden zum Verweilen ein. Die Speisekarte spiegelt den innenarchitektonischen Anspruch wider: Zum Lunch gibt es z. T. kreative Sandwich-Variationen, wunderbare Salate, zum Dinner wählt man zwischen köstlichen Gerichten von Rind, Lamm und Geflügel sowie Fisch, z. B. den Lachs mit Wasabi-Kruste.
**Übernachten:** **Lakeside Inn**, 100 North Alexander Street, www.lakeside-inn.com. Das 1883 gegründete Hotel zählt zu den »Historic Hotels of America«. Die Lage direkt am See ist einmalig – Pool, eigener Strand und Sonnendeck inklusive. 88 Zimmer sowie eine gemütliche Bar laden zum Verweilen ein. Allerdings etwas in die Jahre gekommen.

# 9 Cedar Key: deutsche Bleistifte aus … Florida!

Das kleine, verträumte Dörfchen Cedar Key (das natürlich auch schon von Touristen entdeckt wurde, trotzdem aber beschaulich geblieben ist) liegt **direkt am Golf von Mexiko**. Etwa 700 Menschen leben hier von der Austernzucht und vom Fischfang. Seit einigen Jahren kommen auch Touristen, meist Tagesbesucher, die sich in den Fischrestaurants am Wasser gute Fisch- und Meeresfrüchtegerichte schmecken lassen. Nördlich des Ortes – etwa 20 km entfernt – mündet der Suwannee River ins Meer.

Cedar Key bekam seinen Namen in einer Zeit, in der noch um den Ort herum Zedern wuchsen. Seit 1843 haben sich hier Menschen angesiedelt, 1855 brach aber ein wahrer Boom aus. Der **Bleistiftfabrikant Eberhard Faber** hatte ausgedehnte Teile der Zedernwälder erworben und ließ sie für seine **Bleistiftproduktion** radikal abholzen. Um 1900 war der Kahlschlag beendet. Über 500 Sorten Bleistifte stellte die Firma Faber her, wobei das Holz aus Cedar Key, der Graphit aber aus Schlesien stammte.

Im kleinen **Cedar Key State Museum** kann man sich über die Lokalgeschichte erkundigen: Im St. Clair Whitman House (Saint Clair Whitman war der erste Museumsgründer in Cedar Key) aus den 1920er-Jahren wird die Geschichte des kleinen Ortes dargestellt, es finden sich neben Exponaten zu den Themen Indianer, Bürgerkrieg und Fischindustrie u. a. auch Ausstellungsstücke zur Bleistift-Vergangenheit des Ortes sowie zahllose Gegenstände (u. a. Muschen), die der rührige Museumsgründer im Laufe seines Lebens sammelte. Draußen sieht man große Salzkessel (Salt Kettles). Während des Bürgerkrieges 1861–1865 gewann man hier für die konföderierten Südstaaten aus dem sehr salzigen Meerwasser Salz. Das Pfund wurde damals für $ 1 gehandelt.

*Ein Blick auf Cedar Key aus der Vogelperspektive*

*Direkt an der Küste sind die Häuser teilweise auf Stelzen gebaut*

Eine weitere kulturelle Sehenswürdigkeit stellt das **Cedar Key Historical Society Museum** dar: Hier kann man alte Fotografien sehen sowie Exponate zur indianischen Geschichte. Ebenso werden die Bleistift- und Holzindustrie sowie die Aktivitäten des lokalen Hafens zu einer Zeit, bevor sich Tampa als Großhafen an der Westküste etablierte, dokumentiert.

1861 war sogar eine Eisenbahnverbindung von Fernandina an der Nordostküste Floridas nach Cedar Key fertig gestellt – ein weiterer Wachstumsimpuls. Sogar Schiffswerften florierten zwischen 1870 und 1895. 1896 wurde Cedar Key von einem gewaltigen Hurrikan heimgesucht, der auch noch den letzen Rest des fast völlig abgeholzten Zedernwaldes vernichtete.

Heute ist von all den verschiedenen »Stürmen der Vergangenheit«, weder den industriellen noch den wetterbedingten, nichts mehr zu spüren. Cedar Key wartet mit besonderen Qualitäten auf, die manche Urlauber so schätzen: Ruhe und Erholung sind garantiert. Auch wenn Sie sich vom »Urlaubsstress« in Miami oder Orlando erholen wollen, ist das genau der richtige Ort dafür. Und vielleicht haben Sie ja Lust, es den amerikanischen Urlaubern gleichzutun? Sie verbringen ihre Zeit hier vor allem mit Angeln.

INFO

**Information:** www.cedarkey.org. www.cedarkeymuseum.org
**Essen & Trinken:** **Tony's Seafood Restaurant**, 597 2nd Street, www.tonyschowder.com. Super Seafood in lockerer Atmosphäre, berühmt ist der Clam Chowder. Moderate Preise.

**Übernachten:** **Island Hotel B&B**, 373 2nd Street, www.islandhotel-cedarkey.com. Uriger alter Holzbau aus dem Jahre 1859 mit 10 Gästezimmern. Das restaurierte alte Hotel vermittelt einen authentischen Eindruck von »früher«. Das kleine Restaurant ist auf Seafood spezialisiert.

# 10 Orlando Downtown und Abstecher nach Winter Park

Zugegeben – die meisten Besucher fahren nach Orlando, um die Themenparks zu erleben und kommen nicht bis in die Innenstadt, obwohl es auch hier etwas zu sehen gibt. Die City selbst ist sehr sauber und gepflegt, die Kriminalität hat man sozusagen »beseitigt«, es ist zumindest tagsüber sehr sicher, da viele Menschen in den Bürogebäuden arbeiten. Es gibt eine Reihe sehr guter Restaurants, aber auch einfacher Coffeeshops.

Im Herzen der Innenstadt gelegen kann man sich im **Orange County Regional History Center and Heritage Square** auf drei Stockwerken mit 12.000 Jahren Geschichte Floridas befassen. Dazu gehören unter anderem die Bereiche Flora und Fauna, die Ureinwohner, die Ankunft der Spanier, das Leben der Cracker im 19. Jahrhundert, die touristische Entwicklung Floridas vor Disney und Afro-Amerikaner in Florida. Alles ist sehr ansprechend dargestellt.

*Orlando Downtown: der Heritage Square*

Ein weiteres interessantes Museum ist das **Wells' Built Museum of African American History & Culture**: Das kleine Museum ist im Haus von William Monroe Wells untergebracht, einem der ersten und lange Zeit einzigen farbigen Ärzte der Stadt, der sich in den Zeiten der Segregationspolitik, als Weiße keine Farbigen behandelten und ihnen der Zugang zu Hotels und Restaurants verwehrt wurde, einen Namen durch seinen Einsatz für die schwarze Gemeinde Orlandos gemacht hat. Das Haus wurde 1921 erbaut, 1926 wurde daraus ein Hotel, von dem heute noch die Original-Fassade und einige Möbelstücke der 1920er-Jahre zu sehen sind. Nebenan errichtete Wells zudem das South Street Casino, in dem zahlreiche namhafte Musiker wie Louis Armstrong, B.B. King,

Ella Fitzgerald und Ray Charles auftraten. Das Casino wurde 1987 abgerissen. Das Museum zeigt zahlreiche Dokumente von historischem Interesse zur afro-amerikanischen Geschichte.

Einige andere Museen wie das Orlando Museum of Art, das Mennello Museum of American Art und das Orlando Science Center befinden sich in der Gemeinde **Loch Haven Park**, die nördlich der Innenstadt in einer schönen Seenlandschaft liegt. Die Museen sind rund um einen Cultural Park angelegt und bieten eine ruhige Alternative zu den bunten Themenparks am anderen Ende der Stadt.

*Idylle in Winter Park*

Ebenfalls im Norden gelegen ist der mehr als 100 Jahre alte Ort **Winter Park**, der mit seinen rund 28.000 Einwohnern Eleganz und Gediegenheit ausstrahlt. Insbesondere die eher europäisch anmutenden Restaurants, Bars, Boutiquen und Fachgeschäfte laden auf der Park Avenue zum Verweilen ein. Zentral im Ort liegt inmitten schöner Parkanlagen der Bahnhof, den man fast übersieht. Durch die Siedlungen ziehen sich kleine, gewundene Straßen mit vielen mit Spanischem Moos behangenen Eichen- und Kampferbäumen.

Auf einer Bootsfahrt mit Scenic Tours bekommt man den besten Eindruck: An kleinen Seen, die durch malerische Kanäle verbunden sind, liegen vornehme Villen und kleine Schlösser, die den Reichtum widerspiegeln.

INFO

**Information:**
http://downtownorlando.com,
www.thehistorycenter.org,
www.cityofwinterpark.org

**Übernachten:** **The Courtyard at Lake Lucerne**, 211 N. Lucerne Circle East, www.OrlandoHistoricInn.com. Die Unterkunft besteht aus vier historischen Häusern aus unterschiedlichen Epochen, insgesamt eine sehr private Atmosphäre. Zur Begrüßung gibt es Wein.

**Winter Park:** **Scenic Boat Tours**, 312 E. Morse Boulevard, www.scenicboattours.com.

**Park Plaza Restaurant**, 307 Park Avenue South, Winter Park, www.parkplazagardens.com. Sehr gute mediterrane Küche mit kalifornischem Einschlag, Bar, angegliedert an das stilvolle Hotel.

# 11 Fort Myers: die »City of Palms«

»City of Palms« – so wird Fort Myers auch genannt aufgrund seines Markenzeichens, der Königspalmen-Allee entlang des Mc Gregor Boulevards. Doch nicht nur diese bekannteste Hauptstraße, sondern auch das übrige Stadtbild ist geprägt von üppigem Grün: Die meisten Häuser sind von blühenden Bougainvilleen umgeben und so manches Villengrundstück macht botanischen Gärten ernsthafte Konkurrenz!

Als mitverantwortlich für diesen »grünen Daumen« der Stadt kann **Thomas Alva Edison** gelten: Mit der Auflage, dass die Stadt nach seinem Tod für deren Pflege aufkommen sollte, pflanzte er über 500 Palmen-Setzlinge entlang des Mc Gregor Boulevard ein – mittlerweile ist der Boulevard gesäumt von nahezu 2.000 Palmen! Edison war also nicht nur ein genialer Erfinder (s. S. 172), sondern ein ebenso begabter Botaniker.

Wie viele andere Nordstaatler Ende des 19. und Anfang des 20. Jahrhunderts hatte es Edison aufgrund seines Gesundheitszustands in den kalten Wintermonaten ins warme Klima Floridas gezogen. 1895 zum ersten Mal nach Fort Myers gekommen, ließ er hier eine Winterresidenz sowie ein Laboratorium bauen – das **Edison Winter Home and Museum** sollten Sie sich in keinem Fall entgehen lassen und am besten im Rahmen einer Führung besichtigen.

Seine beiden Häuser umgab Edison mit tropischen Pflanzen, mehr als 6.000 verschiedene Arten aus fünf Kontinenten sind hier zu finden: So begegnet man in den alten Gärten nicht nur Florida-Palmen und heimischen Blumen, sondern auch Kalabash-Bäumen aus Südamerika, Zimtbäumen aus Asien und alten Feigenbäumen. Lange Zeit verfolgte Edison das Ziel, Bäume mit einem möglichst hohen Kautschukertrag zu züchten, war er doch gemeinsam mit seinem Freund – dem Automobilhersteller **Henry Ford** – auf der Suche nach Gummibäu-

*Das Edison-Haus*

men, die den Rohstoff für Fords Autoreifen liefern und Unabhängigkeit vom teuren Kautschuk-Import bringen sollten (woran übrigens auch die amerikanische Rüstungsindustrie großes Interesse hatte).

*Bequem: von Fort Myers mit dem Katamaran nach Key West*

Interessant ist überdies auch, dass sowohl das Haus wie auch das Laboratorium Edisons die ersten Fertighäuser überhaupt waren. Sie wurden in Maine (im Nordosten der USA) gebaut und dann – zerlegt – per Schiff nach Florida gebracht, wo sie in wenigen Tagen wieder aufgebaut waren. Beide Häuser haben den gleichen, aber gespiegelten Grundriss. Auch der 1910 gebaute Swimmingpool ist erwähnenswert: Mit dem eigenen Edison-Portland-Zement stellte er Beton für die Swimmingpoolwände her und verstärkte die Konstruktion mit galvanisierten Eisenstäben. Bis heute zeigt das Schwimmbad keinerlei Risse! Edison selbst ist nie in dem Pool geschwommen, er hat ihn für seine Kinder gebaut. Schwimmen, so seine Meinung, gehöre zu Vergnügungen, die nur Zeit kosten, aber nichts brächten…

### Tipp: Per Schnellboot nach Key West

Mit dem Key West Express (1200 Main Street, Fort Myers Beach, www.seakeywest.com) kann man sich 500 km bzw. eine etwa siebenstündige Autofahrt sparen. Am Morgen um 8.30 Uhr verlässt man mit einem 170-Fuß-Katamaran Fort Myers und kommt gegen 12 Uhr in Key West an. Um 18 Uhr geht es zurück.

Vergnüglich für Kinder wie Erwachsene gleichermaßen ist das **Imaginarium Hands-on-Museum and Aquarium**, ein Museum zum Anfassen, das im ehemaligen Wasserwerk der Stadt untergebracht ist. Hier gibt es u. a. ein »Hurrican Experience« und 3-D-Filme. Im Aquarium, bestehend aus drei kleinen Innen- und einem großen Außenbecken, wird anschaulich erläutert, worin die Unterschiede zwischen Salz-, Brack- und Süßwasser-Biotopen bestehen und wie die Wassertiere darin leben. Auch hier dürfen die Tiere angefasst werden.

**INFO**

**Information:** www.leevcb.com, www.fortmyers.org, www.fortmyersbeach.org, www.efwefla.org

**Essen & Trinken:** **The Veranda,** 2122 2nd St., www.verandarestaurant.com. Das Restaurant ist in zwei schönen alten Häusern von 1902 untergebracht. Das Ambiente ist gemütlich-antik. Das Essen orientiert sich an der Südstaatenküche. Gut sind entsprechend der gegrillte Grouper, aber auch der Snapper mit Cajun-Butter ist nicht zu verachten.

**Übernachten:** **Pink Shell Beach Resort,** 275 Estero Blvd., Fort Myers Beach, www. pinkshell.com. Echtes Familienhotel direkt am schönen Strand, etwa 200 Zimmer. Pool für die Kleinen, entspannte Atmosphäre.

# 12 Miami Beach: der Art-déco-District

Wer nach Florida reist, der sollte – und wird mit Sicherheit – Miami einen Besuch abstatten... und dann wiederum sollte man es auf keinen Fall versäumen, einen ausgedehnten Spaziergang durch das Art-déco-Viertel zu unternehmen. Denn für den Besucher ist dieser südliche Teil von Miami Beach vielleicht der interessanteste. Etwa in Höhe der 5th Street nordwärts beginnt das Gebiet, dessen besterhaltene Häuser an der Collins Avenue, aber vor allem auch am Ocean Drive liegen. Das Gebiet zwischen 23rd Street, Ocean Drive, 5th Street und Lennox Court ist eine Quadratmeile, die zum National Historic District erklärt wurde.

Die ca. **800 Gebäude stammen aus den 1920er- und 30er-Jahren**: 1926 wurde Miami Beach von einem verheerenden Hurrikan getroffen, der plötzlich Raum schuf für einen architektonischen Neubeginn. In dieser Zeit – man steckte inmitten der Weltwirtschaftskrise – entstanden viele kleine Hotels und Wohnhäuser, die höchstens drei Stockwerke hoch gebaut wurden und über keine Klimaanlagen verfügten. Die Brise vom Atlantik sorgte für entsprechende Kühlung...

Die **Miami Design Preservation League** bietet verschiedene Rundgänge an, u. a. Deco & Design Tours und Art déco Bike Tours. 1979 entsprach die Stadtverwaltung den Vorschlägen der Miami Design Preservation League und stellte das Viertel unter Denkmalschutz, zumal Investoren große Bettenburgen planten.

Dies ist eines der vielen Beispiele – besonders der vergangenen 25 Jahre –, dass sich Amerika seiner erhaltenswerten Bausubstanz bewusst wird und vermehrt

*Streamline Moderne – Art déco in Miami*

### Der Art-déco-Stil

Mit Art déco ist eine Kunstepoche gemeint, die sich zwischen dem 1. Weltkrieg und der Weltwirtschaftskrise zur Blüte entwickelte. Der eher kühle Stil des Funktionalismus wurde hierbei um vom **Jugendstil** inspirierte Elemente erweitert. Sind für den Funktionalismus v. a. gerade und geometrische Figurationen typisch, so werden sie im Art déco durch verzierte Glasfenster, pastellene Farben und verspielte Innendekorationen bereichert, die z. B. in esoterischen Wandbildern mit Flamingos, Spiegeln mit eingesetzten Nymphen, Meerjungfrauen und tropischen Vögeln bestehen. Ebenso finden des Öfteren Glasbausteine Verwendung.
Art déco wurde insbesondere durch die »Exposition des Arts Décoratifs et Industriels Modernes« (Kunstausstellung in Paris 1925) populär. Sowohl in der Außen- als auch Innenarchitektur entstand ein Modetrend. In diese Stilrichtung flossen Elemente der neuen technischen Welt ein. Manche Fassadengestaltung erinnert an Ozeandampfer (Essex). Manche Gebäude zeigen waagerechte Linien, die an die Racing Stripes der damaligen Autos erinnern. Aufgrund der stromlinienförmigen Gebäudeformen und Fassadenmomente werden die Art-déco-Gebäude auch als »Streamline Moderne« bezeichnet. Die Art déco-Richtung von Miami Beach bezeichnet man als **»Tropical Art déco«**. Viele Motive, die an Seefahrt und Meer erinnern, wurden in die Gestaltung übernommen. So erinnern Bullaugen an alte Dampfer, vorspringende Überdachungen an Schiffsdecks.

große Summen in die Restaurierung investiert. Die Miami Design Preservation League hat sich zum Ziel gesetzt, diese kunsthistorisch bedeutsame Bausubstanz vor Baulöwen zu schützen und Besitzer zu motivieren, lieber in eine Restaurierung zu investieren.

Besonders am **Ocean Drive** ist eine Reihe von Häusern – heute meist Hotels – liebevoll innen wie außen restauriert worden. Schauen Sie sich vor allem Palm Gardens (Baujahr 1923, 760 Meridian Ave.), Old City Hall (Baujahr 1927, 1130 Washington Ave.), Waldorf Towers (Baujahr 1937, 860 Ocean Drive), Essex (Baujahr 1938, 1001 Collins Av.), Cardozo Hotel (Baujahr 1939, 1300 Ocean Drive), Breakwater (Baujahr 1939, 940 Ocean Drive) und Carlyle (Baujahr 1941, 1250 Ocean Drive) an.

**INFO**

**Information:** www.miamibeachfl.gov
**Sightseeing:** Eine witzige Art, die Stadt zu erkunden, sind die gelben GoCart-Miniautos mit Navi für Selbstfahrer. Sie sind für verschiedene Routen GPS-gesteuert, wobei der eingebaute Reiseführer die Sehenswürdigkeiten kommentiert (www.gocartours.com).
**Essen & Trinken:** **Joe's Stone Crab**, 11 Washington Ave., www.joesstone crab. com. Das Restaurant, seit 1913 existierend, ist für seine Stone Crabs (große Steinkrabben) bekannt, die von Joe's eigener Flotte gebracht werden. Reservierungen werden nicht angenommen, nur in der Fangsaison Okt.-Mai geöffnet.
**Übernachten:** **Indian Creek Hotel,** 2727 Indian Creek Dr., www.indiancreekhotel.com. Dieses Hotel ist mit viel Liebe zum Detail restauriert worden. Ob man nun in der gemütlichen Badewanne sitzt oder mit dem quietschenden Fahrstuhl fährt, man fühlt sich in jeder Hinsicht in die alten Zeiten versetzt. Das Hotel liegt nicht weit vom Strand entfernt und beherbergt ein ausgezeichnetes kleines Restaurant.

# 13 Palm Beach: mehr als nur ein Hauch von Luxus

Palm Beach ist sicherlich der vornehmste Ort in Florida und wird oft als Heimat der Millionäre bezeichnet – hier sollen 70 % der reichsten Menschen der Welt leben. Die meisten Besitzer der herrlichen Anwesen wohnen allerdings nicht ganzjährig in Palm Beach, sondern vorrangig im Winter zwischen November bis Ostern, wo man sich auf Empfängen und Wohltätigkeitsbällen sehen lässt, bei denen für ein Gedeck 1.000 US$ und mehr ausgegeben werden…

*Ein recht aussagekräftiges Schaufensterplakat*

Natürlich ist »man« über die touristischen Gaffer nicht unbedingt erbaut, die einen Blick in dieses vermeintliche Schlaraffenland werfen möchten, was der zufällig entdeckte Schaufenstersticker (links im Bild) einmal recht drastisch verdeutlichte. Dennoch lassen sich die Touristen nicht abschrecken, und so gesellen sich zu den knapp 10.000 Einwohnern in der Hochsaison über 20.000 Urlauber. V. a. entlang des **Ocean Boulevard** kann man noble Villen bestaunen – welche Prominenz sich hier verbirgt, ist jedoch nicht öffentlich und die Adressen der Vanderbilts, Kennedys, Astors usw. bleiben im Verborgenen. Wem das teuerste Haus Palm Beachs gehört, ist dagegen bekannt: Der am Südende des Ocean Blvd gelegene und 1924 bis 1927 von der Cornflakes-Erbin Marjorie Merriweather Post im spanischen Stil errichtete 118-Zimmer-Palast wurde 1985 von Donald Trump erworben, der »Mar-a-Lago« nicht nur aufwendig renovieren, sondern überdies noch einen Ballsaal einbauen ließ.

### Tipp: Palm Beach Bicycle Trail

Dieser markierte, knapp 8 km lange Weg führt zu den schönsten Häusern von Palm Beach. Der Trail beginnt südlich der Royal Palm Bridge an der Society of the Four Arts. Fahrräder mieten kann man beim Palm Beach Bicycle Trail Shop, 223 Sunrise Ave, www.palmbeachbicycle.com.

Palm Beach verdankt seinen Namen natürlich den Palmen. 1878 strandete an der Küste ein spanisches Schiff, das u. a. etwa 20.000 Kokosnüsse geladen hatte, welche die Schiffbrüchigen an einen Mann verkauften, der diese weiterveräußerte. Die Käufer pflanzten die Kokosnüsse ein, so kam Palm Beach zu seinen Palmen und damit zu seinem Namen.

Ein Name, der für Palm Beach weitreichende Bedeutung erlangte, ist **Henry Morrison Flagler**. Der Eisenbahn-Magnat war unter den ersten Reichen, die dieses Fleckchen Erde für sich reservierten. Flagler, der erstmalig im Winter des Jahres 1883 zur Erholung nach Florida gekommen war, hatte nach diesem Aufenthalt die Vision, dass die Zukunft des Landes im Tourismus liegen würde – eine Vision, die sich mehr als erfüllen sollte und zu deren Umsetzung er maßgeblich beitrug. Flagler ist es zu verdanken, dass Florida für den Fremdenverkehr erschlossen wurde, eröffnete er doch die »Florida East Coast Railway«, die die Gäste direkt in seine Luxushotels in St. Augustine, Daytona, Miami und Key West brachte. 1894 schließlich

*Die Palmen verdankt Palm Beach einem gestrandeten spanischen Schiff*

verlängerte er die Eisenbahnstrecke bis nach Palm Beach, wo die wohlhabenden Besucher etwa in Flaglers »Royal Poinciana Hotel« oder im später errichteten »The Breakers« logieren konnten. Letzteres ist noch immer eines der luxuriösesten Hotels der USA und kann als eine architektonische Hinterlassenschaft Flaglers bezeichnet werden. Er selbst nannte das Hotel, das ursprünglich ein riesiger Holzbau war, »Palm Beach Inn«. Es brannte jedoch mehrfach ab und das Gebäude des heutigen »The Breakers« wurde 1925 fertiggestellt und eröffnet.

Direkt gegenüber dem Hotel befindet sich das **Flagler Museum**, auch Whitehall genannt, das restaurierte Privathaus des Eisenbahnkönigs. 1901 als Hochzeitsgeschenk für seine dritte Ehefrau erbaut, diente es ab 1925 als Hotel, bevor es 1960 in ein Museum umgestaltet wurde. Im Hof gibt es den Rambler zu sehen, Flaglers privaten Eisenbahnwaggon, im Haus selbst kostbare Möbel, Porzellan, Gemälde und andere wertvolle Gegenstände.

Keinesfalls verpassen sollten Sie die **Worth Avenue** mit ihren extravaganten Geschäften. Ein Bummel hier ergänzt den Eindruck von Eleganz und Reichtum. Palm Beach ist eben mehr als nur ein »Hauch von Luxus«!

**INFO**

**Information:** www.palmbeachfl.com, www.flaglermuseum.us

**Essen & Trinken:** **Testa's Restaurant,** 221 Royal Poinciana Way, www.testasrestaurants.com. Alteingesessenes Restaurant mit einer reichhaltigen Speisekarte.

**Übernachten:** **Palm Beach Historic Inn**, 365 S. County Rd., Palm Beach, www.palmbeachhistoricinn.com. Nur 9 Zimmer, in der Stadt gelegen, sehr geschmackvoll.

## 14 Key West: das letzte Paradies auf Erden?

»Key West – the last resort« bejubelten einst die Reiseführer die südlichste Stadt der kontinentalen USA. Das letzte Paradies? Die Ankunft zumindest wirkt etwas desillusionierend: Sobald man auf dem Key ankommt, gabelt sich der Highway in den North und South Roosevelt Boulevard. An ihm entlang liegen die einschlägigen Motels: Einheitsverschnitt mit ständigen Sonderangeboten aufgrund des Konkurrenzdrucks.

Erst wenn man sich dem alten Kern von Key West nähert, dessen Hauptstraße und gleichzeitig Flanierboulevard die **Duval Street** ist, entdeckt man liebevoll restaurierte alte Holzhäuser, geprägt von einem kaum zu entwirrenden Mischstil der Neuengland- und Bahamas-Architektur. Vor allem in den Seitenstraßen trifft man in Würde gealterte Häuser an, die schon so manchen Besitzer überlebt haben und von verwilderten Tropengärten umgeben sind.

Man kann (außer vielleicht in den heißen Sommermonaten von Juni bis Mitte September) Key West am besten zu Fuß erkunden: Wenn Sie die beiden parallel liegenden Straßen – nämlich die Duval und die **Whitehead Street** – entlangschlendern, haben Sie praktisch alle Hauptsehenswürdigkeiten gesehen. Und sollte die Sonne zu heiß vom floridianischen Himmel herabbrennen, dann bieten sich die Rundfahrten mit dem Trolley oder dem Conch Train an.

Es ist schwer, einen »Stadtrundgang« durch Key West festzuschreiben. Am besten lässt man sich einfach treiben. Der zentrale Punkt ist in jedem Fall der Mallory Square: ein Platz mit vielen kleinen Geschäften, Souvenirläden und Boutiquen. Benachbarte Restaurants und Bars laden zum Verweilen ein. Eine halbe Stunde vor Sonnenuntergang wird es jedoch allabendlich hektisch: Man eilt über den Square zum Mallory Pier, wo der Sonnenuntergang zelebriert wird.

*Weltberühmt: der Sonnenuntergang von Key West*

Touristen, Gaukler und Hippies, Clowns und Künstler, Popcornverkäufer und Banjospieler sorgen für buntes Treiben. In der Bucht legen riesige, die Häuser überragende Kreuzfahrtschiffe an, die allerdings vor Sonnenuntergang verschwunden sind, nachdem die Touristen ihre Dollars in Sloppy Joe's Bar vertrunken oder in T-Shirts investiert haben. Dann, wenn die Kulisse von keinem Dampfer verdeckt ist, darf die Sonne malerisch untergehen und die Menschenmenge klatschen, bevor sich der Menschenstrom langsam in der Altstadt und ihren vielen Restaurants verteilt.

Vielleicht haben Sie auch Lust, durch das afrikanisch-karibische Viertel von **Bahama Village** zu schlendern. Hier gibt es neben schönen restaurierten Häusern einige Boutiquen, Lokale und Kunsthandlungen.

Welches Viertel auch immer Sie auf Key West wählen, eines ist garantiert: Auffallend und anregend ist das bunte Völkergemisch, das hier die Straßen bestimmt: Alte Hippies aus den 60ern und frühen 70ern tun so, als sei die Zeit an ihnen vorübergegangen. Neugierig umherstreunende Touristen, Fischer und Weltumsegler, Playboys und Lebenskünstler beleben die Straßenszenerie. Lassen Sie sich (ver-)führen … vom vielleicht letzten Paradies auf Erden?!

INFO

**Information:** www.fla-keys.com

**Essen & Trinken:** Es gibt in Key West unzählige Möglichkeiten, seinen Appetit und Durst zu stillen. Am besten lässt man sich einfach treiben. Ein Tipp: **Hot Tin Roof Restaurant**, Zero Duval Street, www.oceankey.com. Das Lokal liegt direkt am Wasser, gegenüber dem Pier House und am berühmten Mallory Square. Man ist mittendrin im lebendigen Geschehen und genießt von den Terrassen einen atemberaubenden Ausblick. Besonders schön ist es hier zum Sonnenuntergang zu sitzen, die tropische Atmosphäre zu genießen. Der Blick auf das Wasser mit Booten und die Nachbarinsel ist einmalig. Das Essen: Alles, was Land und Meer bieten, wird in kreativen Rezepten zu einem tollen Erlebnis. Fisch und Meeresfrüchte stehen an oberster Stelle. Aber auch zum Frühstück lohnt es sich – ein toller Tagesbeginn!

**Übernachten:** Nach wie vor erste Adresse wegen seiner Lage und Aussicht auf das Meer ist das **Pier House Resort & Caribbean Spa** (in der Altstadt am Wasser gelegen), 1 Duval Str., www.pierhouse.com. Sehr romantisches Traditionshaus (126 Zimmer) mit kleinem Strand, hübschem Pool und tropischem Garten. Relativ kleine Zimmer. Besonderheit: Sonnenuntergang vom Havanna Deck. Wellness-Center.

## 15 Venice: das floridianische »Venedig« an der Westküste

Um es gleich vorwegzunehmen: Die Gemeinsamkeiten mit dem italienischen Original halten sich in Grenzen... Venice hier liegt zwar auch am Wasser und ist mit dem Festland durch eine Brücke verbunden, die über den Intracoastal Waterway führt. Drumherum verwöhnt das meist warme Wasser des Golf von Mexiko Strandliebhaber. Das Städtchen (25.000 Einwohner) mutet durchaus mediterran an, nicht nur das Klima trägt dazu bei, sondern auch die an Italien angelehnte Architektur. Die Stadt wurde großzügig geplant, breite Allen, viele Parks, Schatten. Der rechte Platz also für die sogenannten **Snowbirds**, jene Pensionäre, die dem harten Winter im Nordosten der Staaten entfliehen, um es sich gut gehen zu lassen. Sie spülen die notwendigen Dollars in die heimische Wirtschaft: Apartment-Vermieter, nette Geschäfte voller Dinge, die man nicht wirklich zum Leben braucht, die aber zum Stöbern einladen und Restaurants profitieren davon. Also kein Ort für's aufregende Nachtleben, eher für das ruhige Urlauben, lange nicht so mondän wie Naples im Süden, dafür aber »down to earth«, blitzsauber und sicher.

### Shark's Tooth Capital of The World

Vor allem am Südstrand von Venice (Casperson Beach) findet man viele versteinerte Haifischzähne. Also Augen auf, um die echten und kostenlosen Souvenirs zu finden (etwa 1-2,5 cm groß). Die mineralisierten Zähne kann man mit Maschenkörben (im heimischen Supermarkt zu kaufen) leicht aus dem Strandsand heraussieben.

Doch bringen wir erst das Unangenehme der jüngsten Geschichte hinter uns: In Venice lebten drei der Attentäter vom 11. September 2001. Sie waren völlig unauffällige Mitbürger und wurden bei Huffman Aviation am Venice Municipal Airport ausgebildet. Dazu gibt es ein interessantes Buch von Daniel Hopsicker: Welcome to Terrorland: Mohammed Atta und seine amerikanischen Helfer.

*Mediterranes Flair in Venice*

Venice Beach

Dagegen ging es bei den **ersten Siedlern**, die um 1870 in die Gegend der Roberts Bay kamen, friedlicher zu: Richard Robert legte eine Orangenplantage an, die er zum Teil einige Jahre später an Frank Higel verkaufte. Er verarbeitete die Zitrusfrüchte zu Orangenfilets, Marmelade, Orangensaft und Orangenwein. Zusammen mit dem Postmeister Darwin Curry gab Robert der aufstrebenden Siedlung den klangvollen Namen Venice.

1911 wurde der Ort an das Eisenbahnnetz angeschlossen, und nach dem 1. Weltkrieg begann man, die Grundstücke wegen ihrer guten Lage zu vermarkten. Professionell wurde der Ort geplant, das erste Hotel entstand: Hotel Venice hatte über 100 Zimmer mit eigenen Bädern, Wassersprinklern in den Räumen, einen tollen Speisesaal... Die weiteren Bauten mussten im norditalienischen Renaissance-Stil errichtet werden: Markenzeichen wurden die farbigen Dachziegel auf den abfallenden Dächern. In der Venice Avenue kann man den Stil heute noch sehen, selbst die Markisenfarben wurden vorgeschrieben, damit alles zusammenpasste.

**Tipps** für die Stippvisite in Venice: Wenn man vom Festland kommt und die Brücke über den Intracoastal Waterway erreicht, liegt gleich links die alte Railway Station (1927), die bis 1970 von Zügen angefahren wurde. Heute ist sie ein Museum. Zudem lohnt es sich, an der Venice Avenue entlang zu schlendern: Hier laden viele Mode- und »Antik«-Shops zum Stöbern ein. Ebenso kann man in einem der Restaurants je nach Jahreszeit drinnen oder draußen gut essen. Für Sportive: Fahrrad mieten und die Gegend erkunden (Beach Bikes & Trikes, 668 Tamiami Trail South). Gute Fahrradwege.

**INFO**

**Information:** www.venice-fla.com
**Essen & Trinken: The Crow's Nest,** 1968 Tarpon Center Dr., South Jetty; Venice, www.crowsnest.com. Tolle Lage direkt am Intracoastal mit Ausblick auf das türkisfarbene Wasser des Golf von Mexiko. Gediegenes Restaurant mit sehr guter Küche und gut sortierter Bar. Oben befindet sich eine Außenterrasse. Leckere Fischgerichte, tolle Bouillabaisse, Grouper mit Lobster..., aber auch interessante Fleischgerichte (sehr gute Steaks) und diverse Salate.
**Übernachten: Inn at the Beach Resort**, www.innatthebeach.com, 725 West Venice Avenue, Venice. Freundlich-legeres typisches Florida-Hotel am Meer, sehr beliebt. Mit Swimmingpool.

# 16 Pensacola, die »City of Five Flags«

Pensacola blickt auf eine sehr stürmisch verlaufene Geschichte zurück und verdient streng genommen – statt St. Augustine – den Titel der »ältesten europäischen Stadt in den USA«. Schon 1559 errichtete der Spanier Don Tristan de Luna auf Wunsch des spanischen Königs Phillip hier eine Siedlung, sechs Jahre vor der Gründung St. Augustines durch Pedro Menéndez de Avilés. Doch der provisorische Ort wurde zwei Jahre später wieder aufgegeben. Erst 1752 belebten die Spanier durch Gründung einer **dauerhaften Siedlung** diese Stelle. Über den Ursprung des Namens ist man sich nicht einig: Einige meinen, er leite sich von den Indianern ab, die hier gelebt hatten. Eine andere Version behauptet, es handele sich hierbei um eine Mutation von »Peniscola«, einer spanischen Hafenstadt.

### Die »Stadt der fünf Flaggen«

Die erste Flagge war die der Spanier.

1719 gaben die Franzosen den Ton an, nachdem sie nach drei Seschlachten die Spanier besiegten.

1763 folgten die Briten, 1781 übernahmen wieder die Spanier ihren Besitz.

Im Bürgerkrieg von 1861–1865 regierten die Konföderierten Staaten Pensacola.

1821 schaffte es Andrew Jackson, Florida den Spaniern abzukaufen – und nun wehte die Fahne der USA über den Dächern der Stadt.

Das beschauliche Pensacola mit seinen heute etwa 70.000 Einwohnern ist im äußersten Westen des Panhandle gelegen. Die etwas verschlafene Atmosphäre des Städtchens erinnert tatsächlich an die anderen ältesten »europäischen« Städte in den USA, also etwa an St. Augustine oder auch an Apalachicola – Gemütlichkeit, Ruhe und Historie sind hier angesagt.

Mit viel Hingabe hat man in den vergangenen Jahren den Stadtkern restauriert. Obwohl Pensacola auch moderne Gebäude hat, spürt man atmosphärisch und

Alte Häuser im Historic District

architektonisch doch sehr stark den Einfluss des Südens. Viele alte Villen sind von großen, von Spanischem Moos bedeckten Eichen umgeben, die alten Häuser entlang der Hauptstraße besitzen herrliche Balkone und schmiedeeiserne Gitter.

*Traumhafte Strände vermitteln ein fast schon karibisches Flair*

Vor allem im Stadtgebiet mitten in Downtown, dem **Seville Square Historical District** (zwischen East Government Street und South Alcaniz Street gelegen), hat man in liebevoller Weise Häuser restauriert. Anfänglich siedelten hier die ersten spanischen Kolonialisten. Die meisten der Gebäude stammen aber aus der Zeit nach dem Bürgerkrieg von 1861 bis 1865. Um die alte Bausubstanz ist vor allem die Historic Pensacola Preservation-Gesellschaft bemüht. Unter dem Begriff **Historic Pensacola Village** versteht man einige dicht zusammenliegende Gebäude, darunter auch drei Museen.

Wem nach so viel Kultur schließlich der Sinn nach »Sightseeing de luxe« und Flanieren steht, dem sei der **North Hill Preservation District** empfohlen: Hier liegt das exklusive Villengebiet, erbaut etwa zwischen 1870 und 1930. Die ehrwürdigen Prachtbauten liegen in herrlichen, schattigen Parks unter alten, mit Spanischem Moos behängten Bäumen.

Als »Gateway to the Miracle Strip«, also als westliches Einfallstor zu den berühmten, blendend weißen Stränden, die sich ostwärts auf etwa 160 km erstrecken, eignet sich Pensacola auch als idealer Standort, von dem aus wunderschöne Tagestouren unternommen werden können. So etwa zum Pensacola Beach, der mit seinem Charakter einer überschaubaren Feriensiedlung sowie den urigen Holzhäusern zum Entspannen einlädt.

INFO

**Information:**
www.historicpensacola.org
**Übernachten: New World Landing**, 600 S. Palafox St., www.newworldlanding.com. Sehr schön restauriertes, individuelles Hotel mit alten Möbeln – das Richtige für Individualisten. In der Nähe von Jachthafen und historischem District.

**Einkaufen: Quayside Thieves Market**, 712 South Palafox Street. In einem alten, restaurierten Lagerhaus ist eine Vielzahl an kleinen Läden untergebracht, die allen möglichen Krimskrams offerieren. Nett zum Durchschlendern und Stöbern.

# 17 Apalachicola: verträumtes Städtchen an der Forgotten Coast

In den nordwestlichen Teil des Sonnenstaates, den Panhandle, verlieren sich nur wenige Reisende. Tatsächlich bezeichnet man den Küstenabschnitt um Apalachicola als die »Forgotten Coast« – die vergessene Küste (s. S. 58). Man meint, hier eher in den Südstaaten als in Florida zu sein: Die Landschaft und die trägen Flüsse atmen die **Ruhe des tiefen Südens**, das Leben ist gemächlicher, ursprünglicher. Im Gegensatz zu Südflorida scheint die Zeit beinahe stehengeblieben zu sein…

**Tipp**

Jährlich findet das **Florida Seafood Festival** in dem Städtchen statt. Neben zahlreichen kulinarischen Attraktionen gibt es auch einen Austern-Wettessen, ein Blue-Crab-Rennen, Kochwettbewerbe, 5 km Redfish Run und vieles mehr. Infos unter: www.floridaseafoodfestival.com.

Das verträumte Städtchen Apalachicola ist der Inbegriff dieser Ruhe und Zeitlosigkeit. Sein Name bedeutet so viel wie »die freundlichen Leute von der anderen Seite«. Was die geschichtlichen Ursprünge anbelangt, so ist in jedem Fall nachgewiesen, dass es in der Gegend schon vor etwa 10.000 Jahren eine indianische Besiedlung gab.

Von Osten her führt eine Hochbrücke über die Bay in den Ort und endet geradezu direkt vor der Tür des **Gibson Inn**, das auf der Liste der historischen Stätten Floridas steht. Das denkmalgeschützte Hotel im Südstaatenstil kann zweifelsohne als eines der Wahrzeichen der Stadt bezeichnet werden. Das gediegene weiß-blaue Holzhaus sowie die schattige Veranda mit ihren Schaukelstühlen verführen zu einem Stopp – und dieser Versuchung sollten Sie ruhig nachgeben.

*Südstaatenflair: das Gibson Inn*

Früher herrschte hier allerdings hektische Betriebsamkeit. Seit den Jahren 1821/22 entwickelte sich Apalachicola auf Initiative des damaligen Präsidenten James Monroe zu einem bedeutenden Hafen für den Umschlag von Baumwolle. Dazu muss man wissen, dass entlang des Apalachicola Rivers einst große Baumwollplantagen lagen und der Fluss selbst schließlich in eine flache Meeresbucht am Golf mündet: Entsprechend konnten Dampfschiffe den kostbaren Rohstoff hier abholen und im Gegenzug dazu Waren mitbringen, welche die Farmer vor Ort benötigten. Es ist fast unvorstellbar, dass im verträumten Hafen von heute früher sogar Schiffe aus Europa ankerten!

*Fischerboote im Hafen*

Heutzutage dreht sich im Hafen alles um das Thema **Austern**: 90 % der gesamten Austernernte Floridas stammen aus der Bucht von Apalachicola. Die am besten geeigneten Gewässer für Austern sind Mischgewässer von Salz- und Süßwasser – und da hier das Wasser des Apalachicola River in den Golf von Mexiko strömt, bietet sich so eine der besten und nährstoffreichsten Umgebungen für die Austernzucht. Tatsächlich werden die Austern aus der Bucht von Apalachicola von Köchen und Kritikern zu den besten der Welt gezählt. »Oysters are our claim to faim«, wirbt das Städtchen denn auch für sich, oder: »Seafood's our middle name«. Die Austern-Fischer ernten die Schalentiere übrigens mit der Hand, so wie vor 100 Jahren.

Neben all dem gilt es für Naturfreunde noch ein weiteres Highlight in der Nähe zu empfehlen: Auf **St. George Island** kann man sich an schier unendlich langen, puderweißen Stränden sonnen, im Meer baden oder im angegliederten State Park unberührte Dünen- und Strandlandschaften erleben (s. S. 60).

Wie hieß Apalachicola noch gleich? »Die freundlichen Leute von der anderen Seite« – es lohnt sich, diese andere Seite Floridas zu entdecken!

INFO

**Information:**
www.apalachicolabay.org

**Essen & Trinken: Owl Cafe**, 15 Ave. D, www.owlcafeflorida.com. Im Herzen von Apalachicola liegt dieses gediegene, dennoch schlichte Restaurant. Auf 2 Ebenen kann man hausgemachte Speisen genießen. Das Preis-Leistungs-Verhältnis ist ausgezeichnet. Seafood steht an oberster Stelle, von frischen Austern bis zu köstlichen Shrimps.

**Boss Oyster**, 125 Water St., direkt am Apalachicola River gelegen. Hier gibt es frische Austern in allen Variationen.

**Übernachten: The Gibson Inn**, 51 Ave. C, www.gibsoninn.com. Die 30 Zimmer sind wunderschön mit Himmelbetten und alten Möbeln ausgestattet und bei einem Gläschen aus der rustikal-malerischen Bar im Erdgeschoss kann man die Ruhe spüren, die dieser Ort ausstrahlt.

# Inseln & Strände

# 18 Marco Island: Island in the Sun am Rande der Everglades

Marco Island (14 Meilen südlich von Naples), erreichbar über eine Brücke, die den Marco River überspannt, gibt sich **mondäner** als die anderen typischen Ferien-Hochburgen an der Atlantik- bzw. hier an der Golfküste. Alles wirkt gediegener, die Bebauung ist – insgesamt betrachtet – nicht ganz so bombastisch wie an den anderen Küstenorten. Das ist nicht zuletzt einer Reihe dem Naturschutz verbundener Vereinigungen zuzuschreiben, die den bauwütigen Investoren entgegentraten. Es darf zwar gebaut werden, auch hoch, doch bitteschön: nicht ganz so ausufernd wie anderswo. Publikumswirksam hat man sogar versucht, durch künstlich angelegte Adlerhorste den Greifvögeln die angestammte Heimat zu erhalten.

*Am Strand von Marco Island*

Trotz aller Bemühungen: Entlang des – sehr breiten und schönen – Sandstrandes reihen sich viele Hochhäuser (Hotels, Apartments) aneinander. Nur das alte Dorf Marco am nördlichen Ende der Insel erinnert mit seinen kleinen Holzhäusern an die alte Zeit.

*Schöne Unterkünfte auf Marco Island*

Alte Zeit? Ja, schon um 500 v. Chr. lebten hier nachweislich **Calusa-Indianer**. Beweise für diese frühe Besiedelung lieferten die hier gefundenen »Indian Mounds« (indianische Grabhügel) sowie die von Archäologen zutage geförderten indianischen Waffen, Schnitzereien, Werkzeuge und Masken. Auf Marco Island leben heute etwa 6.000 Menschen, wobei diese Zahl insbesondere in der Winterzeit durch Touristen verdoppelt wird. Früher lebten die Einwohner hier vorwiegend vom Fischfang, vom Muschelverkauf sowie vom Ananasanbau – heute allerdings mehr von gut gelaunten und spendablen Touristen sowie wohlhabenden Ruheständlern. Das kleine Marco Island Historical Museum widmet sich der Geschichte der Gegend.

Bei einem Rundgang kann man gemächlich Marco Island erkunden. Interessant ist auch eine Fahrt durch die zum Teil sehr mondänen Siedlungen: Die besseren Lagen haben stets einen moskitogeschützten Swimmingpool nebst Boots- bzw. Jachtanlegestelle.

**Goodland** ist ein altes Fischerdorf bei Marco Island, das noch etwas von seinem alten Charme bewahren konnte. Der Ort hat nur etwa 300 Einwohner. Im Februar 2006 veräußerten Elhanon und Sandra Combs ihren Campingplatz für 2,5 Millionen US$ an das Collier County. Hier soll ein Erholungspark entstehen. Der tatsächliche Marktwert des Grundes lag deutlich höher, doch die Besitzer wollten der Gemeinde eine Möglichkeit schaffen, dem Druck des expandierenden Marco Island zu widerstehen.

INFO

**Information:** www.paradisecoast.de, www.marcoislandchamber.org, www.themihs.org
**Bootstouren:** **Marco Island Princess**, 951 Bald Eagle Drive, www.marcoislandprincess.com, bietet Lunch-, Sightseeing- und Sunsettouren.
**Essen & Trinken:** **Old Marco Crab House**, 401 Papaya St., Goodland, www.oldmarcolodge.com. Das gute Fischrestaurant liegt direkt am Wasser (das Haus wurde 1869 erbaut) und ist u. a. auf Krebse spezialisiert. Sehr gut als Nachtisch: der Key Lime Pie. Teuer.
**Café de Marco**, 244 Palm Street, www.cafedemarco.com. Kleines, schon seit 1983 existierendes Bistro mit bestem Ruf. Viele erstklassige Fischgerichte, aber auch Lamm- und Geflügelvariationen.
**Übernachten:** **The Boat House Motel**, 1180 Eddington Place, Old Marco Island, www.theboathousemotel.com. Nur 20 Zimmer (2-stöckig), mit Bootshafen. Sehr gutes Preis-Leistungs-Verhältnis.

# 19 Anna Maria Island: unentdeckte Weiten

**Tipp**

**Sandbar Restaurant**, 100 Spring Ave., www.sandbar-restaurant.com. Wunderschön - direkt am Strand - gelegenes Restaurant mit herrlichem Blick auf den Sonnenuntergang. Typisch amerikanische Gerichte, viel Seafood, oft spielt draußen eine Live-Band. Wer auf die Minute genau den (zumeist perfekten) Sonnenuntergang vorhersagt, gewinnt einen (amerikanischen) Champagner. Keine Reservierungen möglich!

**City Pier Restaurant**, 100 S Bay Blvd., an der Intracoastal-Seite. Ungezwungene, urige Atmosphäre, einfache Bar, eher schnelle Küche vom Burger bis zum Fish Basket. Blick auf die imposante Sunshine Sky Bridge.

Allabendlich wiederholt sich das Spektakel: Kameras klicken und jeder versucht, genau den Moment einzufangen, in dem die Sonne am Horizont verschwindet. Wer den Zeitpunkt auf die Minute genau schätzt, bekommt im Sandbar Restaurant eine Flasche Champagner.

Die berühmten **Sonnenuntergänge** von Anna Maria Island sind sicherlich eine der Attraktionen der Insel, aber bei Weitem nicht die einzige. Die kleine Insel ist über zwei Brücken, die Manatee Avenue und den Palma Sola Causeway, mit der Stadt Bradenton verbunden. Zu den herrlichen Sandstränden und Dünen des südlich der Tampa Bay an der Westküste Floridas gelegenen Eilands hat man es nie weit – die Insel ist nur zwei Kilometer breit.

Die Hauptorte sind Santa Maria im Norden, in der Mitte Holmes Beach und am Südende Bradenton Beach. Anna Maria Island liegt sowohl am Golf von Me-

*Direkt am Golfstrand: das Sandbar Restaurant*

*Strände wie aus dem Bilderbuch*

xiko als auch im Intracoastal Waterway. Auf der Insel herrscht eine angenehm **ruhige Atmosphäre**: Keine Restaurantketten, keine Fastfood-Buden, keine Hotelriesen, dafür eine niedrige Bebauung, fast zu 100 % aus privaten Häusern bestehend, nur ein kleines Shopping Center sowie eine Tankstelle – that's it. Viele Einwohner vermieten Zimmer, Ferienhausbesitzer ihr Domizil. Ausflüge nach St. Petersburg, Tampa oder Sarasota mit den dortigen Sehenswürdigkeiten sind einfach zu bewerkstelligen: Alle diese Orte erreicht man mit dem Auto in ca. ½–1 Stunde. Aber nur, wenn man es schafft, sich von der entspannten Atmosphäre der Insel und seinem Liegestuhl loszureißen.

Nicht nur das Baden an dem meilenlangen, wunderbaren Sandstrand am Golf ist herrlich, auch Radtouren auf der Insel und lange Strandwanderungen sind angesagt. Und natürlich Wassersport: Boot, Jetski und Kajak fahren sowie Schnorcheln und Parasailing sind möglich. Wer nicht selber fahren möchte, der mietet sich einfach ein Boot mit Kapitän…

In den kleinen Open Air Bars, Restaurants oder an einem der Piers kann man sich nach all dem Müßiggang bei Seafood stärken. Drei Piers gibt es, den Santa Maria Pier, 1910 erbaut, den Rod & Reel Pier und den Bridge Street Pier. Das einzige »Problem« auf Anna Maria Island ist also die Frage, wo man sich denn nun am besten den Sonnenuntergang ansehen soll…

**INFO**

**Information:**
www.annamariaislandchamber.org
**Übernachten**: **Harrington House B&B**, 5626 Gulf Dr., Holmes Beach, www.harringtonhouse.com. Wunderschönes B&B-Haus am Strand, sehr gepflegt. Es werden auch Bungalows vermietet (direkt gegenüber).

**Blue Water Beach Club**, 6306 Gulf Dr., Holmes Beach, www.bluewaterbeachclub.com. 29 schöne Apartments für 2–5 Personen mit Küche sowie Balkon oder Patio, direkt am herrlichen Strand gelegen. Der Club war eines der ersten Motels auf der Insel und ist seit 35 Jahren in deutschem Familienbesitz.

# 20 Amelia Island: die »Insel der acht Flaggen«

»Isle of Eight Flags« – die nördlichste der zu Florida gehörigen Barrier Islands kann auf eine lange Geschichte zurückblicken und ist die einzige Gemeinde der USA, die unter acht verschiedenen Flaggen gelebt hat – daher der Beiname. Nicht nur Franzosen, Spanier, Engländer und Konföderierte, sondern auch eher unbekannte Parteien wie die Patriots of Amelia Island und Green Cross of Florida hissten ihre Flaggen über der kleinen Stadt, wenn auch nur für kurze Zeit. Ihren heutigen Namen gaben ihr die Engländer nach Prinzessin Amelia, der Tochter von König George II.

Etwas abseits der populären Florida-Routen gelegen, ist das Eiland an der Nordost-Ecke des Sunshine States in jedem Fall einen Abstecher wert. Lange war die Insel Schmugglerparadies und **Piratenheimat**, als Anfang des 19. Jahrhunderts keine ausländischen Schiffe mehr amerikanische Häfen anlaufen durften. Der zu Spanien gehörende Hafen von Fernandina Beach entwickelte sich zu einem Umschlagplatz erster Güte für Sklaven, Alkohol und Luxusprodukten. 1821 war die anrüchige Zeit vorbei, als man sich den USA anschloss. Bereits 1826 hatten über 50.000 Bewohner aus dem Norden Amelia Island als Sommerresidenz entdeckt und legten den Grundstein für den bis heute andauernden Touristenstrom.

Die ehemalige Plantageninsel der Engländer hat sich im 20. Jahrhundert zum Ferien- und Wassersportparadies mit großem Angebot für Golfer, Tennisspieler, Angler, Wassersportler und Ballonfahrer gemausert. Endlose Sandstrände, außergewöhnliche Hotels – wie das noble Ritz Carlton oder die Amelia Island Plantation – und kulinarische Highlights in Gestalt von Shrimps und anderen Meeresfrüchten machen die Insel zu einem Hotspot.

*Ein Platz am liebsten für die Ewigkeit: Unterkunft mit Blick aufs Meer*

*Südstaatencharme in der Altstadt von Amelia Island*

Besonders idyllisch ist ein Spaziergang im Bereich der Altstadt von **Fernandina Beach**, mit den vielen hübsch restaurierten Südstaatenhäusern. Auf 52 Straßenblocks wechselt sich die alte viktorianische Architektur mit modernen Bauten ab. Hier gibt es zahlreiche Läden und Restaurants mit romantischem Flair zu entdecken. Auf jeden Fall sehenswert ist der alte Friedhof Bosque Bello Cemetery.

Die Stadt konnte sich ihren Charme auch deswegen bewahren, da die erste Eisenbahnstrecke von Henry Flagler hier nicht vorbeiführte und somit der Massentourismus aus dem Norden lange Zeit ausblieb. Später allerdings war Fernandina der Startpunkt der ersten Strecke, die quer durch Florida führte und den Golf mit dem Atlantik verband, und zwar mit Cedar Key.

INFO

**Information:** www.ameliaisland.com
**Essen & Trinken:** **Café Karibo,** 27 North 3rd Street, www.cafekaribo.com. Sehr nettes, lässiges Restaurant mit einem lauschigen Außenbereich unter schattenspendenden Bäumen. Variantenreiche, zum teil asiatisch angehauchte Gerichte, Burger, zudem leckere Thunfischsteaks.

**Übernachten:** **Florida House Inn B & B,** 20-22 South 3rd Street, www.floridahouseinn.com. Eines der ältesten Hotels Floridas, das 1857 von der Florida Railroad eröffnet wurde. Unter anderem Ulysses S. Grant, José Martí und Laurel & Hardy betteten hier ihre prominenten Häupter. Heute kann sich jedermann in einem der 22 gemütlichen Zimmer (einige mit Kamin) einquartieren.

# 21 Sanibel Island: »Highway to Paradise«

**Die schönsten Strände**

- In der Nähe des Leuchtturms (Sanibel Lighthouse Beach) am Ostende der Insel mit Fishing-Pier. Vorsicht, hier gibt es Strömungen!
- Parallel zum East Gulf Drive und West Gulf Drive (Bowman's Beach). Naturbelassene Strände, die vor allem für Muschelsucher interessant sind. Der Zugang erfolgt über die Sanibel-Captiva Road in nördlicher Richtung.
- Auch an der Nahtstelle von Sanibel und Captiva Island (Blind Pass) ist es schön.

Wer auf schnellstem Wege direkt ins Paradies kommen will, dem bietet sich an der Westküste Floridas eine einmalige Gelegenheit dazu: Der breit ausgebaute »Sanibel Causeway« (mautpflichtiger Brückendam) verbindet die Küste bei Fort Myers mit der vorgelagerten Insel, die als wahrhaft »**paradiesisch**« bezeichnet werden kann mit ihren atemberaubenden Sonnenuntergängen und den feinsandig weißen, **muschelübersäten Stränden**.

Zweifelsohne zählen die Strände Sanibel Islands zu den muschelreichsten Gebieten der Vereinigten Staaten. Der Grund dafür liegt darin, dass es am Golf von Mexiko keine Felsenriffe gibt, an denen die Muscheln zerrieben werden. Die Gewässer sind sehr warm und flach, die Meeresbrandung sachte. Dazu kommt noch, dass sich auf einem Meeresplateau südlich von Sanibel die Muscheln sammeln und zum Strand gespült werden. Die meisten Muscheln findet man im Winter oder nach Stürmen direkt an der Wasserkante. Das ergiebigste Sammelgebiet liegt bei Bowman's Beach und dem Blind Pass (das ist die Enge zwischen Sanibel Island und Captiva Island). Insgesamt wurden über 400 Muschelarten aufgelistet, besonders beliebt sind die »Sand-Dollars«, Jakobsmuscheln (Scallops), die seltene Junonia-Muschel (Junonia Volute) und die Venusmuschel (Venusclam). Unter Muschelsammlern gelten die Strände als Top-Destination (s. auch S. 126). Wie wichtig das Muschelsammeln genommen wird, zeigt übrigens die alljährlich am ersten Märzwochenende stattfindende Sanibel Shell Fair: Während dieser Muschelmesse sind die Zimmer besonders knapp. Von den Muschelsammlern werden die Unterkünfte um den Leuchtturm der Insel favorisiert. Wer übrigens nicht nur sammeln, sondern sich auch eine Vielfalt an unterschiedlichen Muscheln ansehen möchte, kann das tun im **Bailey Matthews Shell Museum**.

Das Gebiet um den **Bowman Beach** ist unter Naturschutz gestellt, sodass sich an diesem Ort die heimische Pflanzenwelt erhalten konnte. Noch heute finden hier in den Sanddünen heimische Tiere ihren Lebensraum. Diese Region ist auch eines der letzten Rückzugsgebiete der Loggerhead- und der Leatherback-**Schildkröten**, die schon seit Ewigkeiten an den subtropischen Küsten Floridas heimisch sind. In den Zeiten der alten Seefahrt, als Segelschiffe lange Zeit unterwegs waren und Probleme mit dem Proviant hatten, rückten die Schildkröten in das Interesse der Menschen: Man konnte sie fangen und als lebendige Fleischkonserve mitnehmen. Später trugen zu ihrer Ausrottung weltweit sogenannte Feinschmecker bei, die als Krönung des Genusses die Schildkrötensuppe entdeckten.

Sanibel Island

Hier an den Küsten von Sanibel und Captiva Island legen noch heute etwa 200 Schildkröten in den heißen Dünen ihre Eier ab, die im Juli/August ausgebrütet werden. Naturschützer achten darauf, dass die unbeholfen wirkenden Tiere bei der Eiablage nicht gestört werden. Später gräbt man die Eier aus, um sie unter Infrarotlicht auszubrüten. Nachdem die kleinen Schildkröten eine lebensfähige Größe erreicht haben, entlässt man sie wieder in die Natur. Man muss allerdings sehr viel Glück haben, um eine Schildkröte zu Gesicht zu bekommen.

Die weißen Sandstrände auf Sanibel Island sind aber nicht nur wegen ihrer Muschelpracht so einladend; angenehm fällt überdies auf, dass es hier weit und breit keine Hochhäuser gibt, sondern vielmehr gut in die Landschaft integrierte Resorts und Hotels. So entwickelte sich die Insel zu einer »edleren« Ferienoase, die als Daueraufenthalt vielleicht nicht für jeden Geldbeutel bestimmt ist, jedoch einen himmlischen Tagesausflug lohnt – und wo hat man schon mal die Chance, so zielsicher ins Paradies zu gelangen?

INFO

**Information:** www.sanibelisland.com, www.shellmuseum.org

**Essen & Trinken:** **Gramma Dot's Seaside**, 634 N. Yachtman Drive, www.sanibelmarina.com/gramma.html. Direkt an der Marina gelegen, besonders beliebt zum Lunch wegen der guten Sandwiches und Salate, die sonstigen Gerichte sind typisch amerikanisch. Abends um 20.30 Uhr ist hier Schluss.

**Übernachten:** **Waterside Inn**, 3033 W. Gulf Drive, www.watersideinn.net. Zimmer mit Balkon direkt am Strand, schöner Palmengarten mit Liegen am Strand, schöner Swimmingpool.

# 22 Grayton Beach State Park: eine Schönheit in türkis und kristallweiß

### Wer ist Dr. Beach?

Wenn es um die Beurteilung von Stränden geht, dann gibt es in den USA eine fast schon unangefochtene Instanz: Dr. Stephen P. Leatherman – besser bekannt als »Dr. Beach«. In seiner Funktion als Professor für Umweltstudien an der »Florida International University« gibt er jedes Jahr eine Hitliste mit den schönsten Stränden des Landes heraus, wobei die Berurteilung der Strände wissenschaftlichen Kriterien unterliegt wie z. B. Wasser- und Strandqualität, Sauberkeit, Höhe der Wellen etc. Auf der umfangreichen Homepage finden sich nicht nur die Listen mit den schönsten Stränden, sondern man kann auch eigene Bewertungen abgeben. Aktuelle Listen und weitere Infos unter: www.drbeach.org.

»Top 10«, »Top 20« oder auch »Top 100« -Listen zu erstellen mag eine müßige Beschäftigung sein… denn wer kann schon wirklich objektiv beurteilen, wer oder was am schönsten sein soll?! Der Grayton Beach jedenfalls wird in diversen Hitlisten immer wieder zu den schönsten Stränden der Welt gezählt, und so belegte er beispielsweise im »USA Strandranking« des Jahres 2009 den 2. Platz… Aber am besten machen Sie sich ein eigenes Bild, wenn Sie in den Nordwesten des Landes kommen. Und – so viel sei verraten – wir glauben auch, dass es sich wirklich lohnt!

An der Scenic 30A gelangt man zunächst in das gemütliche Dörfchen Grayton Beach, in dem es mehrere Restaurants und Unterkünfte gibt. Der Park liegt etwa auf halbem Weg zwischen Destin und Panama City. Hier findet man – nachdem man bequem über erhöhte Plankenwege geführt wird – tatsächlich eine naturbelas-

*Grayton Dune Lake*

*Zauberhafte Strände*

sene Postkarten-Idylle vor, wie sie schöner kaum sein könnte: pulvriger, strahlend weißer Quarzsand, türkisgrünes, glasklares Wasser und einsame Lagunen im Hinterland laden zum Relaxen, Schwimmen, Schnorcheln, Fischen oder Bootsfahrten ein. Darüber hinaus gibt es einen Naturlehrpfad, den **Grayton Beach Nature Trail**, der vom Ostende des Parkplatzes aus startet (eine Wegbeschreibung ist am Eingang des Parks erhältlich) und als drei Meilen langer Rundwanderweg durch die Salzmarschen, Sanddünen und Kiefernwälder führt. Dabei geht es immer wieder an wunderschönen Magnolien vorbei.

Wer gerne auch nachts einmal der Natur ganz nahe sein möchte, für den ist der etwa 500 Meter vom Meer entfernt gelegene Campingplatz sehr zu empfehlen. Mit seinen angenehm zugewachsenen Plätzen grenzt er an einen kleinen Binnensee an. Neben den normalen Stellplätzen werden auch einfache, aber saubere Unterkünfte (»Cabins«) angeboten, die für bis zu sechs Personen gemietet werden können und zum längeren Verweilen einladen. An der Rezeption des Campingplatzes kann man übrigens auch Kanus mieten. Es ist ein großes Vergnügen, damit auf den Dünenseen zu paddeln, die durch den glitzernden Sand vom Golf getrennt sind.

INFO

**Information:**
www.beachesofsouthwalton.com, www.floridastateparks.org/graytonbeach

**Essen & Trinken:** **The Red Bar**, 70 Hotz Avenue, www.theredbar.com. Bekannteste Bar von Grayton Beach, günstiges Essen (u. a. Pasta, Crab Cake, Fisch) und leckere Cocktails. Dazu gehört die eigene Jazz Band, die fast jeden Abend live spielt.

**Übernachten:** Ganz im Retrostyle gehalen ist das **Hibiscus Coffee & Guesthouse** (http://hibiscusflorida.com): Die Gästezimmer sind liebevoll gestaltet und auch das vegetarische Frühstück mit seinen wunderbaren hausgemachten Köstlichkeiten wie z. B. »Waffle Wonderful«, Pancakes oder »Grannie's Granola & Fresh Fruit« im lauschigen Innenhof ist sehr zu empfehlen.

# 23 »Emerald Coast« und »Miracle Strip«: die Traumstrände des Panhandle

**Weiß, weißer ... Miracle Strip!**

Die Strände entlang dem ca. 160 km langen Miracle Strip zwischen Pensacola und Panama City sind zum größten Teil feinsandig und blendend weiß. Die Erklärung dafür ist relativ einfach: Die geografische Ausrichtung des Panhandle bildet ziemlich genau eine Ost-West-Achse. Die Wellen des Golfes von Mexiko prallen im Winkel von 90 Grad in kurzer Folge und voller Energie gegen das Land. Der Sand wird immer feiner zerrieben. Durch eine stark ausgeprägte Rückströmung der Wellenbewegung unter der Wasseroberfläche werden unreine Bestandteile aus dem Sand wieder herausgespült. Auch gibt es entlang dem Miracle Strip auch keine Flüsse, die Schlamm ins Meer transportieren. Der einzige Fluss, der Choctawhatchee River östlich von Fort Walton Beach, lädt seine Schmutzfracht in der gleichnamigen Bay ab. Die weißen Strände hören genau dort auf, wo der Panhandle langsam nach Südosten abschwingt, südöstlich von Panama City (hinter Port St. Joe). Von dort an gibt es sie nur noch auf den vorgelagerten Inseln.

»Forgotten Coast« – so wird die Region im Nordwesten Floridas auch genannt, die im Norden an Alamba und Georgia sowie im Süden an den Golf von Mexiko angrenzt. Insgesamt knapp 370 km lang und zwischen 60 bis 140 km breit ist dieser Streifen, der aufgrund seiner Form auch den Namen »Panhandle« trägt. Floridas »Pfannenstiel« bietet auf einer Länge von 160 Kilometern Natur pur in einer Weise, die Sie sich nicht entgehen lassen sollten: Südöstlich von Pensacola, dem »Gateway to the Miracle Strip«, beginnend, finden sich entlang der »Emerald Coast« (»Smaragdküste«) Puderzuckerstrände mit feinstem schneeweißem Sand, eben jenes smaragdgrüne, kristallklare Wasser, für das der »Miracle Strip« (»Wunderstreifen«) so berühmt ist, herrliche Dünen, Palmen und endlose Pinienwälder...

Wenn man der sogenannten »**Scenic Route C 30 A**« zwischen den Orten Destin und Panama City folgt, dann kann man einige der schönsten Strände Floridas entdecken: So lohnt ein Abstecher zum **St. Andrews State Park**, der an der südöstlichen Landzunge von Panama Beach liegt und durch einen Wasserweg von Shell Island getrennt ist. Hier

*Schnorcheln im St. Andrews State Park*

gibt es Naturwanderwege, und man kann Alligatoren, Füchse, Seevögel und (seltener) Schlangen beobachten. Im Frühjahr (je nach Witterung) und im Sommer werden Bootsfahrten zur gegenüberliegenden Insel Shell Island angeboten.

*Shell Island*

Ein Besuch eben dieser Insel **Shell Island** nimmt einen Tag in Anspruch. Den Besucher erwartet eine herrlich ungestörte Natur: über 12 km weißer Sandstrand, Dünen … und Ruhe. Von Panama City Beach aus erreicht man Shell Island mit einem Boot in ca. 45 Minuten.

Auf der Suche nach weiteren Geheimtipps sei unbedingt der **St. Joseph's State Park** empfohlen, der von der Scenic Route abbiegend über die Stichstraße SR 30 E zu erreichen ist. Auf einer Halbinsel gelegen, wartet er mit wenig besuchten Stränden auf, die von »Dr. Beach« (s. S. 56) als einige der besten in den USA bewertet werden. Man kann hier Campen (es gibt auch komfortable Cabins), Kajak und Kanu fahren, Angeln, Wandern und per Fahrrad unterwegs sein. Seit 2006 gibt es einen tollen 20 km langen Fahrradweg (St. Joseph Peninsula Trail). Ab Ende Oktober kann man Schildkröten beobachten (Loggerhead Turtles) und aufgrund günstiger geografischer Gegebenheiten gibt es hier überdies sehr gute Vogelbeobachtungsmöglichkeiten (240 Arten). Ein Badeausflug hierhin dauert ca. zwei Stunden extra, aber wie gesagt: Vergessen Sie nicht diese »vergessene Küste« in Floridas Norden – es lohnt sich!

**INFO**

**Information:**
www.floridastateparks.org/standrews, www.shellislandshuttle.com, www.visitshellisland.com, www.floridastateparks.org/stjoseph
**Essen & Trinken:** In Panama City Beach: **Captain Anderson's**, Grand Lagoon, 5551 N. Lagoon Drive, www.captanderson.com. Von hier aus kann man die Fischer beobachten, wenn sie mit ihrem Fang anlanden. Deshalb gibt es auch eine hervorragende Auswahl an Fisch. Das Angebot hängt z. T. vom Tagesfang ab. Kein Lunch.
**Übernachten:** Im St. Andrews und St. Josephs State Park stehen Campingmöglichkeiten zur Verfügung. In Panama City: **Flamingo Motel & Tower**, 15525 Front Beach Road, www.flamingomotel.com. Persönliches, familienfreundliches Haus. Die meisten Zimmer bieten Meerblick und haben eine Kochmöglichkeit mit Kühlschrank und Mikrowelle.

## 24 St. George Island: Insel für Individualisten

Östlich von Apalachicola gelangt man über die Gorrie Bridge und anschließend über eine gebührenpflichtige Brücke zu dieser beschaulichen Ferieninsel. Endlose feine Sandstrände ziehen im Frühjahr und Sommer die Tages- und Wochenendbesucher, besonders aber die etwas betuchteren Langzeit-Urlauber an. Letztere wissen zu schätzen, dass es auf St. George Island vor allem schöne, z. T. sehr originelle Strandbungalows zu mieten gibt. Sollten Sie also einen naturbelassenen Strand, eine eigene Küche und mehr Platz als im Hotel schätzen, dann wäre die Anmietung eines solchen Hauses absolut zu empfehlen. Übrigens sinkt die Wassertemperatur fast nie unter 20–22 °C. Das lieben dann besonders die zahlreichen Taucher, die oft von weither kommen.

*Das Lighthouse Museum*

*Einsam und weiß: Strand von St. George Island*

## St. George Island State Park

In diesem 720 ha großen State Park erwarten den Besucher eine unberührte Dünen- und Strandlandschaft (32 km Strand!), aber auch Marschen und Kiefernwälder. Einen Zeltplatz und Wanderwege durch die Dünen gibt es ebenfalls. Für Tagesbesucher empfehlen sich die schönen Picknickplätze. Ornithologen werden die reichhaltige Vogelwelt zu schätzen wissen. Für sie ist der am Campingplatz startende, etwa vier Kilometer lange Wanderweg zum Gap Point zu empfehlen.

Zudem gibt es ein kleines **Lighthouse Museum**. Der alte Leuchtturm von 1852 war 2005 zusammengebrochen. In mühsamer Arbeit wurden einzelne Teile aus dem Schutt von Freiwilligen gesäubert, aus den National Archives in Washington wurden die Originalpläne besorgt, und Ende 2008 war der rekonstruierte Turm dann fertig und kann nun besucht werden.

INFO

**Information:**
www.seestgeorgeisland.com, www.stgeorgeisland.com

**Essen & Trinken:** **Captain Snooks Seafood Restaurant**, 500 US 98. Bekannt für frische Austern, aber auch tagesfrischen Fisch, Fleischgerichte und griechischen Salat. Am Wasser gelegen.

**Übernachten:** **St. George Inn**, 135 Franklin Blvd, www.stgeorgeinn.com. Gemütliches, historisches Bed&Breakfast-Haus. Ca. 500 m zum Strand.

**Buccaneer Inn**, 160 W. Gorrie Drive, www.buccinn.com. Mittelklassehotel in Strandnähe, große Zimmer, z. T. mit Küchenzeile.

# 25 Bahia Honda State Park: der schönste Strand der Keys

### MM – die Meilen-Markierung

Über die Keys führt als einzige Hauptverbindungsstraße der Interstate 1, auch »Overseas Highway« genannt. So genannte Mile markers, abgekürzt als MM, geben die jeweilige Meilen-Entfernung nach Key West an. Wenn man von Norden kommt, passiert man als ersten Mile marker den MM 106, hier beginnen dann offiziell die Florida Keys.

Die Adressen von Hotels, Motels, Geschäften, Stränden und Sehenswürdigkeiten werden mit dem nächstgelegenen Mile marker angegeben; somit ist eine sehr leichte Orientierung möglich. Verfeinert wird das System, indem angegeben wird, ob der betreffende Punkt dem Golf von Mexiko oder dem Atlantischen Ozean näher liegt: B/S bedeutet Bay Side und meint die dem Golf (Florida Bay) zugewandte Seite, O/S bedeutet Ocean Side, also die Seite zum Atlantik.

Auf den ersten Blick mögen die Florida Keys vielleicht eher etwas enttäuschend wirken: Statt spektakuläre Szenerien durchfährt man meist einen nicht enden wollenden Wald von Reklameschildern, Motels, Schuppen und Gebäuden, und nur selten erblickt man das Meer.

Die Schönheit der Keys entdeckt man erst, wenn man von der Hauptstraße abbiegt – oder auf den langen Brücken unterwegs ist. Vor allem auf der Seven Mile Bridge, die ihren Gipfelpunkt mit 25 m über dem Meer erreicht, hat man leicht das Gefühl, als ob der Wagen zwischen Himmel und See schweben würde. Zur linken Seite dehnt sich der zumindest in Strandnähe türkisfarbene Atlantik aus, zur Rechten blickt man auf den Golf von Mexiko.

*Blick auf die alte Brücke (rechts, heute Pier) und die neue Brücke auf die Keys*

*Karibisches Flair im Bahia Honda State Park*

Am Ende der Seven Mile Bridge und nachdem man noch eine kleine Gruppe winziger Inselchen überquert hat, gelangt man schließlich nach Bahia Honda, das 60 km entfernt von Key West liegt und zu den Lower Keys gehört.

Der wohlklingende Name des Ortes leitet sich aus dem Spanischen ab und bedeutet »tiefe Bucht« (Bucht = bahía und tief = hondo). Aus diesem Grunde war der Bau der Bahia Honda Bridge wesentlich teurer als der der viel längeren Seven Mile Bridge.

Geologisch gesehen liegt Bahia Honda im Übergangsgebiet zwischen den nordöstlichen Koralleninseln und den südwestlichen Kalkinseln und bietet entsprechend ein vorzügliches Schnorchelrevier. Schnorchelausrüstungen sowie Kajaks und Boote können im **Bahia Honda State Park** ausgeliehen werden. Aber auch wer nicht so gerne »abtaucht«, wird hier auf seine Kosten kommen, gilt der Strand des Parks doch als einer der schönsten der ganzen Keys. Noch mehr als anderswo erinnert der mit Palmen bestandene, strahlend weiße Strand an die Karibik, die Qualität des türkisen, glasklaren Wassers ist ausgezeichnet und die Luft- und Wassertemperaturen sind die höchsten der kontinentalen USA.

Wer die Seele so richtig baumeln lassen will, der sollte seine Hängematte zwischen den Palmen des Campingplatzes aufspannen, der in einem Hammock am Sandspur Beach liegt, angenehmen Schatten und viel Ruhe bietet, da er weiter von der verkehrsreichen US 1 entfernt ist. Ein guter Platz also, um den vielleicht schönsten Strand der Keys zu genießen!

INFO

**Information:**
www.floridastateparks.org/bahiahonda/

**Übernachten:**
**Bahia Honda State Park Campground**, mit 200 Stellplätzen und 6 Hütten für je bis zu 6 Personen.

**Aktivitäten:**
Informationen zu allen Aktivitäten im Park wie Schnorcheln, Kajak- und Bootsverleih unter www.bahiahondapark.com. Von hier aus starten auch geführte Schnorcheltouren – frühzeitig reservieren!

# 26 Daytona Beach: Party, schrilles Leben … und viel Ruhe

Daytona Beach mit seinen 63.000 Einwohnern ist sicherlich einer der quicklebendigsten Badeorte der Atlantikküste. Man kann dies auch getrost mit »Rummel« übersetzen… Insbesondere im Frühjahr, wenn die Collegestudenten Ferien haben und aus dem Norden den Sonnenstränden zueilen, geht es hier heiß her. Party und schrilles Leben sind dann angesagt. Aber auch während der hier stattfindenden Autorennen ist Daytona Beach mehr als überlaufen.

Die zentrale Lage Daytonas – Walt Disney World, Kennedy Space Center, Silver Springs bei Ocala oder St. Augustine sind im Rahmen von Tagesausflügen erreichbar – lockt jedoch nicht nur Studenten, sondern auch viele Familien mit Kindern an: Strand und Sightseeing lassen sich hier gut und günstig verbinden. Entlang dem 37 km langen und **150 m breiten Strand** reiht sich ein Hotel und Motel an das andere und am Pier gibt es jede Menge preiswerter Restaurants. Einen schönen Überblick bietet der kurze Sessellift.

Einmalig, wenn auch ökologisch etwas fragwürdig ist die »Attraktion«, am Strand von Daytona mit dem Wagen auf dem festen Sand entlangzufahren. Ab 1902 fanden hier **Autorennen** statt, denn der fest gepresste Sand gestattete hohe Geschwindigkeiten. Längst finden zwar die Autorennen auf dem 2,5 Meilen langen Daytona International Speedway statt, doch das Entlangkurven mit dem eigenen Vehikel ist auf Teilabschnitten des Strandes erlaubt, wenn auch die Geschwindigkeit auf zehn Meilen pro Stunde beschränkt ist. So fährt man zwischen Badenden, Sonnenanbetern, ausgebreiteten Handtüchern, Hot-Dog-Buden und parkenden Autos direkt an der Wasserkante entlang… Hier zu baden ist daher ein eher zweifelhaftes Vergnügen, obwohl der Strand an sich schön ist und die Brandung zu einem Sprung ins Meer einlädt.

*Am Strand von Daytona Beach*

*Beliebt: das Caribbean Jack*

Doch Daytona Beach bietet nicht nur Trubel, sondern kann auch mit dem genauen Gegenteil aufwarten: Fährt man nämlich die gerade mal zwölf Meilen an das südliche Ende nach **Ponce Inlet**, so findet man in der Umgebung des **Lighthouse Point Park** einen Strand der weiß ist wie Schnee und gesäumt von grasbewachsenen Dünen. Die Ruhe wird hier höchstens von den Lauten der Strandvögel unterbrochen.

Wer aber nicht nur Sonne und Meer genießen will, sondern etwas für seine Kondition tun möchte, der sollte das »Ponce de Leon Inlet Lighthouse« erklimmen: Der **hübsche rote Leuchtturm** wurde 1887 errichtet, als die Gegend noch Mosquito Inlet hieß. Nach jahrelanger Restaurierung wird Floridas höchster Leuchtturm heute von jährlich über 125.000 Menschen besucht. Nach Bewältigung der 203 Stufen hat man einen schönen Blick auf die Strände der Umgebung. Im angeschlossenen Museum, einst Unterkunft der Leuchtturmwärter, kann man sich über die Geschichte sowohl des Leuchtturms als auch der hier ansässigen Familien informieren.

INFO

**Information:** www.daytonabeach.com, www.ponceinlet.org

**Essen & Trinken: Caribbean Jack's**, 721 Ballough Road, Daytona Beach, www.caribbeanjacks.com. Direkt an einem Jachthafen und dem Intracoastal Waterway (Westseite) gelegenes legeres Restaurant, dessen Außenterrassen und Bar besonders bei Einheimischen beliebt sind. Typisch amerikanische Küche mit breiter Auswahl (Spareribs, Burger, Sandwiches) zu mäßigen Preisen. Ungezwungene Outdoor-Atmosphäre; so richtig zum Chillen.

**Übernachten: Bahama House**, 2001 S. Atlantic Ave., www.daytonabahamahouse.com. Das direkt am Strand liegende Hotel bietet 95 nette Zimmer, die meisten mit Kochmöglichkeiten, Pool. Gutes Preis-Leistungsverhältnis.

# Kunst & Kultur

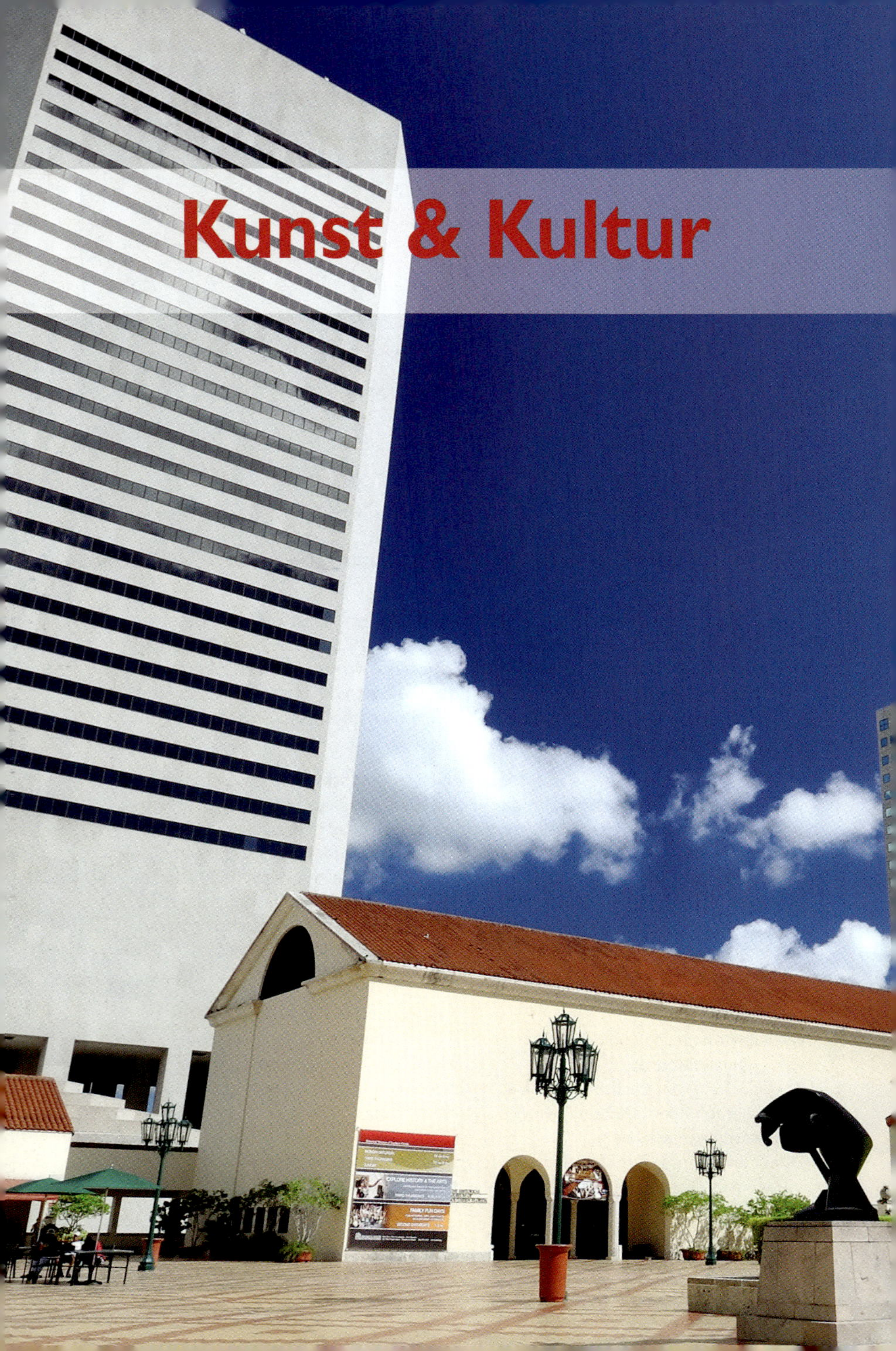

IAMI ART MUSEUM

# 27 Ah-Tha-Thi-Ki Museum: Geschichte & Gegenwart der Ureinwohner Floridas

Sich mit Kultur und Geschichte Floridas zu beschäftigen, heißt auch, sich mit der Geschichte der Ureinwohner zu befassen: Vor etwa 35.000 Jahren ermöglichten es die geologischen Bedingungen, von **Asien** nach Nordamerika überzuwandern. Damals konnte die heute überflutete Beringstraße als Landbrücke zwischen beiden Kontinenten genutzt werden. Dieser Umstand war den Eiszeiten zu verdanken: Ein Großteil des irdischen Wassers war zu Eis gefroren, die Weltmeere hatten einen wesentlich tieferen Wasserstand (weshalb Florida zweimal größer war als heute!).

Als Jäger fanden die Indianer in Florida ein mit Wild gesegnetes Land vor: In den ausgedehnten Wäldern lebten Wisente, Wildschweine, Rotluchse, ja sogar Mammuts. Durch die Wassernähe gab es stets genügend Fisch, aber auch Gänse, Enten und Wachteln. Die Indianer erlegten ihre Beute mit an speerähnlichen Stöcken befestigten, scharf zugehauenen Feuersteinen.

Bereits um 5000 v. Chr. gründeten sie dauerhafte Siedlungen. Auch hier legen Funde Zeugnis von der damaligen Kultur ab: Die Indianer ernährten sich u. a. von Muscheln und Austern. Deren scharfe Schalen benutzten sie zur Aushöhlung von Baumstämmen, um so Kanus herzustellen. Die erlangte Mobilität ließ sie neue Gegenden entdecken und damit neue Fangmöglichkeiten erschließen. Prähistorische Müllhaufen, die als **Indian Mounds** bezeichnet werden, sind für Archäologen eine wahre Fundgrube: Hier fand man haufenweise Schalen und Tonscherben. Die kulturelle Fortentwicklung wird deutlich durch das Hinzukommen von Halsschmuck und Pfeifen. Um 2000 v. Chr. begannen die Indianer mit der Herstellung von Tongefäßen. Auf diesen finden sich interessante Paral-

*Einbaum am Crystal River*

lelen zu Südamerika: Eingeritzte Zeichen deuten auf Ähnlichkeiten mit Indianer-Sprachen im Orinoco-Delta hin.

Indianische Souvenirs

Etwa um 1000 v. Chr. gingen die floridianischen Indianer allmählich vom ausschließlichen Jagen und Sammeln zum Ackerbau über. Wahrscheinlich bauten sie Mais und Getreide an und wussten sich selbst in Trockenzeiten zu helfen: Sie bauten Bewässerungsanlagen (so in der Nähe des Lake Okeechobee). Die allmählich besser werdenden Lebensbedingungen führten zu einem immer stärkeren **Bevölkerungswachstum**; die Indianer breiteten sich langsam über das gesamte Gebiet Floridas aus. Aus dieser Zeit stammen imposante Begräbnishügel. Archäologen stellten fest, dass die meisten Toten so bestattet waren, dass sie zur Sonne blickten. Oft wurden den Toten Tongegenstände und Holzschnitzereien beigegeben.

Diese beeindruckende Kultur fand ihr jähes und gewaltsames Ende durch die spanische »Entdeckung« Floridas seit dem frühen 16. Jahrhundert und die Eroberung des gesamten Landes. Im 19. Jahrhundert gipfelten die kriegerischen Auseinandersetzungen in einem traurigen Kapitel floridianischer Geschichte, als es zur Niedermetzelung und Deportation der Indianer in den menschenleeren Westen kam. Eine Folge von drei **Seminolenkriegen** (1817/18, 1835–42 und 1855–58) dezimierte das Volk der Seminolen, die – sofern sie überlebten – in Reservate gepfercht wurden. Im Reservat Big Cypress wurde 1996/97 ein Museum eröffnet, welches sich der Geschichte und Kultur der Seminolen widmet. Gemahnend an die schrecklichen Ereignisse wurde es »Ah-Tha-Thi-Ki« genannt, was »Ort zum Lernen« bedeutet. Neben Kunsthandwerklichem sind u. a. eine traditionelle Begräbnisstätte, ein Jagdcamp und ein Zeremonienplatz zu sehen. Im Museum werden in fünf Kinos und durch diverse Audioguides u. a. auch die Seminolenkriege ausführlich erläutert. Ein Naturlehrpfad und Touren in die Swamps (mit dem Geländewagen oder Airboat) werden ebenfalls angeboten.

**Information:**
**Ah-Tha-Thi-Ki Museum**, 34725 West Boundary Road, Clewiston; in der Big Cypress Seminole Indian Reservation, www.ahtahthiki.com, www.semtribe.com. Insgesamt ca. 64 Meilen von Fort Lauderdale entfernt.

INFO

# 28 Die Klosteranlagen von St. Bernhard: das älteste Gebäude in den USA

Kaum vorstellbar, aber wahr: Ausgerechnet im so jungen »Sunshine State« Florida steht das älteste Gebäude ganz Nordamerikas – und dann nicht einmal in ländlich-idyllischer Abgeschiedenheit gelegen, sondern mitten in der trubeligen Metropole Miami. Ausgerechnet in der Millionenstadt, in der die meisten Gebäude gerade einmal aus der Zeit nach dem 2. Weltkrieg stammen, finden sich **The Cloisters of the Monastery of St. Bernhard**.

Wenn man durch den Eingang in die Klosteranlage tritt, lässt man die Hektik der Großstadt hinter sich und man taucht in eine andere Welt ein. Die Steinmauern und der schöne Garten mit den frischen Blumenbeeten wirken wohltuend, wie eine Oase der Ruhe. Erbaut wurde das Kloster in den Jahren 1133–1141 in Sacramenia, in der spanischen Provinz Segovia. Benannt wurde es nach dem Zisterziensermönch Bernhard von Clairvaux. Über 700 Jahre besaßen die Zisterzienser die Klosteranlage. Nach politischen Wirren um 1835 wurde der Besitz beschlagnahmt und verkauft, um als Getreidespeicher und als Stallungen zu dienen.

Und nun beginnt die amerikanische Geschichte dieses spanischen Klosters, denn im Jahre 1925 kaufte der amerikanische Großverleger **Randolph Hearst** das Kloster mitsamt Nebengebäuden für $ 500.000. Er beabsichtigte, es auf seinem kalifornischen Besitz San Simeon wiederzuerrichten. Es sollte, so die Gerüchte damals, die passende Kulisse für seinen Swimmingpool abgeben.

In Spanien wurde das Gebäude Stein für Stein demontiert, in Heu eingepackt, nummeriert und in die Vereinigten Staaten verschifft. Da in Segovia die Maul- und Klauenseuche ausgebrochen war, befürchtete das Department of Agriculture, dass die Schiffsladung wegen der Heu-Verpackung der Steine auch verseucht sei und beschlagnahmte alles. Die Verpackungskisten wurden aufgebrochen und das Heu verbrannt. Unglücklicherweise versäumten die Arbeiter, die Steine in die gleichen nummerierten Kisten zurückzulegen, und nun konnte »The World's Largest and Most Expensive Jigsaw Puzzle« beginnen, also das größte und **kostspieligste Puzzle** aller Zeiten.

Kurz nachdem die Schiffsladung ankam, geriet Hearst jedoch in finanzielle Schwierigkeiten. Die Steine wurden in einem Lagerhaus in Brooklyn aufbewahrt, 26 Jahre lang. 1952, ein Jahr nach dem Tode von Hearst, wurde das Sammelsurium von W. Edgemon und R. Moss gekauft, um daraus eine Touristenattraktion zu machen, und an die Stelle gebracht, an der nun das Kloster steht. Man benötigte 19 Monate und gab 1½ Millionen Dollar aus, um das Puzzle zusammenzufügen. Diejenigen Steine, die man nicht einem Bauteil zuordnen konnte, lagern noch immer ein.

Die Kreuzgänge sind ein Beispiel frühgotischer Architektur. Obwohl man versuchte, sie genau nach dem spanischen Original aufzubauen, sind einige Details doch anders. So waren z. B. die Böden der Kreuzgänge in Segovia mit kleinen Steinen bedeckt, nun wurden sie durch kubanische Fliesen ersetzt. 1964 wurde die Anlage von der Episkopalkirche aufgekauft.

*Kreuzgang des Klosters*

INFO

**Information: The Cloisters of the Monastery of St. Bernhard**, 16711 W. Dixie Hwy, North Miami Beach, www.spanishmonastery.com

**Oleta River State Park:** Dieser State Park ist der größte städtische Naturpark in Florida. Er liegt an der Biscayne Bay, wenige Kilometer vom Kloster entfernt. Es gibt ca. 8 km lange Trails für Wanderer und Mountainbiker. Angelmöglichkeiten, ein kleiner Strand am Mangrovenwald sowie ein 6 km langer Kanu-Trail sind vorhanden. www.floridastateparks.org/oletariver/.

# 29 »Little Havana«: nicht auf Kuba, sondern mitten in Miami!

Die amerikanischen Krimiserien von einst wie Miami Vice und von heute wie CSI Miami malen es in allen Farben: das Klischeebild von Miami mit viel Sonne, Strand sowie Sex & Crime. Früher viel geschmäht als Metropole des Verbrechens und Drogenumschlagplatz Nummer 1 der USA, hat sich in Miami jedoch in den vergangenen Jahren eine überraschend positive Wandlung vollzogen. Die größte Handelsmetropole Floridas bietet dem Besucher ein buntes Kaleidoskop an Eindrücken und Erlebnissen – und dies ganz besonders in Little Havana mit den hier heimisch gewordenen Exilkubanern, mit duftendem kubanischen Kaffee und weiteren kulinarischen Genüssen.

Little Havana liegt entlang der **Calle Ocho** (die 8. Straße, am empfehlenswertesten ist der Besuch zwischen der 11th und 17th Avenue). Diese Straße ist auch der Beginn des »Tamiami Trail« (Verbindungshighway zwischen Tampa und Miami). Spanisch ist die Sprache Nr. 1 in diesem Viertel, das sich über ein ca. neun Quadratkilometer großes Stadtgebiet zwischen der West Flagler Street, dem Coral Way sowie der Interstate 95 und der 27th Avenue erstreckt. Etwa 380.000 Menschen leben hier, die Schulen sind zweisprachig, die weißen Amerikaner werden als »Anglos« bezeichnet. Vorsicht: Die Calle Ocho ist nur für den (stadteinwärts gerichteten) Einbahnverkehr zugelassen.

Die Atmosphäre lebt von der spanischen Sprache, den kleinen Obstständen, den Hinterhoffabriken – und vom Duft kubanischen Kaffees. Ein ganz anderer exotischer Duft dringt einem zwischen der 10th und 12th Ave. in die Nase, kann man hier doch bei der Zigarrenherstellung zusehen und **Zigarren** preiswert erwerben, so z. B. bei einem Besuch der Zigarrenmanufaktur El Titan De Bronze. Hier werden fünf verschiedene Zigarrensorten in kleinen Mengen nach kubanischer Art von Hand gerollt.

Der politische Bezug zur Vergangenheit der kubanischen Flüchtlinge wird am Cuban Memorial Boulevard offensichtlich: Das **Bay-of-Pigs-Denkmal** erinnert an die vergebliche Landung kubanischer Soldaten in der Schweinebucht 1961.

*Casa Juancho*

## Die Exilkubaner

Das politische Trauma ist es, was Little Havana zusammengeschweißt hat. Die »Brigada de Asalto 2506« hatte im Jahre 1961 vergeblich in der Schweinebucht den Versuch unternommen, das Castro-Regime zu stürzen, um nach Kuba zurückzukehren. Und viele Veteranen träumten jahrelang von einer Rückkehr. Doch das Klischeebild des in der Calle Ocho sitzenden Kubaners, der grimmig seinen Kaffee trinkt und Hassreden gegen Fidel Castro hält, stimmt längst nicht mehr mit der Wirklichkeit überein. Man hat sich arrangiert und dem »American Way of Life« angepasst. Im Kongress und im Senat sind mittlerweile viele Kuba-Amerikaner vertreten und ihre Lobby besitzt durchaus politischen Einfluss. Auch wirtschaftlich sind sie bedeutend.

Als Fidel Castro 2006 erkrankte, freute man sich in Little Havana und feierte. Als er im Februar 2008 von allen Ämtern zurücktrat, war das für die »alten« Exilkubaner aufregender als für ihre Nachkommen, die nur in manchen Bereichen wie Essen oder Musik ihre kubanischen Wurzeln pflegen. Doch es war für alle ein großer Schritt, als Barack Obama im September 2009 die Beziehungen zu Kuba verbesserte (z. B. durch die Aufhebung der Reisebeschränkungen).

*Die Calle Ocho*

**INFO**

**Information:** www.miamiandbeaches.com, www.eltitandebronze.com

**Essen & Trinken: The Versailles**, 3555 S. W. 8th St. Beliebtes kubanisches Restaurant an der Calle Ocho mit ausgezeichneten Sandwiches und typischen Gerichten wie »Ropa Vieja« (würziges, geschabtes Rindfleisch auf Reis). Probieren Sie als Dessert unbedingt einmal »Churros«, frittierte Teigspiralen, die mit Zucker bestreut und in ein Tässchen kubanische Schokolade getaucht werden.

**Casa Juancho**, 2436 S. W. 8th St., www.casajuancho.com. Gilt als bestes spanisches Restaurant in den USA. Hervorragende Tapas, sehr schmackhafte Hauptgerichte, z. B. das Red-Snapper-Filet mit Muscheln und Shrimps an Knoblauchsoße.

**Ausgehen: Viernes Culturales:** Jeden letzten Freitag im Monat findet der »kulturelle Freitag« in der Calle Ocho statt, ein Straßenfest mit zahlreichen Ausstellungen, Live-Musik sowie vielen kulinarischen Kostproben. Infos unter www.viernesculturales.org.

# 30 Das Salvador Dalí Museum: Kunst in St. Petersburg

Eigentlich würde man die **größte Dalí-Sammlung** der Welt in Spanien, dem Heimatland des Künstlers, vermuten – und wenn schon ausgerechnet in Übersee, dann zumindest im »Museum of Modern Art« in New York. Stattdessen wird man in St. Petersburg in Florida fündig. Das neue, eigens errichtete Dalí-Museum wurde dort im Januar 2011 eröffnet, nachdem die riesige Sammlung vorher jahrelang im Gebäude eines ehemaligen Einkaufszentrums zu sehen gewesen war. Dort konnte aus Platzmangel jeweils nur ein kleiner Teil der Werke ausgestellt werden. Die Sammlung wurde in 45 Jahren von dem Dalí-begeisterten Ehepaar Eleanor und A. Reynolds Morse zusammengetragen. Die Morse-Sammlung umfasst die gesamte Schaffensperiode des Künstlers, insbesondere aber die bekannten surrealistischen Werke aus den frühen 1930er-Jahren.

Das Ehepaar glaubte fest daran, dass Dalí einer der herausragenden Künstler des 20. Jahrhunderts sei. Seine erste Begegnung mit Dalí-Werken fand 1941 im Rahmen einer Wanderausstellung statt und die beiden waren hingerissen. Das frisch vermählte Paar trat in Korrespondenz mit Gala Dalí, der Frau des Künstlers. 1942 lud Dalí die Morses zu einem Drink in der King Cole Bar des New Yorker St. Regis Hotels ein: der Beginn einer lebenslangen Freundschaft.

Am ersten Hochzeitstag kaufte sich das Ehepaar Morse sein **erstes Dalí-Bild**. Für das kleine Ölgemälde waren 1,25 US$ fällig – der mitgelieferte antike holländische Rahmen kostete 1.500 US$. Dalí bestand auf dieser Kombination – die Morses lernten zum ersten Mal die Eigenwilligkeit dieses exzentrischen Künstlers kennen. Innerhalb des nächsten Jahres kauften die Morses drei weitere Dalí-Werke aus den frühen 1930er-Jahren. Von ihren Freunden wurden

*Das neue Dalí Museum*

*Im Museum*

sie für verrückt erklärt, doch in ihrer Faszination für den Künstler konnten die beiden den Spott ertragen.

Die Morses kauften nur Bilder, die ihnen persönlich gefielen. Vor Ausstellungen durften sie exklusiv die neuen Werke des Meisters in Augenschein nehmen. Dalí beriet sie und erklärte, welche Bilder ihm besonders bedeutend erschienen.

Anders als viele andere Kunstsammler betrachtete das Ehepaar, das sein gesamtes Geld fortlaufend in Dalí investierte, diese Kunstwerke nicht als Quelle der Geldvermehrung. Sie spekulierten nicht auf Wertzuwachs, sie sammelten aus Liebe zu dieser Kunst, die ihr Leben bereicherte. Nur ein einziges Bild verkauften sie wieder, und zwar auf Drängen von Dalí persönlich, der damit dem Opernsänger Richard Tucker einen Gefallen tun wollte.

Im Jahre 1954 fuhren die Morses nach Spanien, um Dalís Heimat kennen zu lernen. Dalí selbst bezeichnete seine katalonische Heimat als den schönsten Ort der Welt. Bei ihrer Reise erkannten sie, dass Dalís Motive nicht abstrakte Träume waren, sondern eine eigenwillige künstlerische Umsetzung von Eindrücken der Orte und Landschaften, in denen er lebte und gelebt hatte.

Die ungeheure Breite und **Vielseitigkeit** des Schaffens von Dalí wird in der Ausstellung im Museum deutlich: Er malte in Öl, mit Wasserfarben, er schuf fantasievolle Grafiken, Skulpturen, er lieferte das Design für Stoffe, Möbel, Schmuck…

Konservativen Schätzungen zufolge beträgt der Wert der Sammlung über 35 Millionen US$. Die Morses überließen schließlich der Stadt St. Petersburg ihre Dalí-Sammlung unter der Bedingung, dass sie nicht auseinander gerissen werde und der Öffentlichkeit zur Verfügung stehe.

**INFO**

**Information:** http://thedali.org/, www.visitstpeteclearwater.com

**Essen & Trinken: Columbia Restaurant,** The Pier, 800 2nd Avenue N.E. www.columbiarestaurant.com. Spanisches Restaurant, Paellas und Tapas sowie andere schmackhafte Fisch- und Fleischgerichte. Vom oberen Stockwerk genießt man einen schönen Blick auf die Tampa Bay.

**Übernachten: Dickens House,** 335 8th Ave. N. E., www.dickenshouse.com. Sehr gemütliches Haus (5 Zimmer), umgeben von viel Grün. Drinnen verleihen Holz und alte Möbel eine gediegene Atmosphäre. Nahe der Downtown. Das Frühstück wird auf der Veranda serviert.

# 31 Museen in Tampa und Abstecher nach Tarpon Springs: Hightech-City neben griechischer Gemütlichkeit

Gerade einmal 45 Kilometer liegen zwischen Tampa und Tarpon Springs, doch unterschiedlicher könnten die beiden Städte an der Westküste nicht sein: Zählt das 1876 von einem ehemaligen Gouverneur Arizonas – A. P. K. Safford – gegründete Tarpon Springs gerade einmal 20.000 Einwohner, so ist Tampa dagegen nach Miami und Jacksonville die drittgrößte Stadt Floridas, was die Bevölkerungszahl anbelangt.

Durch ihre Nähe zur Golfküste, zum wichtigen Hafen (er rangiert an 7. Stelle in den USA) und zu den Feriengebieten an der Küste (St. Petersburg Beach/ Clearwater Beach) ist die Großregion um **Tampa** ein schnell wachsendes Ballungszentrum. Der Tampa International Airport ist hochmodern; die im Süden liegende MacDill Air Force Base markiert die strategische Bedeutung und ist ein wichtiger Arbeitgeber in der Region. Daneben spielen Brauereien und die Elektroindustrie sowie der High-Tech-Bereich eine große Rolle.

Ein ganz anderes Metier spielt dagegen für **Tarpon Springs** eine große Rolle: Als das kleine Revier der griechischen Schwammtaucher im südlichen Key

*Das Museum of Art in Tampa*

*Fischerboote in Tarpon Springs*

West an der Wende zum 20. Jahrhundert keinen Ertrag mehr brachte, entdeckten die Taucher Tarpon Springs als neuen Ausgangspunkt. Der Unternehmer John Corcoris rief seine Brüder aus Griechenland, weitere 13 Männer aus der Ägäis kamen mit, und Corcoris stattete seine Leute mit Taucheranzügen und Kupferhelmen aus. Der Schwammhandel blühte und erwirtschaftete viele Millionen Dollar pro Jahr. Aber 1940 war es mit dem Geschäft vorbei: Die Schwämme wurden von einer durch Bakterien verursachten Krankheit befallen und starben ab. Ab 1980 wurden wieder gesunde Schwämme gefunden, und heute ist Tarpon Springs erneut führend im Vermarkten von natürlichen Schwämmen. An den Sponge Docks werden wöchentlich Auktionen abgehalten, um die Ernte bestmöglich auf dem Markt zu platzieren. Wer nicht nur Schwämme kaufen, sondern auch mehr über Schwämme und Schwammtaucherei erfahren will, wird im **Spongeorama** in von Ausstellungen und Filmen bestens informiert. Tarpon Springs weiß, das griechische Erbe zu vermarkten. So sind es hier nicht immer Restaurants, in die man einkehrt, sondern oft Tavernen, die sich Zorbas oder Mykonos nennen.

Noch mehr »Griechenland in Florida« kann man – wieder zurück – in Tampa begegnen, denn hier im **New Tampa Museum of Art** werden u. a. Exponate aus der Römerzeit und eben aus Griechenland gezeigt. Das neu gebaute und vom Architekten Stanley Saitowitz entworfene Museum, das im Februar 2010 eröffnet wurde, rundet den Eindruck mit zeitgenössischer Kunst vom eigenen Kontinent ab. Ein ebenfalls sehr interessantes, ganz der Wissenschaft gewidmetes Museum ist das **Museum of Science & Industry**, in dem man u. a. einen Hurrican erleben oder sich in einen Flugsimulator setzen kann.

INFO

**Information:**
www.visittampabay.com,
www.tampamuseum.org,
www.spongeorama.com

**Essen & Trinken:** **Bern's Steak House**, 1208 S. Howard Ave., www.bernssteakhouse.com. Das Restaurant wird als eines der besten Steakhäuser der USA bewertet. Und es gibt außer Steaks hervorragenden Fisch! Der Besitzer David Laxer lässt das exzellente Rindfleisch selbst abhängen, der Kaffee wird selbst geröstet, und frische Fische werden im eigenen Salzwassertank gehalten! Das Gemüse stammt von der eigenen Biofarm. Apropos Steaks: Sie werden nach Gewicht und Dicke berechnet. Über 6.500 Weine (davon 1.800 Dessertweine) stehen zur Auswahl - von $ 10 bis 10.000! Die Atmosphäre ist gediegen: Mahagoni und Lüster verbreiten Eleganz. Kein Lunch, teuer.

**Übernachten:** **Tahitian Inn**, 601 S. Dale Mabry Hwy., www.tahitianinn.com. Im Süden Tampas (Beach Park), preiswertes Motel in Familienbesitz, 20 Min. bis Busch Gardens.

# 32 Jacksonville: Stadt der Museen und Musik

Jacksonville liegt jenseits der touristischen Wahrnehmung und ist doch mit seinen ca. 840.000 Einwohnern und 2.264 $km^2$ Floridas bevölkerungsreichste und flächenmäßig größte Stadt. Im Mündungsbereich des längsten Flusses Floridas gelegen – des St. Johns River – und nahe am Atlantik, atmet die Stadt **maritimes Flair**. Im bedeutenden Industriehafen werden vor allem Autos verschifft, aber hier liegt auch eine Basis der US-Marine. Dieses Nebeneinander stört mitunter den Wirtschaftssektor, da die Marine stets Priorität hat. Aus diesem Grunde verlagerte etwa Mercedes seine Import-Aktivitäten nach Brunswick an der Küste Georgias.

Die Umgebung wurde schon vor 6.000 Jahren von Indianern (Timucua) besiedelt, doch erst ab 1791 etablierte sich hier eine ständige Siedlung. Jacksonville wurde 1901 durch eine Feuersbrunst zerstört, die von einer Matratzenfabrik ausging. Fast 2.400 Häuser wurden zerstört und über 10.000 Menschen wurden obdachlos.

Heute präsentiert sich die Stadt – vor allem von der Seite des St. Johns River aus – als eine überschaubare Metropole. Im Innenstadtbereich dominieren Hochhäuser, und die Skyline zusammen mit dem breiten Wasser des Flusses ergibt ein Stück weit »Manhattan feeling«. Am Wasser finden sich im Stadtbereich am Süd- und Nordufer schön angelegte Wege und Promenaden, um die Stadt oder die Skyline (vom Südufer des St. John River) zu bewundern. Hier auf der Southbank liegen einige Museen. Eines davon ist das **Jacksonville Maritime Museum** mit allem rund um die Seefahrtsgeschichte von Jacksonville. Es gibt hier u. a. viele Modellschiffe zu sehen.

*Jacksonville Landing*

Nebenan liegt das Museum of **Science and History** (MOSH), eine sehenswerte Mischung aus Wissenschaftsmuseum und Hands-on-Museum, in dem eine Abteilung dem Footballteam der Stadt, den Jaguars gewidmet ist.

*Namensgeber der Stadt*

Weiter westlich am Fluss liegt das **Cummer Museum of Art & Gardens**. Es handelt sich um eines der sehenswertesten Kunstmuseen Floridas, das hochkarätige Kunst von der Renaissance bis ins 20. Jahrhundert aus verschiedensten Ländern zeigt und dazu eine schöne Gartenanlage bietet.

Doch nicht nur die Museen lohnen einen Besuch, Jacksonville gilt als *die* Musikstadt Floridas. Hätten Sie gewusst, dass der berühmteste Komponist Floridas **Frederick Delius** ist, der Sohn eines deutschen Wollhändlers? Er war besonders von den Rhythmen der Schwarzen fasziniert, die er in den Kirchen und auf den Plantagen hörte und so entnahm er den Stoff für seine erste Oper »Koanga« von 1897 dem Alltag der schwarzen Plantagenarbeiter. Jährlich wird im März das **Delius-Festival mit dem Jacksonville Symphony Orchestra** veranstaltet.

Im Rahmen des **Jacksonville-Jazz-Festival** findet jedes Jahr im Oktober der nationale Wettbewerb der besten Nachwuchs-Jazz-Pianisten der USA statt. Während der Wintersaison kann man Opern und Symphoniekonzerte im Miami Beach Theater of the Performing Arts besuchen. Zum Erfolg des Florida-Folk-Festivals am Memorial Day-Wochenende Ende Mai tragen sowohl Country-Musiker bei als auch verschiedene ethnische Gruppen, die ihre Musik, Tänze und ihr Kunsthandwerk präsentieren.

**INFO**

**Information:** www.visitjacksonville.com

**Essen & Trinken:** Am Südufer des St. Johns River – genau gegenüber der Skyline mit Blick über den Fluss – liegt die **River City Brewing Company** (835 Museum Circle, www.rivercitybrew.com). Man kann gepflegt drinnen sitzen oder draußen auf der Terrasse am Fluss essen. Das Speisenangebot ist weit gefächert und von einer sehr guten Qualität. Variantenreiche und geschmackvolle Vorspeisen, Fisch- und Fleischgerichte. Probieren Sie die leckeren Calamari oder den mit einer Kruste gebackenen Fisch. Das Bier kommt aus der eigenen Mikrobrauerei, die Weine sind international: Gut ist der Neuseeländische Sauvignon Blanc. An der Bar kann man vor oder nach dem Abendessen »chillen«.

**Übernachten:** **The Riverdale Inn**, 1521 Riverside Avenue, www.riverdaleinn.com. 10 elegante, in antikem Design eingerichtete Zimmer, empfehlenswertes Restaurant im Haus.

# 33 Fort Jefferson National Monument: das »Gibraltar des Golfes«

Die Dry Tortugas liegen etwa 112 km westlich von Key West. Der spanische Entdecker Ponce de León kam im Jahre 1513 hierher und war von der Vielzahl an Schildkröten beeindruckt.

Zwar endet das Straßensystem der Keys in Key West, aber schon 30 km weiter setzen sich die Insel-»Kleckse« fort: Hier liegen die verstreuten Marquesa Keys und später die sieben Inseln der **Dry Tortugas**. Letztere bilden einen 1992 gegründeten Nationalpark, der aber aufgrund seiner schweren Erreichbarkeit sehr wenig besucht wird.

Auf dem Weg mit dem Boot zum Nationalpark beeindruckt das türkisfarbene, klare Meerwasser. Auf dem Meeresgrund sieht man sogar Schiffswracks liegen. In diesem Gebiet fand man auch die spanischen Schatzschiffe Atocha und Margarita. Manchmal sieht man Haie oder große Schildkröten. Auf der zu den Dry Tortugas gehörenden Insel Garden Key liegt das legendäre Fort Jefferson National Monument, auch als »Gibraltar des Golfes« bezeichnet.

*Am eindrucksvollsten aus der Vogelperspektive: das Fort Jefferson*

Das imposante, sternförmige Fort, im Jahre 1846 als **strategischer Stützpunkt** im Golf von Mexiko erbaut, nimmt die gesamte Insel ein. 2,5 m dicke und bis zu 15 m hohe Mauern lassen das Fort als uneinnehmbar erscheinen. Die militärische Bedeutung der Anlage blieb gering. Im Durchschnitt befanden sich 500 Mann in der Garnison, die zumeist mit dem Ausbau beschäftigt waren. Bis zu 1.500 Soldaten vermochte das Fort zu beherbergen. Das Problem der Trinkwasserversorgung wurde durch ein ausgeklügeltes System von unterirdischen Zisternen gelöst, die das Regenwasser aufnahmen. 1864, als der Bau in seiner heutigen Ausdehnung beendet war, entdeckte man, dass er nicht – wie ursprünglich vermutet – auf festem Korallenstein fußte, sondern auf Sand und Korallenfindlingen. Allmählich senkte sich das Gebäude aufgrund seines hohen Eigengewichts ab und zeigte bald Risse.

Während des Bürgerkrieges und weitere zehn Jahre nach dessen Ende diente das Fort als Militärgefängnis. Unter den Gefangenen, die im Jahre 1865 hierher gebracht wurden, befanden sich die **»Lincoln Conspirators«**, jene vier Männer, denen eine Beteiligung am Mordanschlag auf Präsident Abraham Lincoln zur Last gelegt wurde: Michael O'Loughlin, Samuel Arnold, Edward Spangler und Dr. Samuel Mudd. Letzterem warf man Komplizenschaft vor, denn er hatte 1865 einem Verletzten Hilfe bei einem Beinbruch geleistet. Und dieser Verletzte war – ohne dass es Dr. Mudd wusste – der Präsidentenmörder Wilkes Booth. Wie es sein Eid gebot, behandelte Dr. Mudd unwissentlich den Mörder. Das genügte, um ihn zu lebenslanger Haft zu verurteilen.

Als 1867 im Fort Jefferson eine Gelbfieber-Epidemie ausbrach, half Dr. Mudd unermüdlich bei der Bekämpfung der Seuche, daher wurde er 1869 begnadigt. Einer Verwandten des Dr. Mudd genügte diese Begnadigung nicht, da damit immer noch nicht der Verdacht ausgeräumt war, am Präsidentenmord, wenn auch nicht direkt, beteiligt gewesen zu sein. Erst 1979 sprach der US-Präsident den längst Verblichenen von jeglichem Vorwurf frei.

Benannt wurde das Fort nach dem 3. Präsidenten der USA, Thomas Jefferson. 1935 deklarierte es Präsident Franklin D. Roosevelt zum Nationaldenkmal. Auf einer »Self Guiding Tour« kann man sich ein Bild von der Größe der Anlage machen. U. a. kann auch die Zelle besichtigt werden, in der Dr. Mudd eingesperrt war. In einem kleinen Ausstellungsraum gibt es eine Diashow, die über die Geschichte des Forts Auskunft gibt.

INFO

**Information:**
www.nps.gov/drto/

**Anreise:** **Yankee Freedom**: Lands End Marina, www.yankeefreedom.com. Der 100-Fuß-Katamaran (30 Meilen/Stunde schnell!) ist sehr bequem, da sehr geräumig (3 Toiletten, Sonnendeck, aber auch schattige Plätze, klimatisierter Salon). Frühstück und Lunch sind im Fahrpreis inbegriffen. Der etwa 2½-stündigen Überfahrt folgt eine 45-minütige Führung, nach dem Lunch hat man Zeit zum Schwimmen, Schnorcheln (man erhält kostenlos eine Schnorchel-Ausrüstung) etc.

**Key West Seaplane Adventures**, http://keywestseaplanecharters.com. Schneller geht es mit dem Wasserflugzeug, das zudem einen tollen Ausblick auf das Fort ermöglicht.

**Camping:** Campen ist möglich, allerdings gibt es keinerlei Versorgungsmöglichkeiten.

# 34 Pine Island und die Künstlerkolonie Matlacha bei Cape Coral

**Tipp:**

Entlang der Pine Island Road reihen sich bei Matlacha die bunten Fischerbuden auf, in denen Künstler und Überlebenskünstler ihre Werke verkaufen. In der **Lovegrove Gallery** z. B. geht es floridianisch bunt zu, im Garten kann man ein leckeres Sorbet genießen - und dabei Hunderte bunt angemalter Kokosnüsse bestaunen. Lovegrove Gallery & Gardens, 4637 Pine Island Road, Matlacha, www.leomalovegrove.com.

Einen Ausflug wert ist die Fahrt nach Pine Island westlich von Cape Coral über die SR 78. Diese größte Insel an Floridas Westküste (27 km lang, bis knapp vier Kilometer breit) bietet ein eher beschauliches, ländlich-gemütliches Bild. Es gibt keine hohen Häuser, dafür viel Individualität, die sich vor allem in dem kleinen Ort Matlacha (auf dem Wege nach Pine Island) widerspiegelt: Alles ist einzigartig, die Gleichförmigkeit des z. T. etwas gelackt wirkenden Cape Coral wird hier abgelöst durch Kreativität: Bunte Kunstgalerien, Boutiquen, Fischrestaurants und typische »Florida cottages« liefern die **bunte Kulisse** der knapp 1.000 Menschen zählenden Gemeinde.

*Schön bunt: Künsterkolonie Matlacha*

Einen Besuch abstatten sollte man dem **Museum of The Islands Historical Society** (MOTI). Hier gibt es interessante Informationen zu den ersten Bewohnern der Insel, den Calusa-Indianern, und den ersten Europäern. Zudem werden historische Schriftstücke und Bilder ausgestellt, die das schwierige Leben der ersten Fischer dokumentieren, die sich hier ansiedelten.

*Idyllisch: Bridgewater Inn*

Das gegenüber von Pine Island gelegene **Cape Coral** ist ein starker Kontrast zu der gemütlichen Insel. Cape Coral (170.000 Einwohner) ist heute die flächenmäßig zweitgrößte Stadt Floridas. Das Stadtgebiet wird durch zwei mautpflichtige Brücken über den Caloosahatchee River mit Fort Myers verbunden. Das Brachland nördlich des Flusses, wo heute die Stadt liegt, wurde erst Ende der 1950er-Jahre »siedlungsbereit« gemacht. Um das Gebiet für künftige Investoren attraktiv zu gestalten, legte man Kanäle (heute 640 km) und breite Wasserwege an, ergänzt durch ein dichtes Straßensystem. Die ersten Häuser wurden 1958 gebaut und dank großer nationaler und internationaler Werbekampagnen gelang es, das Land zu verkaufen. Doch so mancher Anleger, der das Gebiet nie in Augenschein genommen hatte, musste beim Besuch vor Ort feststellen, dass sein »Traumgrundstück« sehr weit von Versorgungseinrichtungen entfernt lag, sumpfig war und so gar nicht zum Traum vom palmenbestandenen Florida passte. Die erste Besiedlung von Cape Coral begann im Südosten, wo heute auch der Jacht-Club liegt. Die weitere Bebauung erfolgte an der Gold Coast im Osten sowie im südlichen Pelican-Gebiet.

**INFO**

**Information:** www.pineislandfl.com, www.museumoftheislands.com

**Essen & Trinken:** **Panera Bread**, 1830 NE Pine Island Road, www.panerabread.com. Leckeres Brot und Brötchen (über 20 verschiedene Sorten) frisch aus dem Ofen, zudem gibt es Salate, Sandwiches und Suppen. Ideal zum Frühstück und Lunch.

**Übernachten:** **Bridgewater Inn**, 4331 Pine Island Road, Matlacha, www.bridgewaterinn.com. In der Künstlerkolonie Matlacha gelegenes Inn, in dem man buchstäblich auf dem Wasser sitzt: Es ist auf einem Pier erbaut. Von der Veranda aus kann man also direkt in Wasser springen, angeln oder Boot fahren.

## 35 Ybor City: die Zigarrendreher von Tampa

Auch wenn Sie nicht zur Fraktion der Zigarrenraucher gehören, sollten Sie doch unbedingt einen Abstecher nach Ybor City in Tampa unternehmen. Der kleine historische Stadtteil kann sicherlich als »Welthauptstadt der Zigarren« bezeichnet werden und lohnt auf jeden Fall den Besuch. Ybor City besticht durch sein buntes Gemisch von Menschen kubanischer, spanischer und italienischer Abstammung und sein exotisches Flair.

Im Jahre 1886 zog der Kubaner **Vicente Martinez Ybor** als erster mit seiner Zigarrenproduktion von Key West nach Tampa und erwarb hier von den Einheimischen 16 Hektar Land, um seine Fabrik zu gründen. Nur kurze Zeit später folgten andere Zigarrenfabrikanten, so die berühmten Zigarrenhäuser Cuestas und Ignacio Haya. Der florierende Industriezweig zog entsprechend viele Arbeitssuchende – vor allem aus Kuba und Spanien – an, und so ließen sich innerhalb nur weniger Jahre insgesamt 20.000 in der Zigarren-Produktion Beschäftigte rund um die Fabriken nieder: Es entstand das »Latin Quarter«, angesiedelt zwischen der Nebraska Avenue, der 22nd Street, dem Columbia Drive und dem East Broadway. Mittelpunkt der Zigarrenfabrikation war der Ybor Square (südlich der 9th Avenue, zwischen 13th und 14th St.). Hier gründete Ybor seine Fabrik. Die drei ehemaligen Produktionsgebäude sind inzwischen zu einer Art Shopping Center umgebaut worden.

Nur noch für Touristen wird gezeigt, wie Zigarren mit der Hand gerollt werden. Man muss sich vorstellen, dass früher Hunderte von Arbeitern auf langen Bänken saßen und den ganzen Tag Tabakblätter zu Zigarren rollten. Das war in den heißen, stickigen Räumen nicht nur eine anstrengende, sondern auch eine extrem langweilige Arbeit. Damit die Menschen dabei nicht einschliefen, gab es den Posten eines **Vorlesers**: Dieser Mann las mit lauter Stimme Passagen aus Romanen vor, trug Neuigkeiten aus Zeitungen zusammen und rezitierte Gedichte, sodass entsprechend die meisten Zigarrendreher über eine recht gute Bildung verfügten, obwohl sie selbst in den meisten Fällen gar nicht lesen konnten.

Der Tabak, den es zu sortieren, zu wickeln und zu schneiden galt, kam aus Kuba und konnte problemlos in

*Zigarrenhersteller*

*Das Museum von Ybor City*

den schon damals gut ausgebauten Hafen der Stadt verschifft werden; bald bezeichnete man Tampas Zigarren als die besten der Welt. Doch als Kuba keine Tabakblätter mehr liefern durfte, mussten andere Quellen gefunden werden. Aus über zwölf Ländern importierte man nun Tabak, um unabhängig zu sein. Das Ende der Zigarrenmacher läuteten **Maschinen** ein, welche die eintönige Arbeit übernahmen – heute werden nur noch 5 % aller Zigarren von Hand gerollt. Doch in den ansonsten so raucherfeindlichen USA entwickelt sich seit Mitte der 1990er-Jahre ein deutlicher Trend zur »Kultur« des Zigarrenrauchens. Somit bieten mittlerweile einige Shops in der 7th Avenue handgerollte Zigarren an. »Cigar Bars« wurden nicht nur in den USA trendy, sondern auch in Europa. Zurzeit gibt es in Tampa fünf große und etwa zehn kleine Zigarrenhersteller, die 500 Millionen Zigarren pro Jahr (Wert: 80 Mio. US$) produzieren.

Wenn Sie Lust und Zeit haben, dann sollten Sie sich den **Ybor City Museum State Park** nicht entgehen lassen: Hier gewinnt man einen guten Überblick über die Geschichte der Zigarrenherstellung. Das Museum befindet sich in einer umgebauten Bäckerei mit beeindruckenden Wandkeramiken.

**Tipp:**

Kaufen, rauchen und teils beim Rollen zuschauen kann man u. a. hier: **King Corona Cigars**, 1523 E. 7th Ave. Tampa, www.kingcoronacigars.com, seit 5 Generationen in Ybor City, handgemachte Zigarren im Shop, Café.
**El Sol Cigars**, 1728 E. 7th Avenue, www.elsolcigars.com, seit 1929 und damit einer der ältesten Läden Ybor Citys, in dem es ebenfalls selbstgedrehte Zigarren gibt.

**INFO**

**Information:** www.ybormuseum.org, www.ybor.org
**Übernachten:** **Don Vicente de Ybor Historic Inn,** 1915 Republica de Cuba (Ecke 14th St und 9th Ave), www.donvicenteinn.com. 16 Zimmer (manche mit Himmelbett) in einem schönen historischen Haus mit schmiedeeisernen Balkonen, in Ybor City.

# Parks & Shows

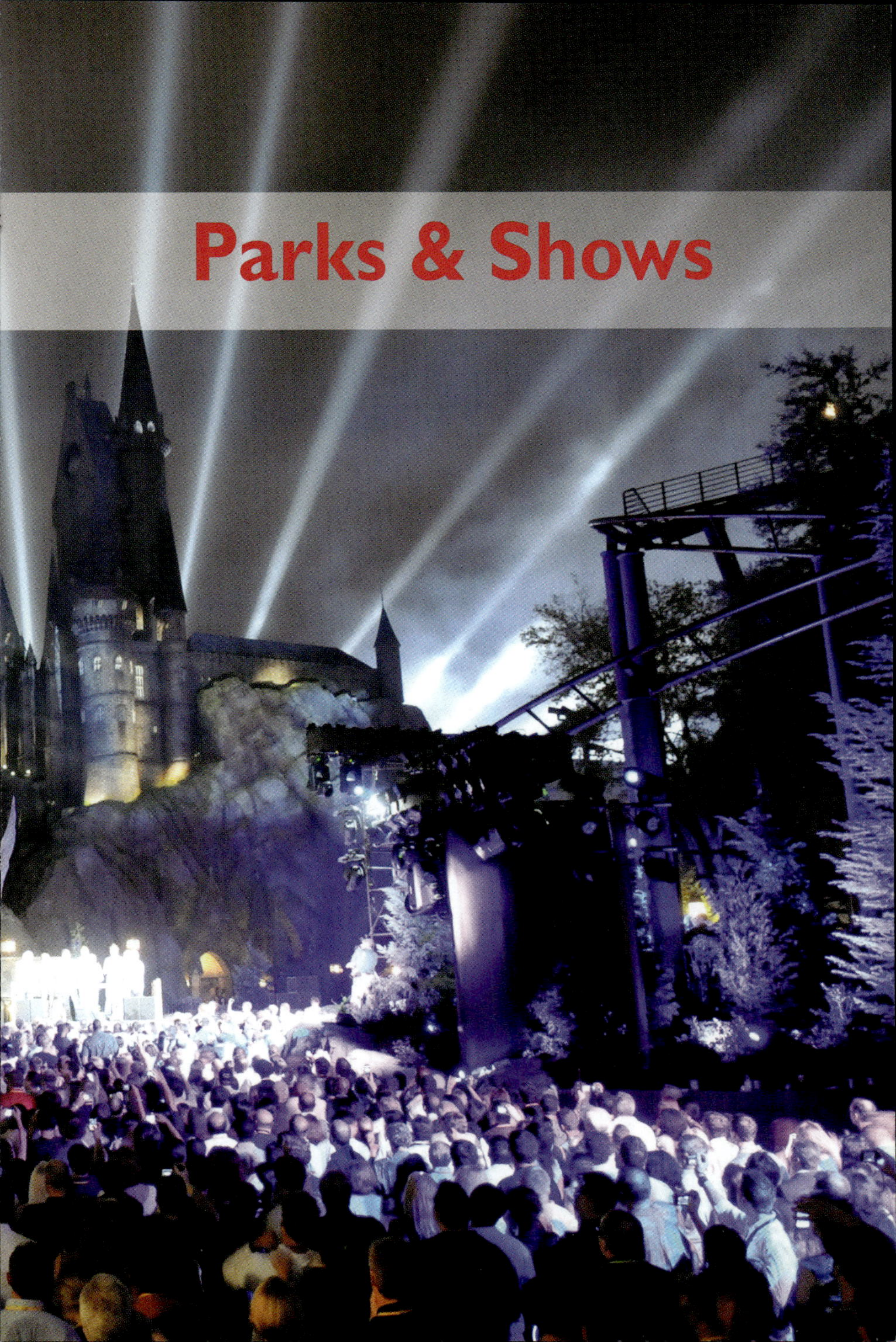

# 36 Walt Disney World (WDW): höher, schneller, weiter

Keine Frage: Walt Disney World ist ein touristisches »Muss«, und Jung und Alt kommen an einem Besuch nicht vorbei. Angefangen hat alles 1963: Walt Disney fasste den Entschluss, hier in Zentralflorida den größten Freizeitpark der Welt zu bauen. Die Pläne wurden geheim gehalten, um nicht die Bodenspekulation anzuheizen. 1965 ließ sich aber nichts mehr verbergen, die Grundstückspreise explodierten. Dort, wo ehemals Sümpfe und Orangenhaine das Landschaftsbild bestimmten, tummelten sich nun Bautrupps und Spekulanten.

Das von Disney erworbene Gelände, 113 $km^2$ groß, entspricht der doppelten Ausdehnung von Manhattan. Als Disney 1966 einem Krebsleiden erlag, gingen die Projektarbeiten mit über 9.000 Mann weiter. Im Jahre 1967 gestattete das Parlament von Florida den Disney-Leuten, die gesamte Fläche in ein **»autarkes Königreich«** zu verwandeln. In der Amtssprache liegen Walt Disney World und das Epcot Center im »The Reedy Creek Improvement District«. Doch der Marketing-Name »Walt Disney Vacation Kingdom« ist da griffiger und populärer. Innerhalb des Reedy Creek District liegen zwei Ortschaften, Bay Lake und Lake Buena Vista. In beiden Orten residieren eigene Bürgermeister, die von 22 wahlberechtigten Bürgern gewählt werden und einer eigenständigen Gemeindeordnung unterliegen. Sogar eine eigene Währung gibt es, den Disney-Dollar (entspricht 1 US$), auf dem Mickey Mouse zu sehen ist.

Am **10. Oktober 1971** öffnete Walt Disney World mit dem ersten Themenpark, Magic Kingdom, seine Pforten. In seinen Ausmaßen und Attraktionen überholte es von Anfang an sein kalifornisches Pendant Disneyland, da in Anaheim, einem Stadtteil von Los Angeles, keine Expansionen mehr genehmigt wurden. Vor einigen Jahren, nachdem Anaheim den Bankrott erklären musste, war man über die abwehrende Haltung der damaligen Stadtväter nicht so glücklich, ebenso wenig allerdings darüber, dass Disney der Stadt vor dem finanziellen Desaster nicht unter die Arme gegriffen hat.

*Ein Denkmal für den Vater von Mickey Mouse – Walt Disney*

Skeptiker bezweifelten, dass die erwarteten Besucherströme nach Walt Disney World kommen würden. Sie wurden auf ganzer Linie widerlegt: Allein in den ersten 15 Jahren verzeichnete Walt Disney World 240 Millionen Besucher – keine andere Touristenattraktion auf der Welt kann solche Zahlen vorweisen. Im ersten Jahr nach Eröffnung des zweiten Themenparks Epcot strömten etwa 27 Millionen Besucher in die ehemals gottverlassenen Gebiete Mittelfloridas. Und das alles wegen einer Maus! Auch die Deutschen Besucherzahlen sind enorm. Den ersten offiziellen Besucherrekord gab es am 29. Dezember 1986 mit 148.000 Menschen! Seitdem hält Disney die Zahlen zurück und macht nur vage Angaben. Denen zufolge ist dieser Rekord aber seither mehrmals gebrochen worden.

### Praktische Tipps für den Besuch:

**Zur Zeitplanung:** Magic Kingdom: 2 Besuchstage (+ 1 Tag für Epcot Center und 1 weiterer Tag für Typhoon Lagoon und/oder Disney's Hollywood Studios; wer weniger Zeit hat: 1 Tag Magic Kingdom und 1 Tag Epcot Center). Auf jeden Fall am Eingang eine **Orientierungskarte** mitnehmen!

**Nicht vergessen:** Bequeme Schuhe tragen, damit der Aufenthalt auch nach einem langen Tag noch Spaß macht! Sonnenschutzmittel und Kopfbedeckung mitnehmen, da man manchmal sehr lange in der Sonne stehen muss. Regencapes gibt es in den zahlreichen Souvenirshops. Schließfächer finden sich an Eingängen. Rollstühle sowie Kinderwagen sind an den Eingängen vorhanden.

**Tipp für Familien:** Scherenschnitt-Porträts in der Shadow Box auf der Main Street machen lassen.

Walt Disney World hat Zentralflorida nachhaltig verändert. Seit der Eröffnung stieg die Bewohnerzahl hier um knapp 60 %. Skeptiker betonen die Negativseiten: Da sind der wild um sich greifende Hotelboom, der stetig wachsende Verkehr und die steigende Kriminalität.

Doch man kann es auch anders sehen: Hier ist eine umweltfreundliche, saubere und gewinnbringende **Freizeitindustrie** entstanden, die heute alleine in Walt Disney World 36.000 Menschen (in der Saison bis zu 45.000) Arbeit gibt. Dazugezählt müssen Hunderttausende von Arbeitsplätzen im Hotel-, Restaurant- und Transportsektor werden. Außerdem sind in der Nähe Orlandos weitere Fun Parks entstanden, so z. B. die Universal Studios, Sea World und Wet'n'Wild. Gemeinsam mit den unzähligen Hotels, Restaurants und Fastfood-Ketten wurden weitere Zehntausende von Arbeitsplätzen geschaffen.

Kritiker nörgeln, dass in Walt Disney World eine heile Welt vorgegaukelt werde. Tatsächlich entspricht dies weitgehend der Leitidee von Walt Disney: Der Besucher soll seinen Alltag vergessen und sich in einer Welt voller Freundlichkeit und Harmonie wohlfühlen… (dr)

### INFO

**Information:**
http://disneyworld.disney.go.com

**Optimale Besuchszeiten:** Die günstigsten Besuchszeiten sind Mitte April bis Anfang Juni und September bis Mitte Dezember. Am besten gleich morgens zu den beliebtesten Attraktionen gehen, um lange Wartezeiten zu umgehen. Meiden Sie möglichst die Stoßzeiten in den Restaurants (11–14 und 18–20 Uhr).

**Übernachten:** Viele der Zimmer der Disney Resorts sind sehr groß und beherbergen oft bis zu 5 Personen. Übrigens gibt es allein in den Disney-eigenen Hotels 20.800 Zimmer! Ganz passend unterliegen auch die Disney-Hotels jeweils einem ganz bestimmten Motto. Bereits die Namen verraten alles über Architektur und Innenausstattung.
Die Wilderness Lodge ist z. B. im Stil von rustikalen Nationalpark-Lodges aus Holz errichtet, im Disney's All Star Movies Resort dreht sich alles ums große Kino. Buchung über die Disney-Homepage.

# 37 Magic Kingdom: zu Besuch in Cinderellas Traumschloss

Magic Kingdom ist der Inbegriff für Disneys Themenparks. Bereits das erste seiner Art, Disneyland in Anaheim, zog gleich nach seiner Eröffnung 1971 Millionen von erlebnishungrigen Besuchern an. Auch die Disney-Parks in Japan und Frankreich sind nach dem Vorbild in Kalifornien gestaltet.

Magic Kingdom entspricht in fast allen Punkten den Vorstellungen von Walt Disneys »heiler Welt«: Es ist sauber, verspricht Spaß und Fröhlichkeit für jedes Alter und erscheint als magische Traumwelt. Disneys Wunsch, alle Menschen glücklich zu machen und zusammenzubringen, lässt sich am besten an dem nahezu überall präsenten Lied »It's a small World« erkennen. Es berieselt die Besucher aus den verschiedensten Lautsprechern und vor allem während der gleichnamigen **Musicaltour** mit einem Boot, einer der Hauptattraktionen im Fantasyland. Das Magic Kingdom ist mit Sicherheit ein Vorreiter der Themenpark-Idee, und alle Versuche, etwas in diesem Stil zu kopieren, sind bei weitem nicht so gelungen.

Der Park ist auf 40 ha um Cinderella's Castle herum angelegt, ein romantisches Märchenschloss mit Türmchen und Zinnen, das dem bayrischen Schloss Neuschwanstein nachempfunden wurde. Das Magic Kingdom hat aber noch viel mehr zu bieten. Aufgeteilt in sieben unterschiedliche Themengebiete gibt es etwas für jede Altersklasse.

An der **Big Thunder Mountain Railroad** kann man sich auf 900 m durch rote Sandsteingebilde (dem Monument Valley nachempfunden), tiefe Canyons, unter einem Wasserfall hindurch und durch Fledermaushöhlen kurven lassen. Dabei werden Goldgräberstädte, unzählige Au-

*Das Wahrzeichen von Magic Kingdom: Cinderella Castle*

*In der Main Street von Magic Kingdom*

dio-Animatronic-Figuren und einiges mehr passiert. Fluten und simulierte Erdbeben runden die abenteuerliche Zugfahrt noch ab. Bei den **Pirates of the Caribbean** schallt es »Yo-ho-ho« aus allen Lautsprechern. Nach einer längeren Wartezeit erreicht man schließlich das Boot, mit dem es in die Karibik geht. Dort erwarten Sie eine Seeschlacht und … Piraten. Man befindet sich mitten zwischen den vorbei fliegenden Kanonenkugeln und wird schließlich Zeuge, wie die Piraten die von ihnen angegriffene Stadt erobern und plündern. Auch der **Space Mountain** ist einen Besuch wert: Durch diesen knapp 60 m hohen Berg jagt eine Achterbahn (ohne Loopings). Nicht die Geschwindigkeit macht das Erlebnis aus, sondern die Tatsache, dass es durch das stockdustere All geht. Man hat keine Ahnung, ob es als nächstes aufwärts oder abwärts geht, und gleichzeitig wird man (beinahe) von vorbei fliegenden Kometen getroffen. Die Spannung wird durch ausgefeilte Soundeffekte erhöht. Also nichts für schwache Nerven…

Entsprechend hoch ist aber auch der Besucherandrang, sodass sich ab mittags auf dem verhältnismäßig kleinen Gelände Zigtausende von Menschen drängen. Obwohl es nahezu **50 Attraktionen** gibt, kommt man kaum umhin, einen Großteil der Zeit in Warteschlangen zu verbringen. Auslassen sollte man diesen Park aber in keinem Fall, denn es gibt wirklich viel zu sehen und zu erleben, und das Magic Kingdom ist nun mal der Themenpark überhaupt.

**INFO**

**Information:** http://disneyworld.disney.go.com/parks/magic-kingdom/.
Der Hauptinformationsstand befindet sich in der City Hall am Town Square. Hier kann man sich eine Karte und einen Veranstaltungsplan besorgen.

**Essen & Trinken:** Ein Muss ist die **Liberty Tree Tavern am Liberty Square**, ein auf alt getrimmter Pub mit Landküche. Im Fantasyland lockt **Cinderella's Royal Table** mit mittelalterlichem Ambiente. Das Motto hier lautet: »Burger in der Burg, vom Ritter serviert.«

# 38 Epcot Center: die Experimental Community of Tomorrow

Das Epcot Center wurde 1982 eröffnet und ist etwa doppelt so groß wie das Magic Kingdom. Der futuristisch anmutende Park war Walt Disneys letzter großer Traum. Er hatte vor, hier beispielhaft eine Stadt für 20.000 Menschen zu errichten. Sie sollten in Hochhäusern leben, die um einen autofreien Stadtkern liegen. Zur Arbeit sollten sie ausschließlich mit umweltfreundlichen Nahverkehrsmitteln fahren. Dieser Gedanke zur Errichtung einer menschenwürdigen Stadtlandschaft entsprang der Einsicht, dass die Städteagglomerationen der Welt zunehmend menschenunwürdiger wurden und die Umweltzerstörung zunehmen würde. Eine Entwicklung, der Disney seine Vision entgegensetzen wollte, um zu zeigen, dass es auch anders ginge, wenn man nur radikal umdenken und den technischen Fortschritt für und nicht gegen den Menschen einsetzen würde. Epcot sollte ein **Experimentierfeld** für die Lösung der drängenden Probleme einer industriell geprägten Stadtgesellschaft werden.

Nach Disneys Tod haben sich seine Nachlassverwalter dieses Traumes angenommen – und die Chance dabei verpasst, ihn gemäß seiner ursprünglichen Intentionen zu verwirklichen. Statt diese Vision Disneys umzusetzen, haben sie schlicht einen neuen Vergnügungspark geschaffen, der, medial faszinierend umgesetzt, ungebremsten Fortschrittsglauben demonstriert und alle negativen Aspekte ausklammert. Auch eine Rolle dürfte gespielt haben, dass man zur Finanzierung der Gesamtkosten von über 3 Milliarden US$ nach Sponsoren aus der Wirtschaft wie Exxon und General Motors schaute.

Spaceship Earth und Monorail

Ein populärer Teil von Epcot ist »**The World Showcase**«. Diese »Länder-Dauerausstellung« ist eher die architektonisch und choreographisch bis ins Detail umgesetzte Darstellung von Klischees der einzelnen Länder. In den »Dörfern« wird in länderspezifischem Ambiente massenweise Kitsch verkauft. Sitten und Gebräuche, Handwerk und Kunst werden in exakt jener Art und Weise vorgestellt, wie es den Erwartungen der Besucher über das entsprechende Land entspricht.

Einen weiteren Komplex stellt »**Future World**« (Welt der Zukunft) dar, in dem sich Themen-Attraktionen wie z. B. Universe of Energy (Universum der Energie),

Mission: Space (Flug zum Mars), Innoventions (Neuerungen), Living with The Land (Bootstour durch verschiedene Vegetationen) oder **The Seas** (Leben im Meer) finden.

**Tipp: IllumiNations**
Ein Highlight ist das allabendliche Laser- und Feuerwerk-Spektakel »IllumiNations in the World Showcase Lagoon« mit bunten Lasern und Strahlern, dazu Lichtspielen auf Leinwänden, die auf Flößen im Wasser schwimmen sowie einem Feuerwerk – das Ganze untermalt von Orchestermusik. Beste Ausblicke auf die Show bieten sich von der Außenterrasse des englischen Pubs „Rose & Crown", der Bar im japanischen Pavillon (Matsunoma Lounge), einem Fensterplatz im Bistro de Paris und vom Ufer am Showplace Plaza, dem Platz zwischen Spaceship Earth und Landungssteg der Boote.
Für alle guten Punkte gilt: Früh erscheinen!

Letztere ist wohl die lehrreichste Ausstellung in Epcot. Hier befindet sich ein zum 6. Weltmeer deklariertes fast 22 Millionen Liter fassendes Aquarium. Künstliche Korallenriffe sowie etwa 4.500 Meereslebewesen geben einen Einblick in das Leben unter Wasser. Mit einem Fahrstuhl, »Hydrolator« genannt, gelangt man zur »Seabase Alpha«. Durch dicke, große Scheiben aus Acrylglas kann man die Meeresbewohner betrachten und Tauchern zuschauen. The Seas wurde im Zuge des erfolgreichen Films »Findet Nemo« von Nemo, Marlin, Dorie und Co. okkupiert...

Bei der Journey into Imagination (Reise ins Land der Illusionen) werden in zwei Theatern z. T. faszinierende Effekte gezeigt. In beiden Theatern erhält man eine 3-D-Brille und betrachtet durch diese Brille die Geschehnisse, als wenn man selbst daran beteiligt wäre. Und wie so oft: Nicht der Inhalt ist das Interessante, sondern die gezeigten Effekte.

Gleich am Beginn von Future World steht die 55 m hohe Aluminiumkugel, das **Spaceship Earth** (Raumschiff Erde), das zum Wahrzeichen von Epcot wurde und immer wieder ein futuristisches Bild abgibt, wenn man vom World Showcase über die Lagune schaut. Man nimmt in einem Wagen Platz, der an den verschiedenen Entwicklungsstufen der Menschheit vorbeiführt – der Bogen ist von der Steinzeit über das Leben der Ägypter und Griechen, über Entdeckungen und Erfindungen im ausgehenden Mittelalter bis hin zur Gegenwart gespannt.

**INFO**

**Information:** http://disneyworld.disney.go.com/parks/epcot/. Wahrzeichen von Epcot ist das Spaceship Earth (Raumschiff Erde), das auf knapp 5 m hohen Stelzen steht. Sowohl am Eingang als auch unterhalb der Kugel gibt es einen Informationsstand mit Karten und Veranstaltungsplan. Ebenfalls werden hier die Reservierungen für die Lokale des World Showcase getätigt.
**Essen & Trinken:** Kulinarische Leckereien aus allen Teilen der Welt locken hier die Gäste an. Doch hat die Sache einen Haken: Die Restaurants sind – besonders in der Hochsaison – oft frühzeitig ausgebucht. Daher empfiehlt sich eine telefonische Reservierung oder die Vorbestellung eines Tisches im Earth Center gleich nach Betreten des Geländes. Im Uhrzeigersinn gibt es im **World-Showcase-Gebie**t u. a. folgende lohnenden Restaurants: **San Angel Inn** (Mexiko), **Akershus Royal Banquet Hall** (Norwegen), **Nine Dragons** (China), **Biergarten** (Deutschland), **Tutto Italia** (Italien), **Teppan Eddo bzw. Yakitori House** (Japan), **Marrakesh** (Marokko), **Les Chefs de France** und **Bistro de Paris** (Frankreich), **Rose and Crown** (England) und **Le Cellier** (Kanada).

# 39 Disney's Hollywood Studios: zu Gast bei Indiana Jones und der kleinen Meerjungfrau

In diesem interaktiven Film- und Fernsehstudio kann man bei der Produktion von Filmen und TV-Produktionen zusehen, aber natürlich auch einfach Spaß und Abenteuer erleben. Disney's Hollywood Studios nehmen flächenmäßig etwa den gleichen Raum wie das Magic Kingdom ein (54 ha). Den Disney-Leuten kam die Idee zu diesem Park, als sie bemerkten, wie erfolgreich die Universal Studios mit ihrem (Film-) Themenpark in Hollywood waren. Dass Disney zumeist andere Filme dreht als Universal, wird hier im Park deutlich. Während Universal auf Abenteuer, »Risiko« und aufregende Erlebnisse setzt (wie z. B. »Jaws«), geht es in Disney's Hollywood Studios eher beschaulich zu, auch »Indiana Jones« kann darüber nicht hinwegtäuschen. Die pastellfarben gestrichenen Häuser am Hollywood Boulevard, Sequenzen aus Kinderfilmen und Comics, zahlreiche Spielwiesen und vor allem ein **echtes Studio**, in dem wirklich Filme gedreht (oder zumindest vorbereitet) werden und wo man hinter die Kulissen schauen kann, setzen Disney von seinem Konkurrenten ab. Man kann also beide Parks nur bedingt vergleichen, es ist eher Geschmacksache.

Mit »beschaulich« ist aber nur der Gesamteindruck gemeint. Der Rock'n'Roller Coaster, The Twilight Zone Tower of Terror oder die Stunt Shows haben durchaus einen das Adrenalin in die Höhe treibenden Erlebniswert. Doch ist der Park insgesamt eher etwas für Kinder. Die Erwachsenen sollten die Gelegenheit nutzen, hinter die Kulissen schauen zu können. Dort gibt es z. B. im American Film Institute Showcase Relikte aus vielen Filmen zu bestaunen.

*Parade in den Hollywood Studios*

Die Bereiche in Disney's Hollywood Studios heißen Hollywood Boulevard, Sunset Boulevard, Mickey Avenue, Animation Courtyard und Backlot. Bei kleinen Kindern ist die Show »The Voyage of the Little Mermaid« sehr beliebt. »Honey, I shrunk the Kids« ist ein abenteuerlicher Spielplatz für groß und klein und auch Jim Henson's Muppet Vision, die 3-D-Show mit den in aller Welt beliebten Muppet-Puppen, ist für alle Altersgruppen amüsant. Ebenfalls empfehlenswert ist die Musicalshow »Beauty and the Beast«.

Eine besondere Attraktion ist **The Twilight Zone** – Tower of Terror. Das 13-stöckige Gebäude, an einer Seite stark mitgenommen, stellt ein Hotel dar, wie es einst im Hollywood der 1930er-Jahre gestanden hat. Am Halloween-Tag 1939 passierte hier dann etwas Gespenstisches: Ein Blitz traf das Hotel und ein Fahrstuhl, voll mit Menschen, stürzte ab, und man fand die Menschen unter dem Schutt niemals wieder… Man geht hier durch die alte Lobby sowie eine Bibliothek mit Zeitungen aus dieser Zeit und besteigt anschließend einen 20-Personen-Fahrstuhl. Langsam fährt der Wagen zum 13. Stockwerk und plötzlich schlägt der Blitz ein! Der Fahrstuhl stürzt unmittelbar danach hinunter. Es geht steil bergab… Kurze Zeit kann man über das Parkgelände schauen. Nicht gerade gut verträglich für einen vollen Magen, aber ein wahres Abenteuer. Und man stürzt gar siebenmal hintereinander ab, nachdem der Fahrstuhl stoppt und ein Stück aufwärts fährt. Ob und wie Sie unten wieder herauskommen…

**Fantasmic** – eine Show der Superlative – bietet spektakuläre Lasereffekte, Animationen, über 100 Tänzerinnen und Tänzer, dazu einen Kampf zwischen »Gut und Böse«. Fast 10.000 Zuschauer können diesem Schauspiel folgen (Sitzplätze für knapp 7.000).

Unbedingt einplanen sollte man die **Studio Backlot Tour**. Mit einer Tram fährt man hinter die Kulissen. Es geht durch den größten Kleiderschrank der Welt, vorbei an den Büros der Filmemacher, durch die Residential Street, wo Häuser aus bekannten Filmen zu sehen sind, bis schließlich der Höhepunkt erreicht ist: Der Catastrophe Canyon, in dem ein Erdbeben simuliert wird, das den trockenen Canyon in Sekunden sowohl unter Wasser setzt (mit 270.000 Litern), als auch in ein Flammenmeer taucht. Nach Verlassen des Canyons kann man sehen, wie diese »Show« technisch durchgeführt wird. Ebenfalls zu sehen sind Relikte und Requisiten aus verschiedensten Disney-Filmen und der Backlot District, ein nachgebauter Stadtteil, in dem fast permanent gedreht wird.

Außerdem sehenswert ist das Indiana Jones Epic Stunt Spectacular: In einem riesigen Kuppelzelt werden die aufregendsten Stunts aus den berühmten Indiana-Jones-Filmen gezeigt und erläutert.

**INFO**

**Information:** http://disneyworld.disney.go.com/parks/hollywood-studios/. Direkt am Eingang erhalten Sie Karte und Veranstaltungsplan.
**Essen & Trinken:** **The Hollywood Brown Derby**: Bekannt ist es für den Cobb-Salat (Truthahn, Ei, Avocado, Schimmelkäse, Schinken, Tomaten und Salat), dessen Original im gleichnamigen Restaurant in Hollywood kreiert worden ist. Auch andere gute Salate, Pasta, Fleisch- und Fischgerichte sowie gute Weine. Im **Sci-Fi-Dine-In-Theater** gibt es Fastfood, man sitzt dabei in 50er-Jahre-Cabrios. Während des Essens schauen Sie auf einer großen Leinwand Science-Fiction-Filme. Die Rechnung kommt in Form eines Strafzettels.

# 40 Animal Kingdom und Disneys Wasserparks: tierisches Vergnügen und nasse Rutschpartien

Der Themenpark **Animal Kingdom** wurde 1998 eröffnet und ist spezialisiert auf Tiere und Natur. Er bietet eine »gestylte« Landschaft, die insgesamt fünfmal größer als die Fläche des Magic Kingdom ist. Über 1.700 Tiere (250 Arten) haben hier ihr Zuhause. Es gibt verschiedene Themen-Gebiete, von denen Discovery Island in der Mitte liegt, die anderen Gebiete sind rund herum angeordnet.

Das Zentrum des Themenparks bildet der »Tree of Life« (Lebensbaum) auf **Discovery Island**. Er soll die Verwobenheit allen irdischen Lebens versinnbildlichen. In diesem Baum, der etwa 45 Meter hoch ist, wird eine 3-D-Show mit dem Titel »It's Tough to Be a Bug« gezeigt (»Es ist schwer, ein Käfer zu sein«), in der man die Welt mit den Augen eines Käfers sieht. Discovery Island, ehemals als reine Spaßinsel im Stile einer Schatzinsel angelegt, ist heute ein Naturpark mit unzähligen tropischen Tieren, in dem mehrmals täglich naturkundliche Vorführungen stattfinden. Die Insel kann man auf verschiedenen Trails erkunden, über Brücken und durch Tunnel und vorbei an unzähligen Tieren wie den Galapagos-Schildkröten, Kängurus, Affen, Lemuren, Vögeln und Reptilien.

So kann man in der Sektion »Africa« an einer **Kilimanjaro-Safari** teilnehmen, in einem offenen Fahrzeug durch die »Savanne« fahren und Giraffen, Löwen, Zebras und Warzenschweine beobachten.

Einiges gibt es auch in der Sektion **Asia** zu erleben: Bei der **Expedition Everest** geht es auf einer atemberaubenden Achterbahn auf die Suche nach dem Yeti. Die Kali River Rapids versprechen eine aufregende Rafting-Tour durch den asiatischen Regenwald und beim Maharajah Jungle Treck stößt man auf Tiger, Tapire, exotische Vögel und Ruinen.

*Der Mount Everest*

*Nichts für schwache Nerven: der Hulk Coaster*

bekanntesten Filmschauplätze: Nachgebildet sind das Schloss Hogwarts sowie das Dorf Hogsmeade, wo man angefangen von magischen Zauberstäben über Butterbier bis hin zu Hogwarts-Kleidung alles rund um Harry Potter kaufen kann. Hauptattraktionen sind »Harry Potter und die verbotene Reise« im Schloss sowie die Doppelachterbahn »Dragon Challenge«.

Weitere Highlights sind nach wie vor **The Incredible Hulk Coaster** – eine Achterbahn, die in zwei Sekunden von Null auf 65 km/h beschleunigt und einem buchstäblich den Atem raubt.

Nervenkitzel ganz anderer Art gibt es in **The Amazing Adventures of Spider-Man** zu erleben, wo man mit einer 3D-Brille das Gefühl hat, sich als Spider-Man zwischen den Hochhäusern der Stadt zu bewegen.

Und noch andere berühmte Erlebniswelten lassen sich entdecken, so z. B. Steven Spielbergs Jurassic Park, wo man den Eindruck hat, man sei mitten in den Film versetzt worden: Im **Jurassic Park River Adventure** geht es über Flüsse und durch die Dunkelheit – immer mit dem Ziel, den Klauen eines T-Rex zu entkommen. Bei Dudley Do-Right's Ripsaw Falls geht es ab durch die kanadischen Wälder, dabei werden Wasserfälle und Stromschnellen überwunden – es kann nass werden.

Für Kinder empfehlenswert sind unter anderem The Cat In The Hat, eine Tour durch die Szenen des Kinderbuches, ein Karussell oder eine Fahrt mit der Sky Seuss Trolley Train. Möglichkeiten zum Spielen und Entdecken gibt es im Jurassic Park Discovery Center und in der Play Area. If I Ran The Zoo ist ebenfalls ein interaktiver Spielplatz, bei dem es exotische Tiere zu entdecken gibt.

INFO

**Information:** www.universalorlando.com
**Essen & Trinken:** **Mythos Restaurant**: das beste Restaurant im Park in einer Höhle mit z. T. originellen Gerichten wie gegrilltem Schwein mit Pistazien-Blaubeer-Kruste. Aber auch Burger und Pasta.
**Übernachten:** s. Universal Studios, S. 99

# 43 Sea World: im Rausch der Tiefe

Sea World of Florida ist einer der beliebtesten Freizeitparks Amerikas und spricht durch seine Vielseitigkeit nahezu alle Altersgruppen an: Die Kleinen werden eher auf den Spielplätzen und an den Tiershows ihren Spaß haben, während die Erwachsenen an den z. T. sehr interessanten Darbietungen zu allen möglichen Themen der marinen Tier- und Pflanzenwelt Gefallen finden werden. Es ist den Veranstaltern hier ohne Zweifel gelungen, eine **harmonische Mischung** aus Spaß, Information, Freizeiterlebnis und Forschung zu kreieren. Letztere findet allerdings eher im Verborgenen statt: In den Laboratorien und Forschungsstätten, die man als Besucher höchstens auf einer der speziellen Touren zu sehen bekommt, werden täglich Tausende von Daten ausgewertet, treffen neueste wissenschaftliche Erkenntnisse und Informationen aus aller Welt ein, werden kranke Tiere gepflegt sowie andere aufgezogen und wird vor allem auf dem Gebiet der Renaturierung bzw. Erhaltung der Fauna und Flora der Meere und Ozeane geforscht. Sea World führt für besonders Interessierte Seminare und Kurse zum Thema Meerestiere und ihre Erhaltung durch – die meisten finden aber in der Forschungszentrale, dem Hubbs Sea World Research Institute im Sea World San Diego statt.

Für den Park und seine Attraktionen sollte man durchaus einen ganzen Tag einplanen. Sea World kann sich an Unterhaltungswert absolut messen mit den Disney-Parks und verspricht dabei doch etwas ganz anderes. Zahlreiche Shows und Attraktionen, von Orca- und **Seelöwenakrobatik** bis hin zu einem Becken mit den vom Aussterben bedrohten Manatees, gibt es zu sehen. Eine Tour durch die Arktis, ein geruhsames Picknick an der sieben Hektar großen Lagune, Tiere zum Anfassen und atemberaubende 3-D-Filme versprechen Unterhaltung und Erholung gleichermaßen.

*Beeindruckend: die Orca-Show*

*Eine der neuesten Attraktionen: der Manta Ride*

**Shamu**, ein Schwertwal, ist der Mittelpunkt der berühmten Multimediashow im größten Stadion des Parks. Während Shamu, nicht ohne die Zuschauer in den vorderen Reihen des Öfteren anzufeuchten, seine Kunststücke, wie z. B. das Unterwasserballett, vorführt, wird auf einer riesigen Leinwand im Hintergrund Wissenswertes über Schwertwale gezeigt. Z. B. folgt die Kamera Schwertwalen im Pazifik (teilweise live!). Eine alle Altersgruppen ansprechende, 25-minütige Show. Frühes Erscheinen sichert gute Plätze! Abends – wenn es dunkler ist – findet eine spezielle Show mit Lichteffekten statt. In der Hochsaison gibt es zudem Shamu Rocks – ein Rockkonzert des Wals.

Auch die **Wild Arctic** ist unbedingt einen Besuch wert. Nachdem man die lange Wartezeit überstanden hat, geht es auf einen simulierten Helikopterflug zu einer abgelegenen Forschungsstation in der Arktis. Ein kalter Wind und 28 Stationen, an denen man z. B. Eisbären, Robben, Walrosse und Belugawale zu sehen bekommt, machen deutlich, dass ein Leben in der Eiswüste nicht gerade einfach ist, selbst wenn man des Öfteren über die Hitze Floridas fluchen mag. Auch das Wrack eines englischen Seglers aus dem 19. Jahrhundert – Mittelpunkt in dieser künstlichen Polarregion – trägt zu dem unbehaglichen Gefühl bei. Das Programm an der »Forschungsstation« ist informativ und lehrreich, denn Ziel soll es sein, den Besuchern die Notwendigkeit der Erhaltung des arktischen Lebensraumes zu verdeutlichen.

**INFO**

**Information: Sea World**, 7007 Sea World Drive, Orlando, www.seaworld.com

**Touren: Behind the Scenes** (1½ Std.): Hier wird erläutert, wie es hinter den Kulissen aussieht, wie die Tiere gepflegt werden usw. **Dolphin oder Pinguin Spotlight Tour** (60 Min.) mit vielen Erklärungen und Begegnungen mit dem Lieblingstier. Die ca. 7-stündigen **VIP-Touren** kostet ab $ 100 und beinhalten einen Guide, Mittagessen, Fütterungen vieler Tiere (u. a. Delfine) und schnellen Zugang zu den Attraktionen.

**Essen & Trinken:** Beachten Sie den Dining Guide, den man am Eingang des Parks ausgehändigt bekommt.

**Übernachten:** Direkt gegenüber liegt das **Renaissance Sea World Hotel**, 6677 Sea Harbor Dr., www.renaissanceseaworldorlando.com, mit 781 Zimmern.

# 44 Aquatica, Wet'n'Wild und Gatorland

*Besondere Attraktion: der Dolphin Plunge*

Direkt gegenüber von Sea World liegt der dazugehörige neuere Water Park **Aquatica**. Er öffnete Mitte 2008 seine Tore und ist seitdem ein besonderer Publikumsmagnet. Mit 60.000 tropischen Bäumen und Pflanzen soll er an die Naturschönheiten Neuseelands und Australiens erinnern. Auf über 36 Wasserrutschen in unzähligen Variationen, Tunnelfahrten, Floßtouren und Unterwasser-Grotten mit bunten Fischen kann man hier spielend den ganzen Tag verbringen. Für Kinder dürfte der mit 1.400 km² größte interaktive Wasserspielplatz der Welt ein Traum sein. Die Hauptattraktion ist sicher der **Dolphin Plunge**: In einer durchsichtigen Röhre geht es durch eine Lagune, in der vier der schwarz-weiß-gezeichneten Commerson-Delfine schwimmen.

Doch das war noch längst nicht alles an feuchten Attraktionen in Orlando: Unweit von Aquatica liegt der Park **Wet'n'Wild**. Dessen Gründer – Georg D. Miller – gilt als einer der findigsten Köpfe im Wasserpark-Geschäft. Er war es, der in den frühen 1960er-Jahren die Idee für die Sea World Parks entwickelte und den ersten dieser Parks in San Diego einrichten ließ. Mitte der 1970er-Jahre dann entschied sich Miller für eine neue Variante, die der Wasser-Themenparks, also reine Spaßparks. 1977 eröffnete er Wet 'n'Wild in Orlando, später folgten ähnliche Parks bei Dallas und in Las Vegas. Heute gehört Wet'n'Wild zur Universal-Gruppe und empfiehlt sich als ein Ziel für abenteuerhungrige Wasserratten. Auf engstem Raum winden sich die Wasserrutschen, wogen die Wellen im Wellenbad und ziehen im Sommer die regelmäßig stattfindenden Konzerte, Beachpartys und lateinamerikanischen Musikveranstaltungen besonders die Teenager an. Wet'n'Wild ist also in keiner Weise langweilig, wenn auch im äußeren Erscheinungsbild weit weniger attraktiv als die neueren Wasserparks in Disney World, vor allem, weil es wenig Grünflächen und Bäume gibt. Aber wen interessiert schon langweilige Vegetation: Hier soll gespielt werden.

Einer der ältesten Parks in Florida dürfte **Gatorland** sein: Als Owen Godwin 1949 Gatorland eröffnete, war Orlando noch ein unbedeutender Fleck auf der Landkarte und Walt Disney ein wenig bekannter Exzentriker, der komische Mausfiguren zeichnete und naive Filme drehte. Damals nannte sich der Park noch »Snake Village and Alligator Farm«. Im Laufe der Jahre wurde zwar immer wieder erweitert, doch ist der **alte Charme** erhalten geblieben. Gatorland kann man nicht vergleichen mit Disney World, den Universal Studios oder Sea World. Und der Begriff Themenpark mag etwas übertrieben klingen, doch darf man auch nicht unterschätzen, dass sich hier die **größte Alligatorenfarm der Welt** befindet und der zugängliche Parkbereich nur einen Teil des gesamten Komplexes zeigt. Über 5.000 Alligatoren gibt es mittlerweile hier, die aber vor allem wegen des Leders und des Fleisches aufgezogen werden. Sollten Sie ein – leckeres – Alligatorensteak probieren wollen, können Sie dies im Restaurant des Parks tun.

Der Park ist 23 ha groß, wovon ein Teil aus einem Sumpfgebiet besteht, in dem die Alligatoren aufgezogen werden. Hauptattraktionen aber sind die kleinen Shows, wie z. B. das »Alligator-Wrestling«, eine Fütterungszeremonie (»Gator Jumparoo«) und die Ausstellung und Vorführungen verschiedener Schlangenarten. Wie gesagt: Der Park ist klein und etwas betagt, doch verspricht dieses auch den »direkten Kontakt« mit den interessanten Tieren, ein gewisses »Down-to-Earth«-Gefühl und Alligatoren in allen Variationen. Wer sich also für diese – gar nicht so gefährlichen – Tiere interessiert, ist hier richtig und kann ein paar schöne Stunden erleben. Wer aber Themenparks mit Spannung, Action und den neuesten Errungenschaften bevorzugt, kann sich den Weg hierher sparen.

*Eher ein Park der »alten Schule«: Gatorland*

**INFO**

**Information: Aquatica**, 5800 Water Play Way, gegenüber von Sea World, www.aquaticabyseaworld.com.
**Wet'n'Wild**, 6200 International Drive, www.wetnwildorlando.com.
**Gatorland**, 14501 South Orange Blossom Trail (US 441), www.gatorland.com.

# 45 Dinner-Shows in Orlando: Speisen wie im Mittelalter, bei Piraten oder mit Al Capone

Nach aufregenden Tagen und spektakulären Erlebnissen in den unzähligen Themenparks wartet Orlando selbst noch mit einem besonderen Highlight auf: den Dinnershows! Dinnershows beinhalten, wie der Name bereits verrät, zwei Dinge: ein Abendessen und eine Show. Die Eintrittspreise beinhalten ebenfalls beides. Die Shows haben einen typisch amerikanischen Charakter, und es ist allemal interessant, zu erleben, wie hier in der »Neuen Welt« z. B. die Geschichte des europäischen Mittelalters bzw. orientalische Märchen »aufgearbeitet« werden. Dabei wird der Gast auch mal auf die Bühne geführt, um an einer Darbietung teilzunehmen. Das Dinner selbst sollte man als zweitrangig ansehen. Es ist in Ordnung, bietet aber kein besonderes kulinarisches Erlebnis.

Hier eine Auswahl der beliebtesten Shows:

### Arabian Nights

In einer großen Arena wird eine exzellente Pferdeshow geboten. Das Thema bezieht sowohl den Orient als auch Texas ein. Dazu gibt es extravagante Kostüme, eine Lichtershow und Romantik mit Prinz und Prinzessin.

### Walt Disney World Dinner Shows

Die Shows in Walt Disney World ändern sich jedes Jahr. Derzeit läuft die Spirit of Aloha Dinner Show im Polynesian Resort (Lake Buena Vista). Artisten und Hula-Tänzerinnen treten im Südsee-Ambiente auf. Dazu gibt es Meeresgerichte und orientalische Küche. Im Fort Wilderness Resort läuft die Hoop-Dee-Doo Musical Revue mit Kabarett, Wild-West-Tänzen und all-you-can-eat-Angebot mit typisch amerikanischem Essen wie Spear Ribs, Hühnchen, gebackenen Bohnen etc.

*Das Pirate's Dinner Adventure*

*Das Essen ist bei derart spektakulären Darbietungen zweitrangig*

### Pirate's Dinner Adventure

Hier sitzen die Gäste in sechs Zuschauerschiffen aufgeteilt rund um eine künstliche Lagune, in der ein altes Segelschiff ankert. Jede Gruppe unterstützt »ihren« Piraten dabei, die schöne Prinzessin zu retten. Amüsant!

### Sleuth's Mystery Dinnershow

Während des Abendessens geschieht ein Mord – und das Publikum muss den Mörder entlarven.

### Medieval Times Dinner & Tournament

Bevor man die riesige Burganlage inmitten der Shopping-, Strip- und Hotelmalls entlang des US 192 betritt, kann man das angeschlossene mittelalterliche Dorf (»Medieval Life«) besichtigen. Originalgetreu hat man ein englisches Dorf aus der Zeit um 1000 n. Chr. nachgebaut und führt die verschiedensten handwerklichen Künste aus dieser Zeit vor. Die Show dreht sich ebenfalls um ein Thema im Mittelalter. Mal spielt sie in Spanien, dann wieder in England. Zahlreiche Reiterkunststücke werden dargeboten.

### Capone's Dinnershow

Show mit dem berühmten Chicagoer Gangsterboss als Mittelpunkt, die Location ist eine finstere Bar aus der Prohibitionszeit.

INFO

**Information:**
**Arabian Nights:** Arabian Nights Blvd., Kissimmee, www.arabian-nights.com
**Disney Shows:** www.disneyworld.com
**Pirates Dinner Adventure:** 6400 Carrier Drive, www.piratesdinneradventure.com
**Sleuth's Mystery Dinnershow:** 8267 International Drive, www.sleuths.com
**Medieval Times:** 510 W. Irlo Bronson Hwy., Kissimmee, www.medievaltimes.com
**Capone's Dinnershow:** 4740 W. Irlo Bronson Hwy., Kissimmee, www.alcapones.com

**Tipp:**
Bei den meisten Anbietern gibt es einen Rabatt, wenn man das Ticket bereits vorab im Internet ordert, z. B.: www.greatorlandodiscounts.com/dinnertheaters.htm.

# 46 Das Kennedy Space Center & die NASA: die Anziehungskraft des Universums

Floridas Atlantikküste war schon immer ein prädestinierter Ort für entscheidende historische Entwicklungen: Hier gründeten die Spanier die älteste Siedlung auf dem Kontinent und von hier aus starteten 1969 die ersten Menschen zum Mond. Das **NASA Kennedy Space Center**, von den Organisatoren zwischenzeitlich zum Spaceport USA deklariert, ist zu einem äußerst attraktiven touristischen Ziel geworden. Hier wird den internationalen Gästen die Größe der USA als technische Führungsnation vorgeführt. Daran änderten auch die tragischen Unglücke der Raumfähren 1986 und 2003 nichts. Der Besucher hat die Chance, sich in etwa vier bis sechs Stunden einen Überblick über die Raumfahrtgeschichte und ihre technische Fortentwicklung direkt vor Ort zu verschaffen. Nirgendwo sonst auf der Welt ist dies möglich.

Nach dem 2. Weltkrieg teilten sich die USA und die UdSSR das vorhandene Raketen-Know-how. Beide Weltmächte experimentierten dann für sich weiter. Bis 1957 erreichten die Raketen lediglich die Schichten der Hochatmosphäre, erst der Sputnik der Sowjets durchbrach das Fenster zum Weltall. Der »Sputnik-Schock« motivierte die Amerikaner. Sie unternahmen verstärkte Aktivitäten in Wissenschaft und Technik, um mit der Konkurrenz gleichzuziehen, ein Wettlauf, der selbst nach dem Kalten Krieg noch immer andauerte und der mal dem einen, mal dem anderen einen Vorsprung gewährte.

*Die Rocket Plaza*

*Interessante Einblicke in das Außen- …*

*… und Innenleben rund ums Thema »Raumschiffe«*

Das Kennedy Space Center umfasst insgesamt eine Fläche von 56.600 ha Land und Gewässer. Alle Flächen, die nicht für die Weltraum-Unternehmungen benötigt werden, gelten als Naturschutzgebiet. Dies sind das Merritt Island Wildlife Refuge sowie der Canaveral National Seashore (s. S. 146).

Ein Anziehungspunkt ist der **Rocket Garden**. Alle Raketen – originalgetreue Modelle – sind fotogen senkrecht aufgerichtet. Sehenswert ist vor allem die Weltraumkapsel mit dem Zugangsarm, wie er von der Apollo-11-Besatzung (Armstrong, Aldrin und Collins) benutzt wurde. Täglich um 10.30 und 16 Uhr finden Touren statt. Nebenan liegt der **Children's Play Dome**, ein Spielplatz für die Kleinen. Unbedingt sehenswert ist auch das **IMAX-Theatre**, in dem tolle 3-D-Filme gezeigt werden.

Beim **Shuttle Launch Experience** kann man in großen Simulatoren nachempfinden, wie sich der Start eines Spaceshuttle auf die Körper der Astronauten auswirkt. Auf einer simulierten Reise ins Weltall, die 14 Minuten dauert, wird man realitätsnah »gerüttelt und geschüttelt«, samt den entsprechenden Geräuschen und projizierten Videosimulationen. Man hört den Hauptmotor röhren, man ist dabei, wenn die Kraftstofftanks abgetrennt werden, und im Weltall öffnet sich dann die Dachluke: Der simulierte Blick auf die Erde vom Weltraum aus ist faszinierend. Über zehn Jahre arbeitete die NASA mit drei Shuttle-Astronauten, um das 60-Millionen-Dollar-Projekt so realistisch wie möglich zu konstruieren.

**INFO**

**Information:**
www.kennedyspacecenter.com
**Übernachten:** In Titusville, östlich des KCC, z. B. im **Clarion Inn Kennedy Space Center**, 4951 S. Washington Avenue, www.clarionspacecenter.com. Das Mittelklasse-Hotel liegt dem Space Center am allernächsten (3 Meilen) und ist v. a. vor Raketen- oder Shuttlestarts komplett ausgebucht. Pool und Restaurant vorhanden.

# 47 Touren im Kennedy Space Center: zu Gast bei Astronauten & Co.

In jedem Fall sollte man die Kennedy Space Center-**Busrundfahrt** unternehmen. Dabei geht es zunächst am LC-39 Observation Gantry vorbei. Von der 20 m hohen Beobachtungsplattform aus hat man einen tollen Rundblick über das Gelände. Man blickt auf die Startplätze der früheren Apollo- und heutigen Spaceshuttle-Flüge. Hier wurden 52.000 Kubikmeter Stahlbeton verbaut. Beim eigentlichen Start verspritzen die Düsen binnen 20 Sekunden über 1,1 Millionen Liter Wasser, um die Flammen zu ersticken und den Rampenbereich abzukühlen.

Aus der Entfernung sieht man auch das **Vehicle Assembly Building**, die Montagehalle für Raumfähren/Shuttles. Es soll mit einer Höhe von 160 m und einem Grundriss von über drei Hektar eines der größten Gebäude der Welt sein. Allein die an der Seite aufgemalte amerikanische Flagge ist 5.000 m² groß. Jedes Tor bietet Einlass für eine der vier Raumfähren. Leider wird das Gebäude bei Rundfahrten nur umfahren.

Das **Apollo/Saturn V Center** mit einer Saturn V-Rakete ist durchaus beeindruckend. Die mit Raumkapsel 111 m hohe Saturn V beförderte die Apollo-Missionen zum Mond. Zudem sind Simulationsanlagen und zahlreiche Anlagen und Anschauungsobjekte zum Thema »Mondfahrt« eingerichtet worden.

Im **International Space Station Center** kann man sich ein realitätsnahes Bild vom Leben in der Weltraumstation machen. Von einem Raum aus schaut man in eine Halle hinein, in der die tatsächlichen Komponenten der Weltraumstation verfeinert und geprüft werden.

*Ein echter (ehemaliger) Astronaut*

*Beeindruckend: Turbinen der Saturn V*

Wer einmal etwas ganz Besonderes erleben will, dem seien einige Angebote des KSC empfohlen: Die NASA bietet zu bestimmten Terminen für Besucher Lunch mit echten Astronauten an: **Lunch with an Astronaut**. Man kann dabei Fragen stellen, Autogramme mitnehmen und sich wie im NASA-Team fühlen. Das einstündige Lunch kann über die Website zusammen mit dem Eintrittsticket gebucht werden. Zudem gibt es das Astronaut Encounter, bei dem Astronauten Frage und Antwort stehen. Ein weiteres Highlight ist das **ATX – Astronaut Training Experience**. Hier findet man Gelegenheit, das Kennedy Space Center intensiv kennenzulernen, u. a. mit echten Simulationsprogrammen, wie sie bei Astronauten angewendet werden. Dieses Angebot gibt es zweimal täglich, Reservierungen sind dringend erforderlich. Zugelassen sind Kinder ab 14 Jahren, außerdem sind bestimmte Voraussetzungen wie Gewicht, Größe und gesundheitsrelevante Faktoren zu beachten.

Die **Discover KSC: Today and Tomorrow Tour** führt an Einrichtungen vorbei, in denen der Spacehuttle für die Flüge vorbereitet wurde. Man gewinnt bei dieser Tour auch den bestmöglichen Blick auf die Abschussrampen, die Landeeinrichtungen, das massive Vehicle Assembly Building sowie die Transporter für montierte Shuttles. Aus Sicherheits- und Kostengründen wurde das Shuttle-Programm übrigens inzwischen eingestellt.

Bei **Cape Canaveral: Then and Now** wird ein Stückchen Geschichte der Raumfahrt erlebbar: Man besucht die Abschussrampen der Mercury-, Gemini- und Apollo-Programme. U. a. besucht man auch den Komplex, von dem Alan Shepard als erster Amerikaner in den Weltraum geschossen wurde. Auch das Apollo/Saturn Center wird besucht.

**INFO**

**Information:**
www.kennedyspacecenter.com

**Essen & Trinken:** Im Space Center gibt es Cafés und Fastfood. Wer mag, kann sich im Souvernirshop auch mit Astronautennahrung versorgen.

# 48 Busch Gardens: ein Besuch im floridianischen Afrika

Ohne Zweifel sind die zum Bierkonzern Anheuser-Busch gehörenden Busch Gardens eine der Hauptattraktionen in Tampa, und dieser Themenpark zählt zu den interessantesten in Florida. Auf 140 ha gibt es Erlebenswertes aller Art, wobei das Hauptthema die **Tierwelt Afrikas** ist. Die Serengeti Railway erlaubt spektakuläre Blicke auf die floridianische »Serengeti Plain« (26 ha), hier leben Giraffen, Löwen, Zebras, Nilpferde, Büffel...

Nicht immer wird der geografische Begriff »Afrika« ganz genau genommen – einige Tiere stammen auch aus anderen tropischen und subtropischen Regionen der Welt –, aber mit 3.400 Tieren (300 verschiedene Arten) können die Busch Gardens mit Recht von sich behaupten, einer der **besten Zoos** in Amerika zu sein. Dabei warten sie auch noch mit zahlreichen anderen Attraktionen auf, wie z. B. atemberaubenden Achterbahnen (besonders »SheiKra«), Schlauchboottouren auf dem »Congo«, botanischen Regenwaldanlagen, architektonisch interessanten Bauten, die fast alle afrikanischen Regionen repräsentieren (Ägypten, Marokko, Sahelzone, Zaire, Kenia u. a.) sowie einer Tierforschungs- und Aufzuchtabteilung. Das Potpourri an Klischeebildern ist ohne Zweifel eindrucksvoll und mit der nötigen Muße und einem nicht zu kritischen Blick durchaus einen Tagesbesuch wert.

Verpassen sollte man nicht die Monorail-Tour durch die Tierwelt der Serengeti, und auch eine Vorführung im anmutigen »Moroccan Palace« ist sehenswert. Die Floßfahrt mit bis zu zwölf Personen auf den »Congo River Rapids« ist ebenso aufregend und spaßig wie die Wildwasser-Abenteuer »Stanley Falls« und »Tanganyika Tidal Wave«.

Die Busch Gardens in Tampa sind die erste Anlage der heute zweitgrößten amerikanischen Freizeitparkgesellschaft (nach Disney) Anheuser-Busch. Es begann 1959 mit einem kleinen Vogelpark, ein paar afrikanischen Tieren – das Steckenpferd der Busch-Familie – und dem Hospita-

*In Jungala kommt man den Tieren sehr nah...*

*Auf den Congo River Rapids*

lity Center, in dem Produkte der Brauerei (Marken: Budweiser, Busch) verkauft wurden. Hauptattraktion zu dieser Zeit war aber noch die **Brauereibesichtigung**. Doch im Laufe der Jahre fanden immer mehr Besucher ihren Weg hierher, um die afrikanische Tierwelt zu erleben. 1966 kam die erste große Attraktion: die Monorail durch die Serengeti und 1971 wurde der Park um einiges ausgebaut. Hauptziel war nun, die afrikanische Tierwelt als Ganzes vorzustellen, aber auch Forschungen über Tierschutz und Arterhalt anzustellen sowie Pflege kranker Tiere zu gewährleisten. Busch Gardens fand damals so großen Anklang, dass man sich bald dazu entschied, einen eigenständigen Firmenzweig zu gründen. Auch die Sea World-Parks gehören heute dazu.

### Abstecher nach Adventure Island

Der Wasserpark Adventure Island gehört ebenfalls zum Anheuser-Busch-Konzern, sollte man beide Parks besuchen wollen, lohnt sich ein Kombi-Ticket. Es mag etwas paradox erscheinen, nur 45 Minuten vom schönen Strand am Golf von Mexiko einen Wasserpark zu errichten, doch dieser hat seine eigenen Reize. 17 unterschiedliche Wasservergnügungen – atemberaubende Rutschen, Spiralrutschen, Wellenbad, Lagune, Wasser-Kinderspielplatz, Gummireifenstrecken und vieles mehr – werden geboten. Dazu gibt es ein Beachvolleyball-Areal, Liegewiesen zum Sonnen, 2 Cafés und Shops. Wer also gerne einen Tag faulenzen und zwischendurch immer wieder ins kühle Nass springen möchte, der ist hier richtig. Infos: www.adventureisland.com.

**INFO**

**Information:** Busch Gardens, 10165 N McKinley Dr., www.buschgardens.com.
**Essen & Trinken:** In den Busch Gardens gibt es mehrere Restaurants, u. a. das Zagora Café (Snacks, 2. Frühstück, Kuchen), das Crown Colony Restaurant (Lunch) und das Zambia Smokehouse (u. a. Steak-Restaurant, Gegrilltes). Zudem zahlreiche Stände mit Getränken und kleinen Snacks.
**Übernachten:** **Holiday Inn Express & Suites Busch Gardens**, 2807 E. Busch Blvd., www.hiexpress.com, sauberes Mittelklasse-Hotel mit 123 Zimmern. Shuttle zu beiden Parks.

# 49 Die Mermaids von Weeki Wachee: Pirouetten unter Wasser

Zu viele einsame Monate auf hoher See? Akute Sehschwäche durch Vitamin-A-Mangel? Was immer der Grund dafür war, dass die spanischen Eroberer des frühen 16. Jahrhunderts bei ihren Fahrten rund um Florida die sanften, aber bis zu 1.500 Kilo schweren Manatees mit Meerjungfrauen verwechselt haben: Wie eine **»echte« Meerjungfrau** aussieht, davon können sich Besucher heutzutage in der »Live Mermaid Show« im State Park von Weeki Wachee Springs überzeugen.

Die Zuschauer sitzen hier knapp fünf Meter unter der Oberfläche einer artesischen Quelle und genießen durch eine dicke Glasscheibe vom Wasser getrennt täglich jeweils um 11 und um 14.15 Uhr eine ganz besondere Version von Hans Christian Andersens »Die kleine Meerjungfrau«. Bis zu zweieinhalb Minuten muss eine »Meerjungfrau« dabei unter Wasser bleiben, mit der Oberfläche nur durch Schläuche verbunden, aus denen ein stetiger Sauerstoffstrom blubbert. Seit über 65 Jahren schon schwimmen die »Weeki Wachee Mermaids« hier mit **Fischen und Riesenschildkröten**. Diese fühlen sich dadurch nicht gestört, sie sind an die Besucher gewöhnt.

*Besonders Kinder werden von den »kleinen Meerjungfrauen« entzückt sein*

Im Jahr 1946 kaufte Newton Perry, Ex-Ausbilder der Navy-Elitetaucher Seals, das Grundstück mit der klaren Quelle rund 45 Minuten nördlich von Tampa. Der vorbeiführende US-Highway 19 war damals noch eine staubige zweispurige Landstraße. Perry überredete ein paar hübsche Mädchen zu einer Karriere als Meerjungfrau, brachte ihnen das Tauchen ohne Sauerstofftank und den Balletttanz unter Wasser bei. Anschließend stellten sich die Bikini-Mädchen an den Straßenrand und winkten jedem vorbeifahrenden Automobil freundlich zu. Hielt eines an, sprangen sie schnell ins Wasser und führten ihre Kunststücke vor. Die Attraktion sprach sich herum und Weeki Wachee zog bald immer mehr Gäste an, die die Meerjungfrauen bewundern wollten und extra deswegen hierher kamen.

*Zauberhaft: die Meerjungfrauen von Weeki Wachee*

Zwar ist die Glasfront des Theaters seitdem größer geworden und die Sitzreihen fassen heute 500 Zuschauer. Doch sonst hat Weeki Wachee nichts von seinem Charme verloren. Entertainment **für die ganze Familie** mit leicht erotischem Unterton. Und sogar die älteren Meerjungfrauen sind noch da. Zwischen den aktuellen Shows der jungen Schönheiten führen die »Mermaids of Yesteryear« ihre Kunststücke auf.

Dass es Weeki Wachee Springs noch gibt, grenzt an ein Wunder. Denn viele Vergnügungsparks der Nachkriegszeit konnten mit den größeren, aufregenderen Hightech-Angeboten von Disneyland & Co. nicht mithalten und mussten schließen. Auch Weeki Wachee Springs stand 2003 vor dem Aus. Aber dann übernahm das Städtchen – die Bürgermeisterin Robyn Anderson ist eine Ex-Meerjungfrau – den einzigartigen Vergnügungspark und bescherte ihm so eine neue Chance. (dr)

**Tipp:**

Wer es sportlich liebt, kann sich im **Weeki Wachee Springs State Park** ein Kanu oder Kajak mieten und das glasklare Flüsschen abwärts paddeln. Zu sehen gibt es subtropische Fauna und Flora – und mit etwas Glück auch den einen oder anderen Alligator! Für ein paar Dollar zusätzlich holt der Parkranger müde Paddler flussabwärts ab und erspart ihnen so den anstrengenden Kampf gegen die Strömung auf dem Rückweg.

**INFO**

**Information: Weeki Wachee**, 70 km nördlich von Tampa an der Kreuzung der US 19/SR 50 gelegen, 6131 Commercial Way, www.weekiwachee.com.

**Übernachten:** Direkt gegenüber dem Eingang zu Weeki Wachee liegt ein **Best Western**, 9373 Cortez Boulevard, Weeki Wachee, www.bestwestern.com,122 Zimmer.

# Tier- & Pflanzenwelt

# 50 Everglades National Park: faszinierendes Ökosystem

Der 1947 entstandene Everglades National Park umfasst eine Gesamtfläche von knapp **6.000 km²**. Der Park grenzt im Norden an das Big Cypress National Preserve und im Bereich des Shark Valley an den Tamiami Trail, die Verbindungsstraße zwischen Miami und Tampa. Im Osten grenzt das Naturschutzgebiet an das Farm- und Siedlungsland der Gegend um Homestead. Die Südausläufer umfassen die Florida Bay, also das Gebiet des Golfs von Mexiko bis zu den Keys. Die Westgrenze bilden die Ten Thousand Islands am Golf von Mexiko.

Der Everglades National Park umfasst ein extrem **tief liegendes Gebiet** mit Höhen von 0–3 m über dem Meeresspiegel. Aus dem Landesinneren, dem Seengebiet Mittelfloridas, führen der Shark River Slough und der Taylor Slough Süßwasser heran. Die Flüsse fließen sehr träge aufgrund des extrem niedrigen Gefälles. Sie sind äußerst flach, ihre kilometerweite Breite ist aufgrund der Graslandschaft, durch die sie ziehen, nur zu erahnen.

Obwohl die Everglades aufgrund ihrer Flachheit ziemlich monoton wirken, weist der Nationalpark doch sehr unterschiedliche Landschaften auf. Allgemein kann man die Everglades als eine Sumpfsteppe bezeichnen, von den Indianern sehr treffend als Grasfluss (Pa-Hay-Okee) bezeichnet. Vor dem menschlichen Eingriff bedeckte diese Feuchtregion etwa 1/3 der Gesamtfläche der Halbinsel Florida. Als vor etwa 90 Jahren mit der Entwässerung der Sumpflandschaften begonnen wurde, um neues Agrar- und Siedlungsland zu gewinnen, blieb als karger Rest nur der Süden übrig, das heutige Nationalparkgebiet.

*Die Schönheit der Everglades erschließt sich so manchem erst auf den zweiten Blick*

Hier ist – mit Einschränkungen – eine unberührte, schwer zu durchdringende Wildnis erhalten geblieben, Standort vieler tropischer und subtropischer Pflanzen sowie Heimat z. T. vom Aussterben bedrohter Tiere wie dem Puma (Cougar), den urweltlichen Manatees (Seekühe), dem Aschreiher (Great White Heroon), dem Weißkopfseeadler (Southern Bald Eagle) sowie dem Amerikanischen Krokodil.

*Häufig anzutreffende Bewohner des Parks: Alligatoren*

Alle Landschaften der Everglades weisen die typischen Charakteristika von Feuchtregionen auf: Zypressensümpfe findet man auf den Mergelschichten über den Kalksteinablagerungen. Als **Slough** bezeichnet man aus dem Landesinneren Richtung Florida Bay fließende, breite und flache Süßwasserzuflüsse, gespeist von den zahlreichen Quellen, Flüssen und Seen (vor allem des »Sammlers« Lake Okeechobee). Als **Hammock** bezeichnet man die im »Grasfluss« liegenden Bauminseln. Sie liegen gerade wenige Zentimeter über dem Wasser. Auf ihnen wachsen Hartholzbäume, wie z.B. der Mahagoni- oder Gumbo-Limbo-Baum.

Trockenlegungen für Bauland, Hurrikans und Brände brachten das Naturschutzgebiet in den letzten Jahrzehnten an den Rande des Kollaps. Mitte der 90er-Jahre wurden Initiativen ins Leben gerufen, um die Wiederherstellung des Ökosystems voranzutreiben: der Comprehensive Everglades Restoration Plan (www.evergladesplan.org) trat 2000 in Kraft. Er soll rund 11 Milliarden Dollar kosten und ist auf Jahrzehnte angelegt. Hauptanliegen: Entlang den Durchlässen am gesamten Tamiami Trail soll Wasser analog zu den natürlichen Rhythmen der Trocken- und Regenzeiten eingelassen werden Zurzeit kommen nur 20 % der einstigen Wassermengen. Der Staat Florida kaufte teilweise umliegende Gebiete, die nun renaturiert werden sollen. Trotzdem wird es noch einige Jahrzehnte dauern, bis das ökologische Gleichgewicht wieder hergestellt ist.

INFO

**Information:**
**Ernest Coe Visitor Center**, Haupteingang, 40001 State Rd. 9336, Homestead, www.nps.gov/ever
Zudem gibt es das **Flamingo Visitor Center** (etwa 1 Stunde vom Parkeingang entfernt) mit aktuellen Infos über Wanderwege, Kanu-Trails usw. Am **Shark Valley Visitor Center** (36000 SW 8th St., Anfahrt über US 41 (Tamiami-Trail, SW 8th St) startet eine Tram Tour, außerdem werden Fahrräder vermietet. Das **Gulf Coast Visitor Center**, 5 Meilen südlich des Highway 41 (Tamiami Trail) an der State Road 29, liegt in Everglades City und ist idealer Ausgangspunkt, um das Gebiet der Ten Thousand Islands zu erkunden (s. S. 192).

**Essen & Trinken:** Restaurants gibt es nur in Everglades City und entlang des Tamiami Trail.

**Übernachten:** im Park ist nur Camping möglich, Infos bei der Nationalparkbehörde.

# 51 Der Gumbo Limbo und andere Trails: auf Entdeckungstour

Die Royal Palm Area (6 km vom Parkeingang der Everglades), nach den hier wachsenden majestätischen Palmen benannt, ist Ausgangspunkt zweier sehr interessanter Trails, dem Anhinga und dem Gumbo Limbo Trail. Im kleinen Visitor Center weisen Tafeln und Schaubilder auf die umgebende Natur hin.

Der **Anhinga Trail** ist nach dem Schlangenhalsvogel benannt. Dem Anhinga fehlen im Gegensatz zu seinen Artgenossen Fettdrüsen, sodass seine Federn nicht Wasser abweisend sind. Deshalb kann er umso besser unter Wasser tauchen und geschickt Fische mit seinem spitzen Schnabel aufspießen. Aufgetaucht, wirft er sie dann in die Luft, um sie zu verschlingen. Danach kann man den Vogel – nun zufrieden – mit ausgebreitetem Gefieder auf Ästen beobachten.

*Gumbo Limbo*

Der Weg führt auf Holzstegen über den Taylor Slough. Hier liegen flache Wasseradern, in denen aufgrund der Vertiefungen im Kalkgestein (Dogger) auch während der Trockenzeiten Wasser vorhanden ist. Unter der starken Sonneneinstrahlung gedeihen Algen besonders gut. Sie bieten Nahrung für Kleinstlebewesen, u.a. für Mücken.

Mosquito Fish, Sailfin und Mollies ernähren sich von Mückenlarven und werden ihrerseits wieder von größeren Fischen wie Brassen und Seebarsch gefressen. Brassen und Seebarsche werden wiederum vom Garfish gefressen, der wiederum Lieblingsbeute von hier überall vorkommenden Alligatoren ist.

Im Gegensatz zu den ausgeprägten vier Jahreszeiten der nördlichen Regionen unterscheidet man in den Everglades nur zwei Jahresabschnitte: die Trocken- und die Regenzeit. Die Sommermonate im Slough, beginnend im April, führen zur verstärkten Wolkenbildung und zu häufigen starken, von Gewittern begleiteten Regengüssen. Allmählich werden die flachen Grasflächen der Glades überflutet, die Tiere verstreuen sich in der Landschaft und sind nicht mehr auf den Slough als einzige Wasserquelle angewiesen. Deshalb sieht man in den Sommermonaten entlang des Anhinga Trails viel weniger Tiere. Erst wenn im November die Trockenzeit wieder beginnt, konzentrieren sie sich wieder auf den Taylor Slough. Einige Tiere bleiben jedoch hier. In der Sommerzeit baut zum Beispiel der Cow Alligator unter Weidenbäumen sein Nest.

Winter im Slough bedeutet, dass es kaum regnet und die Temperaturen niedriger sind. Außer dem Slough gibt es in dieser Zeit nur wenige permanente Wasserstellen. An ihnen konzentrieren sich zunehmend die Tiere. Entlang dieses Trails gewinnen Sie einen fantastischen Überblick über Fauna und Flora der Everglades. Vielleicht wartet hier schon der erste Alligator!

Der **Gumbo Limbo Trail** führt auf schattigen Stegen in einen regelrechten Dschungel und über eine für die Everglades typische Landschaft, die Hammocks. Dieses Gebiet liegt etwa 30 cm höher als das umgebende Grasland. Auf dem Hammock wachsen Schlingpflanzen und Palmen, hier Royal Palm genannt. Aufgrund der Vegetationsdichte ist ein Hammock vor Tropenstürmen (Hurrikans) sowie vor Frösten sicher. Diese Lebensbedingungen erlauben auch seltenen Tropentieren, hier heimisch zu sein, so der Schneckenart Liguus Tree Snail sowie dem Zebraschmetterling (Zebra Butterfly).

### Tram-Tour am Shark Valley

An der nördlichen Parkgrenze, entlang des Tamiami Trail (US 41, Verbindung Tampa – Miami) führt eine Abzweigung ins Shark Valley. Die genau nach Süden verlaufende 24 km lange Straße ist allerdings für den individuellen Autoverkehr gesperrt, kann aber zum Wandern und Radfahren (Fahrradverleih) benutzt werden. Entlang dieser Straße verkehrt die **Wildlife Viewing Tram Tour**. An ihrem südlichen Wendepunkt befindet sich ein Beobachtungsturm. An diesem Observation Tower wird während der Tour ein ca. 15-minütiger Stopp eingelegt.
Info: www.sharkvalleytramtours.com

*Auf Stegen geht es durch die Wildnis*

### INFO

**Information:**
**Anhinga Trail:** 1.200 m lang, Infos: www.nps.gov/ever/planyourvisit/anhinga-trail.htm
**Gumbo Limbo Trail:** 600 m lang, Infos www.nps.gov/ever/planyourvisit/gumbo-limbo-trail.htm.
Beide Trails sind gut zu begehen und auch mit dem Rollstuhl zu bewältigen. Zahlreiche Infoschilder am Wegesrand informieren über Flora und Fauna. Infos zu weiteren Wanderwegen im VC.

# 52 Ausflug ins Grüne in und um Tallahassee

Wer gerne mal einen Tag »ins Blaue« bzw. »ins Grüne« fahren möchte, dem sei empfohlen, die nähere und sehr lohnende Umgebung Tallahassees zu erkunden. So kann man etwa einen sportlichen Tag auf dem **Tallahassee-St. Marks Historic Railroad State Trail** verbringen. Von Tallahassee aus folgt dieser durchgehend asphaltierte und ebene Weg auf einer Länge von knapp 30 Kilometern einer alten Bahnstrecke und führt dabei zum großen Teil durch das Waldgebiet des **Apalachicola National Forest**. Endpunkt im Süden ist das Fischerdorf St. Marks, das am Zusammenfluss des St. Marks River und des Wakulla River liegt. Allein die Radtour an sich würde schon lohnen, gekrönt werden kann der Ausflug überdies durch die Möglichkeit, einen Abstecher zu den nur wenige Kilometer vom Trail entfernt liegenden glasklaren Wakulla Springs zu unternehmen (s. S. 134).

Gleichermaßen erholsam und empfehlenswert ist der Besuch des **Alfred B. Maclay Gardens State Park**. Ursprünglich war dies der Wintersitz des wohlhabenden New Yorker Finanziers Alfred B. Maclay. Zu besichtigen ist die Residenz mit ihrer Möblierung aus der Zeit um 1920. Die herrlichen Gärten, 1923 angelegt, gehören heute dem Staat Florida. Insbesondere im Frühjahr empfängt den Besucher eine faszinierende Vielfalt blühender Blumen und Sträucher (u. a. Kamelien, Azaleen, Palmettos, Magnolien). Im Lake Hall darf man schwimmen und Kanu fahren, und an dessen Ufern kann man wunderbare Plätze an den dafür vorgesehenen Tischen und Grillstellen für ein beschauliches Picknick finden.

*In den Maclay Gardens*

*Die Pebble Hill Plantation*

Ebenfalls sehr zu empfehlen ist ein Besuch des **Lake Jackson Mounds Archaeological State Park**. Zu sehen gibt es hier indianische Grabhügel, der größte misst etwa 100 m im Durchmesser und erhebt sich 12 m hoch. Man fand hier Gegenstände aus präkolumbischer Zeit wie Halsketten, Armreifen, Fußketten und Deckmäntel. Der Park ist täglich von 8 Uhr morgens bis Sonnenuntergang geöffnet.

In diesem thematischen Zusammenhang bietet sich auch eine Besichtigung der **San Luis Archaeological and Historic Site** an, nahe der Innenstadt Tallahassees in der West Tennessee Street gelegen: Hier kann man eine Indianersiedlung der Apalachee erkunden, die im Jahre 1675 von mindestens 1.400 Menschen bewohnt war. 1704 brannten die Apalachee jedoch ihre Siedlung nieder, bevor sie vor den Creek-Indianern sowie den britischen Soldaten fliehen mussten.

Als weiteren Ausflug sollte man unbedingt die **Pebble Hill Plantation** einplanen. Die sehenswerten Gartenanlagen und die alten Gebäude (Herrenhaus, Ställe) von 1820 vermitteln den Eindruck einer Südstaaten-Plantage. Das Herrenhaus ist heute ein Museum mit alten Möbeln, Silber und Bildern des Malers Audubon. Wunderschön angelegt sind die umliegenden Gärten und Parkanlagen, die zum Spazieren einladen.

INFO

**Information:**
**Fahrradverleih:** Great Bicycle Shops, 1909 Thomasville Road, www.greatbicycle.com
**B. Maclay Gardens State Park**: 3540 Thomasville Road, www.floridastateparks.org/maclaygardens
**Lake Jackson Mounds Archaeological State Park:** 3600 Indian Mound Road, www.floridastateparks.org/lakejacksonmounds
**San Luis Archaeological and Historic Site,** 2100 West Tennessee St., www.missionsanluis.org
**Pebble Hill Plantation**, 5 Meilen südwestl. von Thomasville, www.pebblehill.com
Zu Essen & Trinken sowie Übernachten s. S. 23.

# 53 Big Cypress National Preserve: auf den Spuren des Florida-Panthers

**Informationen über das Big-Cypress-Ökosystem**

Den Untergrund dieser Landschaft bildet Kalkgestein. Die höher gelegenen Flächen sind sandig, hier wachsen bevorzugt Pinien. Die tiefer gelegenen Gebiete werden in der sommerlichen Regenzeit überflutet: Hier wachsen viel mehr Pflanzen, hier lagert über dem Kalkgestein und der Sandschicht Torf. In diesem Gebiet gedeihen Zypressen, auf den höher gelegenen Stellen (Hammocks) Palmen, der Gumbo Limbo sowie andere Harthölzer. Die Gebiete, die abhängig von den Regenzeiten mal trocken, mal überflutet sind, werden vom Sägegras eingenommen.
Man kann sich leicht vorstellen, wie empfindlich die Pflanzenwelt reagiert, wenn ihr das periodisch im Jahreszyklus auftretende Wasser fehlt bzw. nur in unzureichendem Maße zur Verfügung steht.

Das Big Cypress National Preserve gehört zu den Big Cypress Swamps, einem Gebiet, das insgesamt 6.200 $km^2$ umfasst. Die Bezeichnung »Swamp« (Sumpf) mag auf den ersten Blick irreführend sein, denn die Landschaft besteht aus sandigen Inseln, auf denen lichte Pinienwälder wachsen, aus sogenannten Hartholz-Hammocks (Bauminseln), aus feuchten Prärien, trockenen Graslandschaften, Marschen und Mangrovenwäldern. Rund ein Drittel des Gebiets ist mit Zypressen bedeckt. Bevorzugt wachsen sie in der Nähe der feuchten Prärien und entlang der Süßwasserflüsse.

Das gesamte Gebiet ist eine wahre Wildnis, in die sich der selten gewordene Florida-Panther sowie der Schwarzbär zurückgezogen haben. Schwarzbären ernähren sich von Flusskrebsen, die in den »Sloughs« (Süßwasserkanälen) leben, sie lieben aber auch die weichen Früchte der Palmetto-Palmen.

*Ein Schlangenhalsvogel (Anhinga) beim Trocknen der Flügel*

In der Zeit, als die Miccosukee und Seminolen hier lebten, war die Landschaft in ihrem natürlichen Rhythmus nicht gestört. Erst als der »moderne« Mensch die Sümpfe trockenlegte, um Land für Zuckerrohrfelder und den Anbau von Zitrusfrüchten zu gewinnen, begann die Gefährdung der Ökologie. 1928 war der Tamiami Trail fertig gestellt, der die Sümpfe nun durchzog und Menschen anlockte, die sich als Jäger und Fischer, Viehzüchter und Pflanzensammler niederließen.

*Selten: der Florida-Panther*

So entstanden die kleinen Siedlungen Ochopee, Monroe Station und Pinecrest. Im Jahre 1943 bohrte man bei Sunniland (an der Nordwestecke des heutigen Naturschutzgebietes liegend) erfolgreich nach Erdöl. In den 1960er Jahren schritt die Trockenlegung des Gebietes weiter voran, die Landspekulation blühte und eskalierte gar 1968 im wahnwitzigen Plan, inmitten dieser Naturlandschaft einen riesigen Flughafen zur Entlastung von Miami zu bauen. Doch die sich diesen Plänen energisch widersetzenden Naturschützer siegten.

INFO

**Information:**

**Big Cypress Swamp Welcome Center**, 33000 Tamiami Trail East (ca. fünf Meilen östlich der State Road 29), www.nps.gov/bicy.

**Oasis Visitor Center**, 52105 Tamiami Trail East (ca. auf halbem Weg zwischen Miami und Naples). In beiden Zentren sind Ausstellungen zu Geschichte, Flora und Fauna zu sehen.

**Camping:**

In diesem Naturschutzgebiet gibt es einige einfache Zeltplätze mit keinerlei Ausstattung (nur Monument Lake Campground und Midway haben Trinkwasser und Toiletten). Reservierungen sind nicht möglich (first come, first serve).

**Wanderungen:**

Von der Oasis-Ranger-Station am Tamiami Trail führen Wanderwege zu Zeltplätzen in der Wildnis.

# 54 Captain Mike Fuery: Leinen los zur Muschelsuche

Sieben Uhr morgens an der Marina des »Tween Waters Hotel« auf Captiva am Golf von Mexiko. Die Luft wabert bereits feucht und schwer über dem Wasser, es riecht nach Mangroven, Seetang und Salzwasser. Captain Mike Fuery begrüßt seine Gäste, die er per Boot in den nächsten drei Stunden auf die Fährte einiger der prächtigsten Muscheln an der Küste Südwestfloridas bringen soll. Seit über zwei Jahrzehnten fährt Captain Mike raus, fast jeden morgen. Sein Jagdrevier? »Kleine Sandbanken vor den Inseln Sanibel, Captiva, Cayo Costa – je nachdem, was das Wetter erlaubt«, verrät er. Dabei würzt er seine Erläuterungen mit spannenden Ökologie- und Biologielektionen. Und natürlich mit dem neuesten Seemannsgarn von den Inseln …

Viele der Muscheln, die hier liegen, haben eine lange Geschichte: Vor Jahrhunderten ernährten sich die einheimischen Caloosa-Indianer von ihrem Fleisch und benutzen sie als Werkzeuge. Der begehrteste **Strandschatz** ist heute die Junonia, die inzwischen so selten ist, dass ihr Bild in der hiesigen Zeitung veröffentlicht wird, wenn man eine findet. Am häufigsten sind Lettered Olives (Olivenmuscheln), Lightning Whelks (linksgewundene Blitzschnecken), Florida Fighting Conchs, Nutmegs (Muskatnuss-Muscheln), Naticas (Nabelschnecken) und viele Arten von Scallops (Kammmuscheln). Es gibt 50 bis 80 leicht erkennbare Muscheln an den Stränden im Lee County, insgesamt sollen es jedoch 400 Muschelarten sein. Teil der Faszination des »Sanibel Stoop«, wie die gebückte Haltung so vieler Muschelsuchender genannt wird, besteht darin, dass man nie weiß, was an einem bestimmten Tag am Strand zu finden ist. Es ist die Launenhaftigkeit der Natur, die das Interesse von Sammlern schürt und sie zu »Muschel-Süchtigen« macht.

*Hier wird jeder fündig…*

*Bei Captain Fuery ist gute Unterhaltung garantiert*

Bevor man sich freilich mit Captain Mike auf die Suche nach der perfekten Junonia-Muschel macht, sollte man unbedingt das **Bailey-Matthews Shell Museum** auf Sanibel Island besuchen, das über die Weichtiere und die von ihnen hinterlassenen Exoskelette aufklärt. Freiwillige Helfer beantworten gern sämtliche Fragen. Das Museum besitzt die größte Muschelsammlung in Nordamerika und hat zuletzt sein Angebot um ein umfassendes Web-basiertes Informationssystem erweitert.

Und wenn man zuhause mit der schönsten Muschel Eindruck machen will, aber als Morgenmuffel Captain Mikes Expedition in der Dämmerung partout nicht schafft, kann einem auch geholfen werden. Bei »She Sells Sea Shells« auf Sanibel Island sind bequem jene Muscheln zu erwerben, die zweihundert Meter weit entfernt am Strand herumliegen. Gratis und in rauen Mengen. (dr)

INFO

**Information:** **Captain Mike Fuery Grey Pelican Charters**, Tween Waters Marina, 15951 Captiva Drive, Captiva Island, www.mikefuerystours.com. Preis: ca. 250 Dollar für vier Personen und dreistündige Tour.

**Essen & Trinken:** Nach dem Muschelsuchen unbedingt im »**Bubble Room Restaurant**« (www.bubbleroom restaurant.com, 15001 Captiva Drive) vorbeischauen! Das mit viel Liebe zum Detail eingerichtete Restaurant bietet Erlebnisgastronomie in kitschig-witzigem Ambiente, während sich die Musik als Ohrwurm in den Gehörgang bohrt. Das Essen ist nicht gerade Gourmet-verdächtig, trägt aber originelle Namen (»Flaming Socra Cheese«, »Duck Ellington«, »Gone Fiesling«, »Gong Coconuts«). Hier geht's vor allem um die schrille Atmosphäre!

**Übernachten:** **South Sea Plantation**, 5400 South Seas Plantation Rd., Captiva Island, www.southseas.com. Luxuriöser Ferienkomplex in paradiesischer Vegetation – die beste Anlage in ganz Florida!

# 55 Mit Delfinen schwimmen auf den Keys

Wer in seinem Florida-Urlaub gerne einmal mit Delfinen schwimmen möchte, der sollte dies am besten auf den Keys tun, da hier in traumhafter Umgebung gleich mehrere Anbieter beheimatet sind.

Das Thema »Schwimmen mit Delfinen« wurde in vielen Zeitungsberichten und TV-Sendungen mit all seinen »Pro« und »Kontra«-Aspekten einem breiten Publikum nahe gebracht. So ist z.B. positiv zu bemerken, dass in den verschiedenen Delfin-Zentren wissenschaftliche Forschungen betrieben und die Tiere nicht in freier Wildbahn gefangen werden. Zudem haben sie jederzeit die Möglichkeit, die Zentren zu verlassen, um ins offene Meer zu schwimmen. Dennoch muss man dabei einräumen, dass die Tiere aufgrund der Nahrungsangebotes in einer Art »freiwilliger Gefangenschaft« bleiben und die Zentren eher selten verlassen, was ihrer eigentlichen Natur – nämlich der sozialen Interaktion mit ihren Artgenossen – entgegenläuft.

*Delfinen hautnah begegnen kann man am besten auf den Keys*

Seit Milton Santinis Film »Flipper« (1963) sind Delfine in unserer Wahrnehmung sehr »menschennah« geworden. Man sollte sich dennoch bewusst machen, dass Delfine wilde Tiere sind und man daher nur bedingt wirklich optimale Bedingungen für sie in den Zentren schaffen kann, die in ihren Bemühungen aber in jedem Fall als vorbildlich zu nennen sind.

Wer also einmal Delfine von nahem erleben will, der findet bei den folgenden Zentren die besten Bedingungen vor:

Das **Dolphin Cove** bietet ein Programm an, bei dem man zunächst an einer 30-minütigen Bootstour in die Florida Bay teilnimmt. Danach kehrt man zur Delfin-Lagune zurück, erhält von einer Schwimmplattform aus Informationen und kann anschließend mit den neuen »Kumpels« schwimmen. Dieser für viele eigentliche Teil des Vergnügens dauert etwa 15 Minuten.

Im **Dolphins Plus** stehen stehen Informationen im Vordergrund und therapeutische Aspekte des Schwimmens mit Delfinen. Zunächst erhält der Besucher eine einstündige Belehrung, dann zieht man sich eine Schnorchelausrüstung an und geht von einer Schwimmplattform aus ins Wasser, um im wahrsten Sinne des Wortes voll in die Welt der Delfine einzutauchen.

Im **Theater of the Sea** wird man zunächst in einem 30-minütigen Schnellkurs in die Welt der Delfine eingeführt. Danach kann man sich nach Anweisung bestimmter Verhaltensweisen mit den Meerestieren in einem fünf Meter tiefen Salzwasserbecken tummeln.

Im **Dolphin Connection at Hawk's Cay Resort** fördern Meeresbiologen das Verständnis für Delfine und ihren Schutz. Man kann nicht mit den Tieren schwimmen, sie aber im Wasser anfassen und füttern. Das Becken ist aber recht klein und der Preis hoch.

Die Non-Profit-Organisation **Dolphin Research Center** bietet sowohl ein interaktives Schwimmprogramm mit Delfinen als auch den »Dolphin Splash« an, bei dem man auf einer Schwimmplattform steht, die abgesenkt ist und mit Delfinen Kontakt hat.

INFO

Delfin-Zentren:
**MM 101.9 BS: Dolphin Cove**, 101900 Overseas Highway, Key Largo, www.dolphinscove.com
**MM 91: Dolphins Plus**, 31 Corrine Place, Key Largo, www.dolphinsplus.com
**MM 84.5: Theater of the Sea**, - Overseas Highway, Islamorada, www.theaterofthesea.com
**MM 61 OS, Dolphin Connection at Hawk's Cay Resort**, 61 Hawks Cay Blvd., Duck Key, www.dolphinconnection.com
**MM 59: Dolphin Research Center**, 58901 Overseas Highway, Grassy Key, www.dolphins.org

Essen & Trinken: **Marker 88**, MM 88, Islamorada, www.marker88.info. Mehrfach hoch prämiertes Gourmetrestaurant mit vergleichsweise moderaten Preisen.

Übernachten: **Hilton Key Largo Resort**, MM 97, 97000 Overseas Highway, www.keylargoresort.com. Schöne tropische Ferienanlage mit 200 Zimmern, zwei Pools, Hafen und weißem Strand.

# 56 Bewohner der Sümpfe Floridas: Alligatoren & Krokodile

Wer sich auf Erkundungstouren durch die zahlreichen National Parks und National Wildlife Refuges Floridas begibt, der wird sicher nicht nur von der Pflanzenwelt beeindruckt sein, sondern kommt hoffentlich auch in Sachen »tierische Begegnungen« auf seine Kosten. Manch einer befürchtet auf den Streifzügen jedoch nicht ganz so friedliche Begegnungen, etwa bei »Zusammenstößen« mit Alligatoren oder Krokodilen.

Doch wie gefährlich sind diese Tiere wirklich und wo kommen sie vor? Während **Alligatoren überall im Everglades National Park** vorkommen, lebt die wesentlich kleinere Anzahl an scheuen **Amerikanischen Krokodilen** im nordöstlichen Gebiet der Florida Bay. Alligatoren und Krokodile sind etwa gleich groß. Das Krokodil hat eine schmalere Schnauze, ist heller und hat ein anderes Gebiss. Der Alligator zieht Süßwasser, das Krokodil Salzwasser vor. Die Bezeichnung »Alligator« leitet sich aus dem Spanischen ab: »el lagarto« bedeutet »die Eidechse«. Alligatoren kommen im Süden der USA, aber auch in China vor. Sie gehören biologisch zur Gruppe der Panzerechsen. Der Florida-Alligator wird als »Alligator mississippiensis« bezeichnet und wird bis zu 5 m lang. Im südöstlichen Teil der USA leben heute etwa 1,75–2 Millionen Alligatoren. Sie stehen seit Jahrzehnten unter Naturschutz und haben sich entsprechend vermehrt. Indirekt ist der Mensch weiterhin ihr Feind: Zwar tötet er Alligatoren nicht mehr, dafür aber engt er immer mehr den Lebensraum dieser Tiere ein, indem er Gebiete entwässert und zu Farmland »kultiviert«.

Im Ökosystem der Everglades ist der Alligator sehr wichtig: Er gräbt große, tiefe Löcher in den Boden, sogenannte »Wollows«. Diese fangen Regenwasser auf und halten es auch in der Trockenzeit. Für Tiere sind diese Wasserstellen überlebenswichtig.

Der weibliche Alligator legt seine Eier in ein Nest aus Schlamm und Blättern. Aus den Eiern schlüpfen die Jungen, die etwa 10–15 cm lang sind. Nur etwa 10 % der Brut überleben: Die meisten werden von Vögeln, Ottern oder Schildkröten gefressen. Feind Nr. 1 sind aber die männlichen Alligatoren,

*Alligatoren meiden den Kontakt zu Menschen*

die das ganze Nest plündern und auffressen. Etwa ein Jahr lang werden die Jungen von der Mutter beschützt. Vorsicht ist daher besonders in den Monaten Mai und Juni sowie August und September geboten, wenn die Mütter über ihre Eier wachen. In der Trockenzeit (Wintermonate) fressen Alligatoren im Allgemeinen nicht. Ihr Herzschlag geht auf 1–2 Schläge pro zwei Minuten zurück. Deshalb kann der Alligator in dieser Zeit für mehrere Stunden unter Wasser ohne Luft überleben.

**Interessante Fakten zum »Gator«:**

· Der größte jemals erlegte Alligator maß 5,3 m, 1956 am Lake Apopka.
· Männliche und weibliche Alligatoren kann man äußerlich nicht unterscheiden, sie haben die gleiche Farbe.
· Zur Nachahmung nicht empfohlen: Das Maul selbst eines erwachsenen Alligators kann man ohne weiteres geschlossen halten, indem man die Kiefer zusammenpresst.
· Alligatoren fressen zumeist an ruhigen Tagen, das Wasser muss mindestens 73 Grad Fahrenheit aufweisen.

Alligatoren werden etwa 25–35 Jahre alt. Man findet sie heute in allen Gebieten Floridas. Flüsse, Seen, Kanäle und sogar die Gewässer auf den **Golfplätzen** sind Alligatorenlebensräume. Mittlerweile dürfen Alligatoren von lizenzierten Jägern geschossen werden: Das Alligatorensteak, das Sie vielleicht manchmal in Restaurants angeboten bekommen, ist damit absolut legal. Alligatoren sind relativ gute Kletterer: Sie können – wenn sie etwas interessiert – über Zäune und Mauern kriechen und sogar springen: Ein knapp zwei Meter langer Alligator kann fast seine Körperlänge hoch springen.

Die Furcht einflößenden Tiere meiden von Natur aus den Kontakt mit Menschen. Geräusche sowie das Nähern von Menschen mögen sie nicht. Gefährlich wird es, wenn Alligatoren von Menschen gefüttert werden. Dann identifiziert der Alligator den Menschen als Nahrungsquelle – sicherlich kein angenehmes Gefühl. Selbstverständlich ist deshalb das Füttern von Alligatoren gesetzlich verboten (500 US$ Strafe und/oder 60 Tage ins Gefängnis…). Wenn man die trägen Tiere im Wasser sieht, kann man sich kaum vorstellen, dass sie auf kurzen Distanzen auf dem Lande sehr schnell laufen können, indem sie ihre Flossenbeine heben.

Die meisten Unfälle mit Alligatoren passieren im Wasser, wenn Menschen baden. Sie werden vom Planschgeräusch angezogen. Seit 1948 zählt man 25 Tote. Durch immer stärkere Besiedlung, aber auch während der Trockenperioden, wagen sich die an sich scheuen Tiere immer mehr in besiedelte Regionen vor.

**INFO**

**Alligatoren-Show:** Wer Alligatoren auf eher harmlose Weise nahe kommen will, der hat die Möglichkeit, bei einer Alligatoren-Show im Miccosukee Indian Village teilzunehmen:
**Miccosukee Indian Village**, Mile Marker 70, US 41 (Tamiami Trail), www.miccosukeeresort.com.

Im **Miccosukee-Restaurant** mit Blick auf die Everglades kann man Catfish (amerikanischer Wels) und das Fry Bread (gebratenes Brot) probieren, zudem die »Miccosukee Platter« mit verschiedenen indianischen Leckereien, u. a. Alligatorenfleisch.

# 57 Corkscrew Swamp Sanctuary: Paradies für Ornithologen

Das Corkscrew Swamp Sanctuary ist eines der größten Sumpfgebiete Floridas und umfasst mehr als 4.000 Hektar. Unterhalten wird das 1954 unter Naturschutz gestellte Gebiet von der National Audubon Society. Benannt wurde es nach dem Fluss, der sich korkenziehergleich durch die Landschaft windet. Die Besucher werden auf einem Steg durch die **dichte Vegetation** geleitet.

Dieses Naturschutzgebiet ist ein wahres Idyll für Vogelliebhaber: so ist es die Heimat des Wald-Ibis, einer Storchenart, die vom Aussterben bedroht ist. Die Vögel werden etwa 1 m groß, ihre Flügelspannweite misst bis 1,80 m. Von den ursprünglich 50.000 Exemplaren in den 1930er Jahren leben heute nur noch 10.000. Über 1.000 Baumnester hüten hier diese Störche und brüten (fast) ungestört ihre Eier aus. Die Nahrung für den hungrigen Nachwuchs holen sie vom 80 km weiter nordöstlich gelegenen Lake Okeechobee.

Durch das sumpfige Gebiet führt ein Holzsteg, von dem aus man u. a. auch Alligatoren und das sehr seltene Zwergsultanshuhn beobachten kann. Die Vegetation wird von Zypressen und Mangroven dominiert. Es gibt hier riesige, bis zu 40 m hohe und 600 Jahre alte Sumpfzypressen, die zu den Ausläufern der südöstlich gelegenen Big Cypress Swamps gehören. Für Naturliebhaber ein echtes Highlight.

*Auf Holzstegen durch das Sumpfgebiet*

*Ein Paradies für Vogelliebhaber*

INFO

**Information: Corkscrew Swamp Sanctuary**, 375 Sanctuary Rd., Naples, www.corkscrew.audubon.org
**Essen & Trinken: Doc's Beach House**, 27908 Hickory Boulevard, Bonita Springs, www.docsbeachhouse.com. Das Restaurant mit Obergeschoss (schöner Blick auf das Strandleben) bietet vom Frühstück bis zum Abendessen alles: Pizzas, Sandwichs, Fischplatten...

**Übernachten: Trianon Bonita Springs**, 3401 Bay Commons Drive, www.trianon.com. Europäisch anmutendes Hotel mit 100 Zimmern, Pool und Frühstück. Schöne Bibliothek mit einem Kamin für die seltenen kalten Tage. Ruhige Lage, nahe zu Geschäften und Restaurants.
Weitere Unterkünfte und Restaurants in **Naples** s. S. 17.

# 58 Wakulla Springs State Park: Baden im »seltsamen Wasser«

22 km südlich von Tallahassee liegen die berühmten Wakulla Springs. Die State Road 363 führt direkt hierhin. Es ist ein herrliches Stück Natur! Inmitten einer Waldlandschaft, die von Pinien, Laubbäumen und Zypressen bestimmt wird, liegt die kristallklare Quelle in einer Tiefe von 55 m. Pro Minute sprudeln aus dem alten Erosionstrichter etwa 2,5 Millionen Liter Wasser, die den Wakulla River ergeben. Damit befindet man sich direkt an einer der größten und tiefsten Quellen der Welt.

Im Verlauf einer **Glasbodenbootsfahrt** kann man diese Wunderwelt unter Wasser genießen und den Fischschwärmen wie in einem Aquarium zuschauen. Auf dem Grund der Quelle liegen Knochen eines urzeitlichen Rüsseltieres, eines Mastodons. Wie die Skeletteile in die Quelle gelangten, ist rätselhaft. Wissenschaftler nehmen an, dass diese Urtiere im Verlauf der Kaltzeiten über die Gebirgsketten von Georgia und Alabama nach Florida gelangten und wahrscheinlich bei der Überquerung der zugefrorenen Quelle einbrachen. Mastodons – mit dem heutigen Elefanten verwandt – lebten in Nordamerika sogar noch im Quartär. Ein Teil des noch im Handel befindlichen fossilen Elfenbeins stammt von dieser Gattung.

Der Begriff Wakulla stammt aus der Seminolen-Sprache und soll so viel wie »seltsames Wasser« bedeuten. Die Indianer, später auch die Spanier, betrachteten das Wasser der Quelle als heilsam. Von Ponce de León wird gesagt, dass er mit seinen Leuten auf der Suche nach dem legendären Jungbrunnen den St. Marks River hinauffuhr. Bei Fort St. Marks verließen sie ihre Segelschiffe und fuhren den Wakulla River stromaufwärts, bis sie zu der Quelle gelangten. Die Indianer begrüßten die Männer freundlich. Die Spanier schwammen und fisch-

*Baden inmitten einer herrlichen Natur: die Wakulla Springs*

*Wakulla Springs Lodge*

ten, doch das Skelett des urzeitlichen Rüsseltieres lehrte sie das Fürchten. Ebenso wenig wie bei St. Augustine fanden sie hier ihre Verjüngung...

Die Schönheit der Quelle ließ Ponce de León nicht los. Er kehrte 1521 zurück, wurde diesmal aber von feindlich gestimmten Indianern im Verlaufe einer Schlacht so ernst verletzt, dass er kurz nach seiner Rückkehr nach Havanna/Kuba starb.

Zwei Ausstellungsstücke in der Wakulla Lodge sollte man sich nicht entgehen lassen: In der Eingangshalle liegt »**Old Joe**«, der legendäre Alligator, welcher ein biblisches Alter von annähernd 200 Jahren erreichte und etwa 320 kg wog. Seine Heimat lag direkt an der Quelle auf einer Sandbank, direkt gegenüber dem zum Schwimmen zugelassenen Teil des Flusses. Am 1.8.1966 wurde Old Joe von einem Unbekannten erschossen. Heute kann man ihn in seinem Plexiglaskasten anschauen, auf dem steht: »This is Old Joe's first and only cage«. Zu betrachten gibt es ebenfalls einen Mastodon-Zahn, den man 1949 aus der Wakulla-Quelle heraufholte.

Die Glasbodenbootsfahrt sollte man am besten am späten Vormittag unternehmen, wenn die Sonne das Quellgebiet voll bescheint und man sehr gut in die Tiefe schauen kann. Eine andere angebotene Fahrt führt etwa eine Meile den Wakulla River abwärts. Hier kann man die vielfältige Vogelwelt, Alligatoren, Schildkröten und eine üppige Vegetation bestaunen. Ebenso kann man sich hier beim Schwimmen im relativ kühlen Wasser erholen. Von einem Sprungturm ist es möglich, in das kristallklare Wasser zu springen. Auf einem kleinen kurzen Wanderweg durch das bewaldete Gebiet um die Quellen kann man sich etwas die Füße vertreten.

**INFO**

**Information: Edward Ball Wakulla Springs State Park**, 550 Wakulla Park Drive, www.floridastateparks.org/wakullasprings, www.wakullacountytdc.com
**Übernachten: Wakulla Springs Lodge**, 550 Wakulla Park Drive, (22 km südl. der Hauptstadt), www.floridastateparks.org/wakullasprings. Sehr schöne, idyllische Lage direkt im Park an der großen Quelle, sehr gute Bademöglichkeiten. Restaurant mit Blick auf die Quelle.

# 59 Mit dem Glasbodenboot durch den Biscayne National Park: Erlebniswelt Korallenriff

Dieser über 700 km² große, 1980 eingerichtete Nationalpark bietet einen hervorragenden Einblick in die Welt der Korallen, die aber leider zunehmend von Umweltgiften angegriffen werden. Nur 18 km² (4 %) des Parks bestehen aus Landfläche, davon der überwiegende Teil aus der Koralleninsel Elliott Key. Der Name verrät es bereits, auch diese Insel sowie die 44 weiteren kleinen Inseln im Park haben eine enge geologische Verwandtschaft zu den Keys weiter südlich und bestehen ebenfalls aus fossilen Resten eines alten **Korallenriffs**. Im Parkgebiet merkt man schon einen Hauch karibischen Klimas: Meerluft und Wärme schmeicheln besonders im Winter.

Schon 1513 segelte der Spanier Ponce de León durch das Gebiet der Biscayne Bay, um die Quelle der ewigen Jugend zu suchen. Im 17. und 18. Jh. sanken hier viele spanische Schiffe. Allein 1733 gerieten 19 spanische Segelschiffe in einen Hurrikan und sanken mit ihrer Goldfracht. Danach siedelten auf den Keys Fischer und Mahagoni-Holzfäller. Mahagoni wurde damals in großen Mengen für den Schiffsbau benötigt. Nachfolgende Siedler rodeten die Landflächen, um Zitronen und Ananas anzubauen. Und um 1900 kamen Taucher, um nach Schwämmen Ausschau zu halten.

Um den Biscayne National Park zu erleben, sollte man mit mindestens einem Tag rechnen. Abgesehen von den Mangrovenwäldern an der Küste finden sich die interessanten Dinge nur auf den Inseln und vor allem unter Wasser. Wäh-

*Der Park bietet tolle Möglichkeiten zum Schnorcheln*

*Das Fascell Visitor Center*

rend die Koralleninseln nur etwas »natürlicher« veranschaulichen, was es auch auf den Keys weiter südlich zu sehen gibt, sind es vor allem die Korallenriffe, die es zu erkunden gilt. Dazu muss man entweder mit einem Glasbodenboot mitfahren oder aber mit Schnorchel- bzw. Tauchausrüstung unter Wasser gehen. Das Unternehmen erfordert zwar Zeit, denn das interessante Riff liegt etwa drei Meilen östlich des Elliot Key – lohnt sich aber.

Diese zeitaufwändige und z. T. etwas umständliche Erkundung hat auch einen großen Vorteil: Der Biscayne National Park gehört zu den am wenigsten besuchten Parks in den USA. Hat man sich also erst einmal zu einer Tour entschlossen – besonders auch einer eigenständigen mit einem Kanu –, dann wird man die Keys so erleben, wie man es in dieser Form nirgends mehr machen kann. Eines aber ist auch auf diesen Inseln nicht mehr rechtzeitig erhalten worden, und zwar der Hartholzwald. Diesen haben bereits die Spanier und später vor allem die Schiffsbauer nahezu abgeholzt. Die Bäume, die man heute noch zu sehen bekommt, sind sogenannter Zweitwuchs und großenteils von Menschen hier angepflanzt bzw. ungewollt eingeschleppt worden.

INFO

**Information: Convoy Point & Dante Fascell Visitor Center**, Biscayne Nat. Park, 9700 SW 328 Street, ca. 15 km östlich von Homestead, www.nps.gov/bisc.
Das Visitor Center bietet zahlreiche Anschauungsobjekte zum Thema Korallen und Unterwasserwelt. Zudem wird ein Film gezeigt.

**Boots, Schnorchel- und Tauchtouren:** Glasbodenboote und »normale« Boote verkehren täglich vom Convoy Point Visitor Center zu den Keys und den Korallenriffen. Schnorcheln und Tauchen sind sehr beliebt in den Korallenriffen des Parks. Es sei aber darauf hingewiesen, dass es nur für Geübte empfehlenswert ist. Infos beim Park-Konzessionär unter www.biscayneunderwater.com.

**Camping:** Im Park gibt es zwei einfache Plätze, die nur mit dem Boot zu erreichen sind, und zwar auf Boca Chita Key und Elliott Key. Infos unter www.nps.gov/bisc/planyourvisit/camping.htm.
Die nächsten Hotels gibt es in Homestead oder Florida City.

# 60 Abstecher nach Georgia: Okefenokee Swamp – eines der größten Sumpfgebiete der USA

*Bootstour durch den Swamp*

Der Okefenokee Swamp ist eines der größten Sumpfgebiete der USA. Der Zugang zu diesem »Swamp« liegt am US Hwy. 1, der weiter nach Florida führt. Wer die Everglades in Florida nicht kennt, sollte den Abstecher zum Okefenokee unbedingt einplanen, zumal dieser Sumpf teilweise noch sehr ursprünglich ist. Man gewinnt hier eine Vorstellung von jener Landschaftsform, die so typisch für die südlichen Regionen mit flachem Land und subtropischem Klima ist.

Der Okefenokee Swamp bedeckt eine Fläche von 2.079 $km^2$, misst an der breitesten Stelle (West-Ost) 32 km und an der längsten (Nord-Süd) 64 km. 90 Prozent des Gebietes stehen als Okefenokee National Wildlife Reserve unter Naturschutz. Wie ein Schwamm speichert das Sumpfgebiet Wasser und wird so zum Quellgebiet des Suwannee River, der in den Golf von Mexiko mündet, und des St. Mary's River, der in den Atlantik fließt. Die flachgründigen Seen mit ihrem tiefbraunen Wasser werden von **schwimmenden Pflanzeninseln** durchsetzt. Diese entstanden aus abgestorbenen Wasserpflanzen, bilden eine locker-fruchtbare Torfmasse, auf der erst niedrige Gräser, dann Kiefern, Zypressen oder Magnolien wachsen. Die Indianer nannten wegen der schwammigen Bodenbeschaffenheit diese Stellen »okefenokee«, »das Land der bebenden Erde«.

Je unzugänglicher die Gebiete sind, desto mehr stellen sie ein Paradies für alle wasserliebenden Tiere dar. Neben Alligatoren leben hier unzählige Gänse,

Wasservögel, Otter, Schildkröten und Frösche. Wie alle sumpfigen Niederungen ist die Region auch die Heimat vieler Mücken, weswegen ein Besuch im Sommer, speziell Camping, nicht unbedingt empfehlenswert ist.

Die unzähligen hier lebenden **Alligatoren** gehören zur Familie der Krokodile (crocodylus), unterscheiden sich jedoch von diesen durch eine breite Schnauze mit einer Tasche im Oberkiefer, die einen speziellen, vergrößerten vierten Zahn aufnimmt. Die im Süden lebenden sogenannten Mississippi-Alligatoren, kurz Gator genannt, können bis zu sechs Meter lang werden (s. S. 130). (b/k)

*Entspannter Bewohner der Sümpfe...*

**INFO**

**Information:** www.fws.gov/okefenokee, www.okeswamp.com, www.okefenokee.com.
Städtisches Zentrum ist Waycross (www.swampgeorgia.com), der Park hat vier Zufahrten und mehrere Teile. Die nordöstliche Route, 13 km südlich von Waycross, führt über US Hwy. 1/23 und GA 177 zum Okefenokee Swamp.
**Camping: Laura S. Walker State Park**, Hwy. 177 (nahe Okefenokee Swamp), 5653 Laura Walker Rd., Waycross, www.gastateparks.org/info/lwalker, 44 Stellplätze am See, mit Golfplatz, Wanderwegen, Angelgelegenheit und Bootstouren.

# 61 Manatees im Crystal River: die sanften Grauen

Die Küstenstadt Crystal River im Citrus County ist mit ihren etwa 4.000 Einwohnern wie das Hinterland ein Stück »anderes« Florida. Noch ist man nicht in den »Niederungen« des Massentourismus angekommen. In Crystal River – nach dem gleichnamigen Fluss benannt, der in die King's Bay mündet – kommen alle auf ihre Kosten, die etwas mit Golf, Bootsfahrten und Tauchen im Sinn haben.

Der gleichnamige Fluss Crystal River ist ein **Schutzgebiet für die Manatees**, die Seekühe, die sich vor allem in der Winterzeit von November bis März gern aus der See in die wärmeren, von gleichmäßig warmen Quellen gespeisten Flüsse zurückziehen.

Der Unterlauf des Crystal River ist daher in drei Zonen eingeteilt:

- Idle Speed Manatee Area: In der Zeit vom 1. Oktober bis zum 31. März darf mit dem Boot nur im Schritt-Tempo in den durch Schilder ausgewiesenen Zonen und mit äußerst gedrosseltem Motor gefahren werden. Erfahrungsgemäß gibt es in diesen Regionen größere Herden während der Winterzeit.

- Slow Speed Manatee Area: Hier muss man in der Zeit zwischen dem 1. Oktober bis zum 31. März sehr langsam fahren, um jede Störung der Tiere zu vermeiden.

- Manatee Sanctuary: In diesem Bereich sind Bootsfahrten, Schwimmen und Tauchen untersagt.

*Gutmütig und urweltlich: Manatees*

## Wissenswertes über Manatees (Seekühe)

Diese urweltlich-plump wirkenden Tiere sind äußerst gutmütig: Ihr Lebensrhythmus ist vom Schmusen, von der Nahrungsaufnahme und vom Ruhen bestimmt. Manatees gelten als **sehr friedfertig und neugierig**. Taucher berichten, dass sich die Seekühe gerne auf Kontakte einlassen und es lieben, gekrault zu werden. Ihr **bevorzugter Lebensraum sind flache, trübe und pflanzenreiche, küstennahe Gewässer**. Hier haben sie als einzige Pflanzenfresser unter den Meeressäugern genügend Nahrung und hier sind sie auch vor eventuellen Feinden wie Haien, Krokodilen oder Schwertwalen sicher. So schnell kann ihnen aber nichts etwas anhaben: Manatees besitzen eine **3 cm dicke Hau**t, und ihr Blut gerinnt äußerst schnell – Feinde können also bei Verletzungen kaum angelockt werden. Die bis über **½–1 Tonnen** wiegenden Tiere bewegen sich gemächlich, nur etwa 2 bis 3 km in der Stunde. Sie können nur auf kurzen Strecken von 100 bis 200 m bis auf 20 km/h »beschleunigen«. Bis zu **40 kg Wasserpflanzen vertilgen sie am Tag**, und dafür lassen sie sich 10 Stunden Zeit. Den Rest verbringen sie mit Dösen, denn sie müssen etwa alle 5 Minuten zum Atmen auftauchen. Sie mögen es überhaupt nicht, wenn die Temperatur des Wassers unter 20 °C sinkt: Dann bewegen sie sich zu den Quellen der Flüsse Floridas, wo das Wasser ganzjährig konstant über dieser Temperatur liegt. Die deutsche Bezeichnung »**Seekuh**« leitet sich daher ab, dass diese Meeressäuger wie normale, landständige Weidetiere **Pflanzen fressen**, nämlich Seegras, Tang und andere Wasserpflanzen. Am nächsten verwandt sind die Seekühe mit **Elefanten**, und richtigerweise müssten sie daher »See-Elefanten« heißen. Als sich vor etwa 70 Millionen Jahren Amerika von Afrika im Zuge der Kontinentalverschiebung trennte, muss die Absplitterung von den afrikanischen Vettern passiert sein. Als Meeressäuger ordnen Biologen die Manatees zwischen Walen und Robben ein. Wie Wale, aber im Unterschied zu Robben, watscheln Seekühe nie auf das Land. Ihre Vorderflossen haben ausgeprägte Ellenbogen-, Hand- und Fingergelenke. Leider sind diese gemütlichen und friedlichen Tiere vom **Aussterben bedroht**. In Florida leben schätzungsweise etwa 1.000 Tiere. Viele sterben aufgrund von Verletzungen durch die vielen, überall auf Floridas Gewässern flitzenden Boote. Aber auch plötzliche Kälteeinbrüche machen den Tieren zu schaffen. Dann erliegen sie Lungenentzündungen. In Florida sind zum Schutze der Manatees 22 Gebiete ausgewiesen, wo man nicht mit Booten fahren darf bzw. wo es nur erlaubt ist, im Schritt-Tempo zu fahren.

INFO

**Information:** www.visitcitrus.com, www.floridastateparks.org/crystalriverpreserve

**Touren/ Manatee-Begegnungen:**

**Plantation Dive Shop**, am Plantation Inn gelegen, www.crystalriverdivers.com. Verleih von Booten und Tauchausrüstungen, Tauch- und Schnorchelkurse, Schwimmen mit Manatees.

**Manatee Tour and Dive**, 4 NE 5th Street (an der Citrus Ave.), Crystal River, www.manateetouranddive.com. Manatee-Touren, Tauchexkursionen, Pontoon-Bootverleih, Kanuverleih, etc.

**Bird's Underwater Dive Center**, 320 N.W. Highway 19, www.birdsunderwater.com. Manatee-Schnorcheltouren, Kajakverleih.

**Übernachten: Plantation Inn and Golf Resort**, 9301 W Fort Island TRL, www.plantationinn.com. Hier wird für einen Aktivurlaub alles – in legerer Atmosphäre – geboten: Tennis, Golf, Schwimmen, Bootsfahrten, Tauchschule – und das zu zivilen Preisen. Das Resort liegt direkt an den Ufern des Crystal River, schöner Blick vom Pool und Restaurant, 136 Zimmer, nette Bar.

# 62 Homosassa Springs Wildlife Park: Floridas Tierwelt erleben

Wenige Kilometer entfernt von Cedar Key liegt der Homosassa Springs Wildlife Park – planen Sie unbedingt hier einen Zwischenstop ein, denn der Park ist wirklich einen Besuch wert! Es handelt sich bei dem Tierpark übrigens um den größten komplett natürlichen Themenpark in Florida.

Vom Visitor Center aus wird man mit dem **Pontoon-Boot** in den Park gefahren. Der Naturzoo umfasst insgesamt ein Gebiet von 85 Hektar und ist wunderschön angelegt: auf einem Rundwanderpfad kommen Sie durch Marschland und an Sümpfen vorbei, hier wachsen unter anderem Palmen, Eichen, Kiefern, Myrten und sogar Magnolien.

*Im Homosassa Springs Wildlife Park*

Im Herzen des Parks entspringt ein Quellbach, der Homosassa Spring: Dieser speist aus einer Tiefe von 14 Metern den Homosassa River mit 180.000 Liter Wasser pro Minute. Dabei hat das Quellwasser eine gleichbleibende Temperatur von 22 °C und bietet somit seinen »Bewohnern« einen idealen Lebensraum.

Nicht nur die Landschaft und Natur bezaubern also – ein Besuch des Tierparks lohnt vor allem aufgrund der Vielzahl an verschiedenen Tieren, beherbergt er doch nahezu alle in Florida heimischen Tiere in natürlicher Umgebung, so u. a. Schildkröten, Alligatoren, Key-Deers, Pumas, Bald Eagles, Flamingos, Anhingas und Manatees. Auch den seltenen Florida-Panther kann man aus der Nähe sehen! Der einzige »Außenseiter« ist das afrikanische Nilpferd Luzifer: er wurde vor vielen Jahren im Homosassa Park geboren, als es sich noch um einen »exotischen« Tierpark handelte und darf bis heute hier verbleiben – Luzifer scheint seinen exotischen Posten zu genießen. Weniger exotisch, denn vielmehr heimisch dagegen sind die Mana-

*Das „Wappentier" Floridas: pinker Flamingo*

tees – vielleicht haben Sie ja Glück und sind zur richtigen Zeit vor Ort, denn in den Sommermonaten kann man diese friedlichen Grauen samt Nachwuchs bewundern. Aber natürlich lohnt sich auch in den anderen Monaten ein Besuch, ganz unabhängig von der Zeit der »Manatee-Kinderstube«.

Das ganze Jahr über erläutern Park-Ranger die Lebensweise und die Lebensbedingungen dieser Seekühe. Eine Vorführung der Manatees – sie werden u. a. mit Salat gefüttert – bringt dem Besucher diese urweltlichen Tiere näher (Zeiten für die Educational Programs auf der Homepage).

Nur wenige Meter entfernt von der Tribüne, von der aus man die Fütterung der Manatees hervorragend beobachten kann, findet sich das Highlight des Parks: das Unterwasser-Observatorium am Rande des Homosassa Spring-Quelltopfs. Durch große **Panoramafenster** hindurch kann man Manatees in ihrer natürlichen Umgebung sehen.

INFO

Information: **Homosassa Springs Wildlife Park**, 4150 S. Suncoast Blvd., 7 Meilen südlich von Crystal River. www.homosassasprings.org, www.floridastateparks.org/homosassasprings

Essen & Trinken: **Peck's Old Port Cove**, 139 North Ozello Trail (9 Meilen westl. vom Highway 19). Lokaler Geheimtipp: superfrische Fischgerichte, tolle »Garlic Crabs«.

Übernachten: **Chassahowitzka Hotel**, 8551 West Miss Maggie Drive, Homosassa, www.chazhotel.com. Der ideale Ort für Angler, da direkt am Chassahowitzka River gelegen. Auch geführte Angeltouren werden angeboten. Gutes Frühstück.

**Blue Moon B & B**, 10137 W. Fishbowl Drive, Homosassa, www.thebluemoonbb.com. Schönes B&B mit fünf luxuriösen Zimmern, hilfsbereite Gastgeber, Pool, Garten – genau das Richtige zum Entspannen.

# 63 Die Tropfsteinhöhlen der Florida Caverns und der Chipola River Canoe Trail

Zwischen Tallahassee und Pensacola liegt das kleine Örtchen Marianna, das den etwas hochtrabenden Beinamen »Belle of Panhandle« trägt. Mit seinen knapp 6.500 Einwohnern, den vielen hübschen Häusern und einer zur Erholung einladenden Umgebung bietet sich hier ein kurzer Zwischenstopp an, um beispielsweise den Three Rivers State Park zu erkunden.

Vor allem aber ist Marianna ein guter Ausgangspunkt, um den ganz in der Nähe befindlichen Florida Caverns State Park zu besuchen, der drei Meilen nördlich des Städtchens gelegen ist.

In diesem Kalksteingebiet – ein geologisches Relikt aus jener Zeit, als Florida noch vom Meer bedeckt war und sich die Skelette der Meerestiere allmählich zu Kalkstein verdichteten – liegt ca. 22 m unter der Oberfläche ein Höhlenlabyrinth. Unter Tropfstein versteht man in der Geologie verschieden geformte Gebilde, die vorwiegend aus Kalziumkarbonat $CaCo_3$ bestehen. Sie entstehen dadurch, dass kalkreiches Wasser aus Gesteinsfugen herabtropft und verdunstet. An den Decken der Tropfsteinhöhlen bilden sich herabhängende Stalaktiten. Am Boden wachsen ihnen dann Stalagmiten entgegen. Manchmal verbinden sich Stalaktiten und Stalagmiten zu Stalagnaten als durchgehende Tropfsteinsäule.

Die Kalksteinhöhlen sind durchaus sehenswert. Die verschiedenen Höhlen sind mit Namen wie »Waterfall Room«, »Wedding Room« oder »Cathedral Room« bezeichnet. Wenn Sie die Höhlen besichtigen, so beachten Sie bitte unbedingt, dass die Temperaturen hier ganzjährig zwischen 15 und 19 Grad Celsius betragen, was man besonders im Sommer als lausig kalt empfindet. Vergessen Sie also in keinem Fall, warme Jacken mitnehmen!

*In den Tropfsteinhöhlen*

## Chipola River Canoe Trail

*Entspannung pur: Paddeln auf Floridas Flüssen*

Ein weiteres Highlight ist ein Besuch des in der Nähe gelegenen Chipola River Canoe Trails: Der Chipola River fließt durch das Kalkstein- und teilweise durch ein Höhlensystem. Auf dem Fluss werden sehr erlebnisreiche Kanufahrten angeboten: Der wunderschöne Trail ist ein Teil von Floridas »Greenways-and-Trail«-Systems. Er hat seinen Anfang an der Brücke der SR 166, die den Fluss überquert. Die Strecke des Kanutrails schlängelt sich durch Wälder und Sümpfe. Man sieht Biber, Alligatoren und jede Menge Schildkröten. Die Ufer werden manchmal von Kalkfelsen gesäumt. Wenn der Chipola River wenig Wasser führt, ist er an manchen Stellen extrem flach. Eine solche besonders extreme Stelle sind die »Look and Tremble Falls« unterhalb der Brücke der State Road 274, und da kann es schon passieren, dass man das Kanu tragen muss. Die Gesamtlänge des Trails, der leicht zu befahren ist, misst 51 Meilen, die Strömung beträgt 2–3 Meilen/Stunde. Es wird empfohlen, den ersten Teil des Trails, also direkt südlich des State Parks, nicht zu befahren, da er einiges abverlangt: Hier ist das Wasser sehr flach und die Bäume hängen extrem tief. Besser ist es, das Kanu an der SR 166 einzusetzen (eine Meile nördlich von Marianna). Man bekommt Kanu und Schwimmweste gestellt und wird vom Endpunkt des Trail wieder zum Ausgangspunkt zurückgebracht.

Infos: Detaillierte Karten unter www.dep.state.fl.us/gwt/guide/, Kanuverleih: **Bear Paw Adventures**, 2100 Bear Paw Lane, www.bearpawescape.com. Angeboten werden u.a. Kanutouren auf dem Spring Creek, der nach zwei Meilen in den Chipola River mündet.

INFO

**Information: Florida Caverns State Park**, 3345 Caverns Rd, SR 166, Marianna, www.floridastateparks.org/floridacaverns

**Camping:** Auf dem Campingplatz des Parks gibt es sehr schöne schattige Plätze. Ein kurzer Weg vom Campingplatz führt zur Blue Hole Spring Swimming Area. Kleiner Sandstrand. Zudem sind die am Peritt's Pond gelegenen **Arrowhead Campsites** (www.arrowheadcamp.com) und der **Three River State Park** (www.floridastateparks.org/threerivers/) am Ufer des Lake Seminole empfehlenswert.

**Übernachten: The Hinson House**, 4338 Lafayette Street, Marianna. Das Haus (ca. 1922) ist hübsch und gemütlich eingerichtet, 5 Zimmer. Ganzjährig ist ein Weihnachtsbaum zu bewundern, der fast 4 m hoch ist und der je nach Jahreszeit dekoriert wird. Ein üppiges Frühstück ist inbegriffen.

# 64 Einsamkeit und Ruhe im Merrit Island Wildlife Refuge und Canaveral National Seashore

Kaum zu glauben, aber wahr: In der Nachbarschaft der Abschussrampen der Weltraumfähren des Kennedy Space Center liegen die **Naturschutzgebiete** Merritt Island Wildlife Refuge und Canaveral National Seashore (östlich von Titusville). In unmittelbarer Nähe zu den Errungenschaften moderner Technik und am Tor zum Weltraum existieren also geschützte Zufluchtsgebiete für über 200 Vogelarten, verschiedene Säugetiere und Reptilien, darunter auch 6.000 Alligatoren. Der Weißkopfadler, die Ibisse, Reiher, Störche oder Alligatoren: Sie stören sich nicht an den gelegentlichen Starts.

Vogelfreunde kommen vor allem im Merritt Island Wildlife Refuge auf ihre Kosten, können hier doch in den Wintermonaten Oktober bis Mai **hunderttausende von Zugvögeln** beobachtet werden: Merrit Island stellt einen Rastplatz auf dem sogenannten »Atlantic Flyway« dar, der Flugroute, auf der die Vögel bei ihren Zügen zwischen Nord- und Südamerika unterwegs sind. Ausführliche Informationen, auch zu den verschiedenen Vogelarten (es wurden 330 verschiedene Arten gezählt!) erhält man anhand einer kostenlosen Broschüre im Visitor Center.

*Unmittelbar in der Nähe zu den Abschussrampen der Weltraumfähren: Idylle und Natur pur*

*Mit dem Auto auf Entdeckungstour*

Eine weitere Broschüre bietet Informationen zum **Black Point Wildlife Drive**. Auf der knapp 10 km langen Rundtour, die man mit dem Auto absolviert, kann man die Tiere beobachten, die hier im Reservat eine Heimat gefunden haben.

Wer jedoch lieber das Auto stehen lassen möchte, um die Tiere hautnah in freier Wildbahn zu erleben, dem stehen verschiedene Touren zur Auswahl: Für ganz Eilige bietet sich der **Boardwalk Trail** an, ein kurzer Naturlehrpfad in direkter Nähe des Visitor Centers, den man gut in einer Viertelstunde bewältigen kann. Die beiden Hammock Trails beginnen ca. 1,5 km östlich des Visitor Centers: Für den **Oak Hammock Trail** benötigen Sie in etwa eine halbe Stunde, der Palm Hammock Trail mit einer Länge von ca. 5 km benötigt schon etwas mehr Zeit und für den ca. 8 km langen **Cruickshank Trail** sollten Sie ca. zwei Stunden Gehzeit einplanen – dieser Weg startet vom Parkplatz aus, der sich etwa auf der Hälfte des Black Point Wildlife Drive befindet. Keinesfalls verpassen sollte man das **Manatee Observation Deck**, von dem aus sich die besten Chancen ergeben, diese friedfertigen Seekühe zu entdecken.

Eine ganz andere Art, die Naturschutzgebiete zu entdecken, ist eine Kanu- oder Kajaktour. So kann man z.B. an die nordöstliche Spitze zur **Mosquito Lagoon** paddeln und auf Inselchen stoßen, deren Strände nicht nur einmalig, sondern auch absolut einsam sind. Will man hier übernachten, um zu bester Tierbeobachtungszeit – nämlich kurz vor Sonnenauf- bzw. kurz nach Sonnenuntergang – bereits vor Ort zu sein, so kann man entweder direkt am Strand des Apollo Beach sein Zelt errichten oder auch einfach auf einer der insgesamt zwölf Campingstellen, die verstreut über die Inseln liegen (Permit erforderlich). Komfort wie Duschen oder sonstige Einrichtungen wird man hier jedoch vergeblich suchen. Dafür jedoch sind die Chancen, derart abseits von jeglichem Rummel auf seltene Tierarten zu stoßen, am größten!

**INFO**

**Informationen: Merrit Island Wildlife Refuge**, www.fws.gov/merrittisland
**Canaveral National Seashore**, Park Headquarters, 212 S. Washington Avenue, Titusville, www.nps.gov/cana

**Essen & Trinken: Dixie Crossroads Seafood Restaurant**, 1475 Garden Street, Titusville, www.dixiecrossroads.com. Immer voll, da sehr beliebt. Reservierungen werden nicht angenommen. Frischer Fisch in allen Zubereitungsformen, örtlich gefangene Rock Shrimps, aber auch Steaks. Den Fisch kann man in 3-4 Gewichtsklassen bestellen. Sehr gut ist der Catfish, aber auch der Mahi Mahi und der Maine Lobster (Hummer) munden. Sehr zivile Preise.

**Übernachten: Casa Coquina B&B**, 4010 Coquina Ave., Titusville, www.casacoquina.com. Hübsches B&B mit freundlichen Besitzern und gutem Frühstück.

# 65 Ocala National Forest: Wälder und Weiten, Bären und Jäger

In Floridas zentralem Norden warten wahre Naturjuwele auf den Besucher und es lohnt sich, längere Zeit zu verweilen. Hier finden Naturfreunde unter anderem das ausgedehnte Forstgebiet des Ocala National Forest.

Das Gebiet umfasst eine Fläche von insgesamt 1.547 km². Im strengen Sinne handelt es sich beim Ocala National Forest nicht um ein Naturschutzgebiet, sondern durchaus um eine forstwirtschaftlich genutzte Landschaft. Im Unterschied zu den National Parks oder State Parks darf in einem National Forest – kontrolliert – abgeholzt, wiederaufgeforstet und gejagt werden.

Wie in den Everglades spiegeln sich geringe Unterschiede in der Landhöhe sofort in der Vegetation wieder: in den tieferen sumpfigen Gebieten sowie in weiten, ebenen Gebieten herrschen Kiefern vor; auf den Hügeln haben sich Hartholzgewächse festgesetzt.

Doch die besonders charakteristische Vegetationsform ist die sogenannte »Big Scrub«. Man findet sie insbesondere in den etwas höher gelegenen westlichen und zentralen Teilen des Gebietes. Unter Big Scrub versteht man die Verbreitung einer **Sandkiefer** mittlerer Höhe, die wahrscheinlich ein Relikt eines ehemals von Kalifornien über Mexiko bis nach Zentralflorida reichenden wüstenähnlichen Pflanzengürtels ist. Sandkiefern sind hervorragend an trockenes, heißes Klima angepasst. Inselartig heben sich kleinere Gebiete mit hohen Kiefern ab (Pats Island, Hughes Island).

*Im Ocala National Forest*

*Baden in den Salt Springs*

Neben der interessanten Vegetation bietet der Ocala National Forest vor allem besuchenswerte Quellen und Seen, wie etwa die **Salt Springs Recreation Area**: Hier sprudelt salziges Quellwasser aus einer geologisch alten Quelle aus den Zeiten, als Florida noch unter dem Meeresspiegel lag, hoch. Ganzjährig bleibt die Wassertemperatur von 22 °C konstant, täglich quellen fast 200 Mio. Liter Wasser aus dem Untergrund.

Ein weiterer Tipp für Naturfreunde ist die **Juniper Springs Recreation Area**, die wunderschöne Bademöglichkeiten, Kanufahrten und Wanderwege bietet. Das Gebiet der **Alexander Springs Recreation Area** liegt in einem unberührten subtropischen Wald mit Kiefern, Eichen und Palmen. Die kristallklare Quelle (sie liefert mehr als 300 Millionen Liter pro Tag!) lockt Schwimmer, Taucher und Sonnenhungrige an. Es gibt einen sieben Meilen langen Kanu-Trail (Kanuverleih mit Abholservice). Der Paisley Woods Trail (22 Meilen, ausgeschildert) steht Bikern zur Verfügung.

**Achtung! Von Jägern und Bären: Vorsicht in den Wäldern!**

Während der Jagdsaison Nov.–Jan. sollte man im Wald mit leuchtend orangefarbenen Westen unterwegs sein. Damit Ihnen Bären nicht auf die Pelle rücken, sollten Sie auf Campingplätzen Essen stets luftdicht verschlossen halten, ebenso sollte Abfall stets in die Tonnen entsorgt werden. Auch getragene Kleidungsstücke gehören nicht ins Zelt, vielleicht haftet ihnen noch der Geruch vom letzten Grillen an. Sollten Sie trotzdem einem Bären zu nahe kommen (oder er Ihnen), dann machen Sie Geräusche und ziehen sich l a n g s a m zurück.

**INFO**

**Informationen: Ocala National Forest**, Lake George Ranger District, 17147 E. State Road 40, Silver Springs, www.fs.fed.us/r8/florida/ocala/, www.ocalamarion.com.
Infos zu den **Recreation Areas** unter www.camprrm.com, www.recreation.gov.

**Camping:** An den Recreation Areas stehen schöne Plätze zur Verfügung, zudem am **Silver Springs Campers Garden** direkt gegenüber den berühmten Quellen (www.silverspringsrvcampers.com).

# 66 Hontoon Island State Park: Wildnis pur im »anderen« Florida…

…so könnte man Hontoon Island in aller Kürze beschreiben. Schon die Anreise per Boot stimmt ein: Idyllisch schlängelt sich der majestätische St. John's River durch eine geheimnisvolle Wildnis. Mal erblickt man dichte Wälder mit Sumpfzypressen und subtropischen Oak Trees mit dem legendären Spanischem Moos, mal liegen Alligatoren träge am Ufer, während Ibisse und Fischadler auf Beute warten.

*Hier kann man sich prima entspannen…*

*…aber Vorsicht vor den Alligatoren!*

Es geht gemütlich zu: Mit 500 Kilometern ist der St. John's River der längste Fluss Floridas, doch mit nur neun Metern Höhendifferenz zwischen Quelle und Mündung gehört er zu den **flachsten Flüssen der Welt**. Rafting-Abenteuer sind hier also nicht angesagt. Aufgrund der Gerbsäure der ufernahen Vegetation ist das Wasser sehr dunkel. Im kleinen Ort Astor südlich des Lake George gibt es deshalb bezeichnenderweise das Blackwater Inn (s. S. 191).

Der Hontoon Island State Park bietet einfache Ferien-Blockhäuser, einen weitläufigen, schattigen Campingplatz, Marina, Kinderspielplatz, Barbecue-Stellen und einen winzigen Laden beim Ranger. Kein Restaurant, kein Nachtleben – und wenn der Ranger mit seinem Boot bei Sonnenuntergang die Insel verlässt, dann bleiben die wenigen Gäste auf sich allein gestellt. Keine laute Musik stört dann die **Stille.** So mögen die Timucuan-Indianer einst Florida erlebt haben.

Auf dem drei Meilen langen Rundweg (ca. 2,5 Stunden), der an der Ranger Station startet, geht es entlang des Hontoon Dead River zu dem großen Indian Mound (Grabhügel) am südwestlichen Ende der Insel. 1955 hatte man in der Nähe eine große hölzerne Eule gefunden, die auf einem über 3.000 Jahre alten Friedhof am heutigen Parkplatz ausgegraben worden war.

*Vogelwelt auf Hontoon Island*

**Information: Hontoon Island State Park**, 2309 River Ridge Road, Deland, www.floridastateparks.org/hontoonisland/. Ca. 50 Meilen von Orlando (ca. 80 Min.) und etwa zehn Kilometer westlich von Deland. Die Insel selber ist nur per Fähre erreichbar.

**Übernachten:** Es gibt zwölf einfache Holzhütten ohne Küche und Bad/WC, beides liegt in Extra-Gebäuden. Auch Campingmöglichkeit.

**Aktivität:** Empfehlenswert ist das Anmieten eines Kanus beim Park Ranger, um gemächlich die Insel zu umrunden. Eine sehr romantische Unternehmung!

**Tipp:** eine Tour mit dem Hausboot auf dem St. Johns River (s. S. 190).

INFO

# Menschen & Geschichte

SECURITY NOTICE
BOARDING THE VESSEL OR ENTERING THIS FACILITY IS

# 67 Juan Ponce de León: die spanische »Entdeckung« Floridas

In amerikanischen Geschichtsbüchern werden gewöhnlich die Spanier als **europäische Entdecker Floridas** angeführt. Juan Ponce de León landete am 2. April 1513 in der Nähe von St. Augustine. Zuvor aber hatte schon der Italiener Giovanni Caboto im Auftrag des englischen Herrschers König Heinrich VII. die Küsten Labradors und die von Kolumbus 1492 entdeckten »westindischen« Inseln kartografiert. Ein Schwenk führte ihn bis zum Cape Florida. Die anschließend in der Alten Welt herausgegebenen Karten zeigen in groben Zügen den Küstenverlauf Floridas.

Insgesamt unternahmen die Spanier vier Anläufe, Florida zu erkunden, zu erforschen und zu besitzen. Als erster Spanier gelangte 1513 Ponce de León an Floridas Nordostküste. Schon 1493 hatte er Kolumbus auf dessen zweiter Reise nach Amerika begleitet. In der Gegend von St. Augustine ging er in der Zeit um Ostern herum an Land. Alles **blühte** herrlich und er gab der Region den noch heute sehr werbeträchtig klingenden Namen Pascua Florida (Pascua=Ostern, Florida=blühend). De León kam aber nicht aus reinem Forscherdrang an die floridianischen Küsten. Vielmehr glaubte er an das Märchen eines karibischen Mädchens, dass es hier einen Jungbrunnen gebe…

De León ging davon aus, dass es sich bei Florida um eine **Insel** handelte. Er segelte die Ostküste hinunter bis zu den Florida Keys, umrundete die Dry Tortugas (als Tortugas bezeichneten die Spanier Meeresschildkröten, die die Besatzung an den Inselstränden entdeckte) und setzte dann seine Fahrt an der Westküste fort. Beim früheren Bahia Juan Ponce, heute Charlotte Harbour, verweilte er und hatte erste, nicht gerade freundliche Begegnungen mit Indianern.

*Weltkarte aus dem 16. Jahrhundert*

*Juan Ponce de León*

De León kehrte nach Puerto Rico zurück und fasste seine Erfahrungen und Erkenntnisse in Form von Karten zusammen, um 1521 auf Befehl des Königs die vermeintliche Insel Florida zu **besiedeln**. Missionare begleiteten ihn, um die Indianer zum katholischen Glauben zu bekehren.

Und wieder landete de León in der Nähe von Charlotte Harbour. Die ersten Geistlichen betraten amerikanischen Boden. Doch die Indianer, den Stämmen der Calusa und Mayaima angehörend, widersetzten sich der Missionierung mit Gewalt: Pfeile und Steine waren ebenso wie blutrünstige Hunde ihre Waffen. Ponce de León wurde durch einen vergifteten Pfeil schwer verletzt; die Überlebenden traten per Schiff die Flucht nach Kuba an. Hier erlag der Konquistador seinen Verletzungen.

**INFO**

**Information & Ausflug:**
Wer sich selbst von der sagenumwobenen Kraft des von Ponce de León entdeckten Jungbrunnens überzeugen will, dem sei der Besuch des **Fountain of Youth Archaeological Park** in St. Augustine empfohlen. Der Brunnen befindet sich nördlich des Visitor Information Center in der Magnolia Ave. Es handelt sich um den legendären Jungbrunnen, den Ponce de León 1513 aufsuchte. In diesem ältesten archäologischen Park der USA gibt es Reste eines indianischen Bestattungsplatzes zu sehen, daneben eine Ausstellung zur spanischen Kolonialisierung, ein Planetarium und natürlich die legendäre Quelle. Besucher dürfen von diesem Wasser, das besonders reich an Eisen und Schwefel ist, trinken und hoffen, dass es ihnen ihre Jugend wiederbringt.
Fountain of Youth Archaeological Park, 155 Magnolia/San Marco Ave., www.fountainofyouthflorida.com.

**Essen & Trinken:**
**Le Pavillon**, 45 San Marco Ave., www.lepav.com. Seit 25 Jahren eine Institution in St. Augustine. Französische Küche, sehr gute Fischgerichte, Lamm, Austern. Den Sauerbraten und das Wiener Schnitzel braucht man nur bei Heimweh zu essen. Mittlere Preise. Ausgewählte Weinkarte.

Weitere Restaurants und Unterkünfte in St. Augustine s. S. 13.

# 68 Hernando de Soto: auf der Suche nach dem Goldland

An der Mündung des Manatee River im Westen von Bradenton, nördlich von Sarasota, liegt der De Soto National Memorial Park, der an den spanischen Konquistador Hernando de Soto erinnert. Gedacht wird hier der Landung de Sotos an der Tampa Bay im Jahre 1539. Auf der Suche nach **riesigen Goldschätzen** verschlug es den Spanier hierher. Schon mit 19 Jahren, geschult im Umgang mit Waffen und Pferden, war de Soto 1520 nach Peru gekommen. 16 Jahre später kehrte er in seine spanische Heimat zurück, als reicher Mann, da er viel geplündertes Gold mitbrachte. Bereits vor seinen Expeditionen nach Florida hatte er zahlreiche Entdeckungs- und Kolonialisierungsreisen durch Nicaragua und Honduras unternommen, bei denen er sich nicht nur als geschickter Kommandeur einer Reiterbrigade erwies, sondern v. a. auch durch seine brutale Rücksichtslosigkeit den Einheimischen gegenüber von sich Reden machte. So erwarb er sein Vermögen in erster Linie durch **Sklavenhandel**, den er für einen Mann in seiner Position für selbstverständlich hielt.

*Im Sommercamp mit den Konquistadoren*

De Soto konnte wegen dieser Erfolge den spanischen König überzeugen, Florida zu erforschen, zu erobern und der spanischen Krone einzuverleiben. Er tat dies auf eigene Kosten. Er war im Übrigen nicht der einzige Eroberer, der auf Geheiß des spanischen Königs das Gebiet erobern sollte. Das spanische Königshaus war fein heraus, da es kein Risiko einging: Die Expeditionen mussten privat finanziert werden, der größte Teil der erbeuteten Schätze musste aber dem König übergeben werden

Am 6. April 1538 startete er von Spanien aus das Unternehmen. Die Armada setzte sich aus neun Schiffen zusammen und erreichte vermutlich am 29. Mai 1539 die Bucht an der Küste Westflorida. Die Schiffe waren zum Bersten voll beladen: 700 Mann, 350 Pferde, Bluthunde, Schweine,

Waffen und Proviant waren an Bord. Schon am nächsten Tag gingen die Männer an Land, obwohl aus der Ferne Rauchsignale der Indianer sichtbar waren. Man versprach sich viel von Florida: Gold, Silber, Edelsteine und Sklaven – mehr als in Mexiko und Peru zu holen war. Den ersten Winter verbrachte die Expedition in der Nähe der heutigen Hauptstadt Floridas Tallahassee.

1540 zogen die Spanier weiter nach Norden und schlugen ihren Weg in die Wildnis von Georgia, South Carolina, North Carolina und ins südliche Tennessee. Anschließend zogen sie wieder weiter nach Süden und kämpften mit Indianern in der Nähe von Mobile. Den Winter 1540/41 verbrachten sie im Gebiet des heutigen Bundesstaates Mississippi. Den riesigen Fluss selbst sichteten sie im Mai 1541. Schließlich überquerte die immer kleiner werdende Truppe den Strom und gelangte nach Arkansas, wo sie den Winter verbrachte.

De Soto starb am 21. Mai 1542, drei Jahre nach seiner Landung, **verzweifelt** und niedergeschlagen, da er das gelobte Goldland nicht gefunden hatte. Sein persönlicher Besitz bestand lediglich aus drei Pferden, fünf Sklaven sowie 700 Schweinen.

Der Rest der Truppe kämpfte ums nackte Überleben. Zunächst wollten die Männer über Land Mexiko erreichen, doch sie kehrten wieder zum Mississippi zurück. Im Juli 1543 ließen sie sich flussabwärts treiben und anschließend über den Golf von Mexiko ins mexikanische Tampico.

Die Zeiten de Sotos werden lebendig bei den Vorführungen der Ranger im De Soto National Memorial. Sie zeigen, wie die **Arkebuse**, ein einfaches Gewehr aus dem 16. Jahrhundert, geladen wird. Über zweieinhalb Minuten dauert der Ladevorgang, dann wird abgefeuert. Ein Film im Visitor Center veranschaulicht die vierjährige und sich über 6.500 Kilometer erstreckende Suche des Spaniers nach den vermeintlichen Goldschätzen.

*Hernando de Soto*

**Information: De Soto National Memorial Park,** 8300 De Soto Memorial Hwy, Bradenton, www.nps.gov/deso
**Übernachten:** s. S. 167
**Sonstiges:** Auch für Kinder, die im Geschichtsunterricht regelmäßig einschlafen, bietet das De Soto Memorial etwas: Beim **Junior Ranger-Programm** bekommt, wer an sechs verschiedenen Aktivitäten rund um das Memorial teilnimmt, ein Ranger-Abzeichen. Eine Extra-Karte und ein Kompass helfen bei der Orientierung. Teilnahme sowie der Eintritt generell sind kostenlos.

INFO

# 69 Henry Flagler und der East Coast Railway

Florida – das ist nicht nur der »Sunshine State«, sondern auch ein junger, dynamischer Staat, in dem der **technische Fortschritt** immer wieder entscheidende Impulse setzte. Einer der ganz wichtigen »Impulsgeber« war Henry Morrison Flagler, der mit dem Bau der Eisenbahn entlang der Ostküste im wahrsten Sinne des Wortes für mächtig »Dampf« im jungen Staat sorgte.

Flagler, 1830 geboren, gründete gemeinsam mit John D. Rockefeller die Standard Oil Company. Im Ölgeschäft verdiente er ein Millionenvermögen, bevor sich sein Interesse Florida zuwandte. Er galt zeitlebens als raffinierter, harter Geschäftsmann. Flagler besuchte Florida im Jahre 1883, da sich seine Frau im warmen Klima erholen sollte. Schnell bemerkte er, dass es hier an geeigneten Verkehrsverbindungen fehlte und erkannte den Trend der Zeit: Viele begüterte Menschen aus den nördlichen Bundesstaaten würden gerade in der Winterzeit die **warme Sonne Floridas** genießen wollen, wären die Verkehrsverbindungen besser. Er begann kleine, regional operierende Eisenbahngesellschaften aufzukaufen, so z.B. die Jacksonville, St. Augustine und Halifax Railroad. Er verband diese Teilstrecken, schuf die Anbindung an das nördliche Schienennetz und ließ die Schienen südwärts die Küste entlang ausbauen. Bald waren Jacksonville und St. Augustine mit Ormond Beach, Palm Beach und – auf Bestreben der Geschäftsfrau und Farmerin Julia Tuttle – mit Miami verbunden. In jeder der großen Städte baute er ein Luxushotel.

Anschließend begann Flaglers ehrgeizigstes Projekt: die Verbindung zwischen Miami und Key West. Eine Bahnlinie mit einer Länge von 200 Kilometern über das Meer sollte entstehen! Er begann 1905 mit dem Bau der ersten Brücken, welche die Kette der Keys erstmals miteinander verbanden. Knapp acht Jahre baute man an diesem gigantischen Projekt, **über 700 Menschen** ließen dabei ihr Leben: So ertranken bei dem Hurrikan im Jahre 1906 alleine fast 130 Mann. Chefingenieur war J. C. Meredith. Er starb, als im Jahre 1908 die Seven Mile Bridge fertig gestellt war. Bald darauf mussten sich die Brückenbauwerke in einem Hurrikan bewähren – sie hielten stand.

*Henry Morrison Flagler*

*Das Flagler College in St. Augustine*

Auf Key West musste man dem Meer Land abringen, um Platz für einen Bahnhof zu schaffen. Am 22. Januar 1912 war es endlich soweit. Nach nur fünfstündiger Fahrt von Miami aus erreichte der erste Zug mit seinem Erbauer Flagler Key West. Das Spektakuläre war, dass nun eine durchgängige Eisenbahnverbindung von New York bis in den Süden fertig gestellt war. In Key West nahm eine Fähre Gäste auf, die weiter nach Havanna (Kuba) wollten. Eine Fahrt von New York nach Havanna und zurück kostete damals 24 US$.

Die Overseas Railroad wurde im Jahre 1935 von einem **verheerenden Hurrikan** so zerstört, dass sich ihr Wiederaufbau nicht lohnte. Dabei wurde ein Zug mit über 800 Menschen einfach fortgeweht. Die Brückenpfeiler wurden fortan benutzt, um den US 1 Highway nach Key West zu führen.

Flagler starb 83-jährig im Jahre 1913.

INFO

**Information:** Wer mehr über Henry Morrison Flagler und seine Bedeutung für Florida erfahren möchte, dem sei ein Besuch des nach ihm benannten Museums in Whitehall empfohlen: **Henry Morrison Flagler Museum**, One Whitehall Way, Palm Beach, www.flaglermuseum.us.

**Übernachten:** Direkt gegenüber dem Flagler Museum liegt **The Breakers** (www.thebreakers.com). Das Hotel ist eine architektonische Hinterlassenschaft Flaglers. Er nannte den ursprünglich an dieser Stelle stehenden hölzernen Hotelbau Palm Beach Inn, dieser brannte allerdings ebenso nieder wie sein Nachfolgebau. 1925 wurde das heutige The Breakers nach nur zwölfmonatiger Bauzeit fertig gestellt. Das Hotel ist zu einer amerikanischen Institution geworden und zählt zu den allerbesten Nobelherbergen. Auch wer nicht übernachtet, kann sich in der Lobby umsehen und die Gemälde italienischer Künstler bewundern (s. auch S. 208).

# 70 Henry Bradley Plant: Eisenbahn-Magnat der Westküste

Henry Bradley Plant wurde 1819 in Connecticut geboren. Er besuchte Florida zum ersten Mal 1853, da der angeschlagenen Gesundheit seiner Frau das milde Klima gut tun sollte. Zunächst arbeitete er als Manager der Adams Express Company, einer Schifffahrtsgesellschaft. Während des Bürgerkrieges blieb er weiter in der Branche tätig, die Gesellschaft wurde allerdings zur Southern Express Company umbenannt. Nach dem Krieg sammelte Plant Kapital, um die bankrotte Southern Railroad aufzukaufen. Er fing an, das **Eisenbahnnetz systematisch auszubauen**. Er begann mit der Inbetriebnahme einer lokalen Eisenbahn in Jacksonville. Von hier aus trieb er den Schienenstrang in Richtung Südwesten nach Tampa. 1884 war es so weit: Die Eisenbahnverbindung zwischen Jacksonville, Sanford, Platka und Tampa war hergestellt.

*Henry Bradley Plant*

1895 gehörte ihm ein Eisenbahnnetz mit einer Gesamtlänge von etwa 2.400 km und eine Küsten-Schifffahrtslinie mit dem Heimathafen Tampa. Seine Schiffe wickelten Transporte bis Key West und Kuba ab. Plant erkannte schon früh – ähnlich wie Flagler – die Bedeutung des **Tourismus**. So baute er in Tampa für über drei Millionen US$ das luxuriöse Tampa Bay Hotel, dessen Minarett-Türme noch heute das Gesicht Tampas mitprägen.

Plant, so kann man sagen, war der Motor für die Entwicklung der Gebiete an der Westküste. Seine Eisenbahn, der Hotelbau, seine von Tampa auslaufenden Schiffe sowie sein Grundstückshandel lockten viele Neusiedler an. Seinen Namen findet man in der Bezeichnung von Straßen, Hochschulen und sogar einer Stadt wieder: Plant City (östlich von Tampa). Henry Bradley Plant starb im Jahre 1899.

Das zwischen 1888 und 1891 errichtete **Tampa Bay Hotel** war für die damalige Zeit ein gigantischer Bau: Fünf Stockwerke hoch, fasste es insgesamt 511 Zimmer. Daran lässt sich ermessen, dass die Summe der Baukosten von drei Millionen US$ damals einen weitaus höheren Wert hatte als heute. Der Anspruch Plants mit diesem Hotel war es, alle anderen Winter-Resorts in Florida an Pracht und Luxus zu übertreffen.

Die **Architektur** des Gebäudes ist etwas eigenwillig: Die maurischen Minarette und Aussichtskuppeln sowie der auffällige und aufwendige Stil der sogenannten Gingerbread-Architektur erregten durchaus Aufsehen im damaligen Tampa. Und Plant hatte zunächst Erfolg mit seinem ehrgeizigen Hotelprojekt: Zu den **illustren Gästen** gehörten so berühmte Persönlichkeiten wie Theodore Roosevelt und seine sogenannten Rough Riders, also das 1. US-Volontär-Kavallerieregiment, die Schauspielerin Sarah Bernhardt, der deutschstämmige

*Im ehemaligen Tampa Bay Hotel befindet sich heute die University of Tampa*

Baseballspieler »Babe« Ruth, der immer noch als einer der bedeutendsten Baseballer aller Zeiten gilt, Clara Barton, die das amerikanische Rote Kreuz gründete, sowie mehrere Mitglieder der englischen Königsfamilie.

Heute befindet sich in dem ehemaligen Luxus-Hotel das Hauptgebäude der 1931 als Tampa Junior College gegründeten University of Tampa. 1933 war das College in eine Universität umgewandelt worden und in diesem Zuge in das seit der Weltwirtschaftskrise leerstehende Hotelgebäude eingezogen. Ein Museum erinnert heute hier an den Hotelgründer und Eisenbahnmagnaten.

INFO

**Information:** Das kleine **Henry B. Plant Museum** (401 W. John F. Kennedy Blvd., www.plantmuseum.com) ist ein National Historic Landmark und im ehemaligen Tampa Bay Hotel untergebracht. Im Museum gibt es einiges zur Geschichte von Tampa zu sehen. Sehr eindrucksvoll ist der Film zur Stadtgeschichte.

**Übernachten:** s. S. 77

**Essen & Trinken:** **Skippers Smokehouse**, 910 Skipper Road (www.skippers smokehouse.com), ist ein uriges Restaurant mit Austernbar. Die Speisekarte zeigt karibische und Südstaaten-Einschläge. Am Wochenende gibt es Livemusik, das Programm ist auf der Homepage einzusehen (meist Reggae, Blues).

# 71 Cyrus Reed Teed und die Koreshan State Historical Site

Wer nach Naples fährt, dem »Palm Beach der Westküste«, der kann bei einem Besuch der Koreshan State Historical Site eine etwas kuriose Seite der floridianischen Geschichte entdecken. Denn hier in Naples lebte die Glaubensgemeinschaft der Koreshan nach ihrer eigenwilligen Weltanschauung. Im Jahre 1869 hatte Cyrus Reed Teed (1839–1908), ein damals 30-jähriger Arzt aus New York, einen Traum, der ihn veranlasste, als ein **neuer Messias** eine bessere Welt zu schaffen. Er änderte zunächst seinen Vornamen in »Koresh«, der hebräischen Form von Cyrus, was »der Gesalbte« bedeutet.

Das Amerika des 18. und 19. Jahrhunderts war unter anderem dadurch geprägt, dass sich verschiedene Gemeinschaften bildeten, die dem Messianismus anhingen. So gründeten die Shakers schon vor 1800 eine Reihe von Gemeinden, die dem Zölibat und dem Gemeinschaftseigentum verpflichtet waren. Joseph Smith führte nach seiner Vision die Mormonen nach Utah an den Großen Salzsee und George Rapp gründete die Sekte der Harmonists.

Teed war leidenschaftlicher Verfechter eines eigenartigen Weltbildes, der **»Cellular Cosmogony«**. So hieß auch der Titel seines Buches, in dem er die Physik der Hohlwelt erläuterte. Er war vom Glauben beseelt, dass die Erde nicht im Weltraum schwebe, sondern eine Hohlkugel sei, die auf ihrer Innenseite die Ozeane und Kontinente trüge. In dieser Kugel lebten wir Menschen. Und die Sonne, der Mond sowie die Sterne befänden sich ebenfalls in der Kugel und nicht irgendwo in einem unendlichen Weltraum. Die Sonne, so Teed, sei aus zwei Hälften zusammengesetzt: Eine sei hell, eine dunkel. Durch ihre Drehung entstünden Tag und Nacht. Als Beweis wurden vielerlei Experimente angeführt, die das Weltbild von Kopernikus in Frage stellten. Diese Weltanschauung, so

*Der Eingang zur Koreshan State Historic Site – einst der Eingang in eine andere Welt*

glaubte Teed, vermittle dem Menschen Sicherheit, da dadurch das Universum endlich und damit verstehbar wäre.

*Cyrus Reed Teed*

1894 kam er mit 200 seiner meist wohlhabenden Anhänger in die sumpfige Wildnis im Südwesten Floridas und gründete hier, in Estero, die Glaubensgemeinschaft der Koreshan Unity. Das gekaufte Land sollte eine Nachbildung des Garten Eden sein. Estero sollte Neu-Jerusalem werden und aus der am Höhepunkt ihrer Entwicklung 4.000 Seelen zählenden Gemeinde sollten – so die Vision – zehn Millionen Gleichgesinnte werden.

In den Anfangsjahren schufen Teeds Anhänger in den von Mücken verseuchten Sümpfen eine eigene Welt mit herrlichen Gärten, Wegen und einer **eigenen Infrastruktur**. Alles war Gemeinschaftsbesitz und die Gemeinde versprach die Sicherung aller Bedürfnisse. Teed verwirklichte damit seiner Meinung nach die Rückkehr zum wahren Christentum. Im Alltag backte man in der eigenen Bäckerei bis zu 600 Brote, die man auch nach »draußen« verkaufte. Sport sowie Kultur wurden großgeschrieben. Es gab Tennis- und Baseballplätze, in einer eigenen Druckerei wurde eine Wochenzeitung verlegt. Ein eigenes Elektrizitätswerk versorgte die Gemeinschaft mit Strom.

Der **Ausbildung** der Kinder und Jugendlichen wurde eine große Bedeutung zugeschrieben. Neben der rein schulischen Ausbildung übernahmen die Schüler Aufgaben in der Bäckerei, Druckerei, im Gartenbau, in der Sägemühle, im Laden oder Postamt. Neben sportlicher Betätigung legte man Wert auf eine musische Erziehung. Da sich die Gemeinschaft für die Gleichberechtigung von Frau und Mann aussprach, wurden viele Frauen Anhängerinnen der Bewegung. Auf dem Gelände lebten aber Frauen und Männer getrennt, die Kinder wurden von der Gemeinschaft erzogen.

Teed, der von sich glaubte, unsterblich zu sein, starb 1908. Danach zerfiel die Gemeinschaft allmählich. Während der Weltwirtschaftskrise verkaufte man einen Teil des Grundbesitzes. Wissenschaftlicher Fortschritt, die beiden Weltkriege und die strenge Auslegung des Zölibats führten zu einer immer stärkeren Schrumpfung der Gemeinde. 1962 starb mit Hedwig Michael die letzte Anhängerin, zuvor aber übergab man den gesamten Grundbesitz dem Staat.

**INFO**

**Information: Koreshan State Historical Site**, US 41 (Tamiami Trail) und Corkscrew Road (Estero), www.floridastateparks.org/koreshan, http://koreshan.mwweb.org. Man kann am Fluss auch Kanus mieten, zudem gibt es geführte Touren.

**Übernachten:** Das **Fairways Resort** (103 Palm River Blvd., www.fairwaysresort.com) liegt im Norden von Naples in einem ruhigen Wohngebiet zwischen Golfanlagen. Die Zimmer haben eine Küche. Schwimmbad und schöner Garten. Vier Gehminuten zum schier endlosen Vanderbilt-Strand.

Weitere Unterkünfte und Restaurants in Naples s. S. 17

# 72 Carl Graham Fisher: der Finanzier von Miami Beach

Carl Graham Fisher wurde 1874 in Greensburg/Indiana geboren. Bereits nach der sechsten Klasse musste er die Schule verlassen und begann seine Karriere: Im Alter von 37 Jahren war er bereits fünffacher Millionär, als 50-Jähriger war sein Vermögen auf 50 Millionen Dollar angewachsen – im Alter von 65 Jahren starb er als armer Mann.

Im Einzelnen sahen die Stationen dieses spektakulären und tragischen Lebenswegs so aus: Mit 19 Jahren begann Fisher als Radrennfahrer und besaß ein Fahrradgeschäft in Indianapolis. Sein Unternehmen florierte und als das Automobil populär wurde, verkaufte er in seinem Fahrradgeschäft ebenfalls die neuartigen Fahrzeuge. Stets hielt er nach neuen Geschäften Ausschau, spezialisierte sich bald auf **Autorennen** und eröffnete 1909 die noch heute bekannte Indianapolis-Autorennstrecke mit dem 500-Meilen-Rennen am Memorial Day, heute als Indy 500 bekannt. Mit einem Patent für Autolampen vermehrte Fisher weiter sein Vermögen, ebenso war er maßgeblich am Bau des Lincoln Highway beteiligt, der ersten Teerstraße, die ab 1915 New York mit San Francisco verband.

Mit 30 Jahren verbrachte Fisher in Miami seine Ferien und entdeckte einen schönen Strand, den die Touristen nur per Boot von Miami aus erreichen konnten. Zuvor war John S. Collins, dem Plantagenbesitzer von Miami Beach, das

*Fisher entdeckte das touristische Potenzial von Miami Beach*

Geld zum Bau einer **Holzbrücke** ausgegangen. Fisher lieh ihm 50.000 US$ und erhielt im Gegenzug ein Grundstück am Strand von einer Meile Länge.

*Carl Graham Fisher*

Er erwarb weiteres Land und verkündete seinen Plan, das Gebiet in eine tropische Insel zu verwandeln. Dazu nahm er Bodenmaterial aus der Biscayne Bay, um damit die Mangrovenküste von Miami Beach aufzufüllen. Auf diese Weise gewann er etwa vier Quadratkilometer **neues Land**. Da er die reiche Gesellschaft von Palm Beach nicht für Miami Beach erwärmen konnte, gewann er stattdessen durch den Verkauf kleiner Parzellen Tausende von Käufern.

Fisher schuf – und das machte Miami Beach für die Investoren attraktiv – das, was man heute als **touristische Infrastruktur** bezeichnen würde: Er baute Tennis- und Golfplätze und sorgte für Annehmlichkeiten wie Strandkörbe und Duschen. Immer mehr Leute legten hier ihr Geld an – Fisher wurde reicher und reicher. Alleine 1925 verkaufte er Land im Wert von 25 Mio. US$.

Miami Beach war vom Boom erfasst: Hotels, Poloplätze, Swimmingpools, Schulen, Kirchen, Apartments und Privathäuser wurden aus dem Boden gestampft und standen Besuchern wie Bewohnern zur Verfügung.

Anschließend reifte in Fisher der Plan, in **Montauk** auf Long Island in New York eine Art »Miami Beach des Nordens« zu erschaffen. Es sollte eine Alternative für die heiße Jahreszeit sein, wenn es in Florida vor feuchter Hitze und Moskitos kaum auszuhalten ist. Fisher erwarb zusammen mit einigen Partnern Land, baute ein Luxushotel, Straßen, Wasserleitungen, Häuser und sorgte für diverse Attraktionen und Aktivitäten.

Die Finanzierung des Montauk-Projekts war aber von den Einnahmen aus Miami Beach abhängig und als ein verheerender Hurrikan im Jahre 1926 dort beinahe alles zerstörte, war Fisher finanziell sehr angeschlagen. Die **Weltwirtschaftskrise** von 1929 war für ihn die endgültige Katastrophe. 1932 hatte Fisher sein gesamtes Vermögen verloren. Verarmt starb er 1939 in Miami Beach.

**INFO**

**Information: Reiseinformationen** zu Miami Beach gibt es im Greater Miami Convention & Visitors Bureau, 701 Brickell Avenue, www.miamiandbeaches.com

**Tipp: Castles in the Sand**. The Life and Times of Carl Graham Fisher von Marc S. Foster ist eine Biographie des tragischen Helden von Miami Beach. Im Buchhandel erhältlich, allerdings nur auf Englisch.

Infos zur Restaurants und Unterkunft in Miami Beach s. S. 35 und S. 214

# 73 John Ringling: Amerikas Zirkuszar

Kunstliebhaber haben in Florida zahlreiche Möglichkeiten, auf ihre Kosten zu kommen. Die oftmals sehr lebendig gestalteten Ausstellungen eignen sich hervorragend für einen Besuch mit Kindern: So sollte man in jedem Fall das **Circus Museum** in Sarasota besuchen, das mit imposanten und schönen Zirkuswagen, Requisiten, Lithographien, Plakaten und einem Souvenirladen mit Andenken, die sich um das Thema Zirkus drehen, aufwartet.

Ebenso spannend ist auch das Sarasota **Classic Car Museum**, in dem Fans alter Automobile auf ihre Kosten kommen. Besonders sehenswert sind Oldtimer wie etwa ein Packard-Cabrio (Modell 120 aus dem Jahre 1954) oder ein Rolls Royce Silver Wraith von 1955 sowie die Autos berühmter Persönlichkeiten wie z. B. die von John Lennon und John Ringling, Amerikas Zirkuszar. Auch das John and Mable Ringling **Museum of Art** ist einen Besuch wert. Es beherbergt eine der größten Rubens-Sammlungen weltweit und auch die umliegenden, kunstvoll angelegten italienischen Gärten sollte man besichtigen. Wer dann noch nicht genug von Museen und Kultur hat, der begibt sich zum Cà d'Zan Mansion (der ehemaligen Winterresidenz der Ringlings) und zum Historic Asolo Theater. Letzteres wurde 1798 im Rokokostil erbaut.

Wer aber war nun eigentlich John Ringling, der Mann, der Zirkusgeschichte schrieb und auf dessen Spuren man in Sarasota wandeln kann?

Ringling wurde 1866 als einer von sieben Söhnen deutscher Einwanderer in McGregor/Iowa geboren. Seine Kindheit und Jugend verbrachte er in Baraboo/Wisconsin, wo sein Vater als Sattler arbeitete.

*Ringling Museum of Art*

Im Alter von vier Jahren besuchte John zum ersten Mal einen Zirkus. Begeistert von den Darbietungen arrangierte er zusammen mit seinen Brüdern am folgenden Tage eine Show – der »Eintritt« brachte ihnen einen Gewinn von 8,67 US$ ein. Motiviert von diesem Anfang bauten sie in den folgenden Jahren ihre Vorstellungen immer mehr aus: Bald führten sie sogar ein dressiertes Schwein und eine Hyäne vor! Als junge Männer zogen die Ringling-Brüder durch den Mittleren Westen und der Zirkus gewann immer mehr an Ansehen. 1908 kauften sie das Konkurrenzunternehmen des Zirkuspioniers P. T. Barnum auf und etablierten damit den weltberühmten **Ringling Brothers, Barnum and Bailey Circus**: Die »Greatest Show on Earth« war damit geboren.

John war der Motor, der Vordenker und Planer des Zirkusunternehmens. Mit seinen 270 Pfund und seiner Größe von zwei Metern war er ein wahrer Hüne. Als seine Brüder starben, war er alleiniger Zirkuskönig. Mit seinen Ranchs und Ölquellen im Mittleren Westen, seinen Farmen und Theatern in Wisconsin sowie seinem Grundstückshandel in Florida verdiente er ein gewaltiges Vermögen. Während er mit seiner Frau Mable durch Europa reiste, kaufte er wertvolle Gemälde europäischer Meister. Mit der Zeit trugen beide eine immense Sammlung zusammen. 1909 besuchten Ringling und seine Frau **Sarasota**. Ihnen gefielen das Dorf sowie die herrliche Küste so sehr, dass sie sich zum Kauf einiger Inseln sowie einiger Meilen auf Longboat Key entschlossen. Sie bauten einen Brückendamm hinüber zum Key und planten den Bau eines großen Hotels. Doch stattdessen baute Ringling den direkt am Wasser gelegenen Herrensitz Cà d'Zan. Sarasota wurde fortan zum Winterquartier des Zirkus. Später fügte Ringling seinem Anwesen ein Museum hinzu, das die kostbaren Gemäldesammlungen beherbergte. Das Wohnhaus sowie das Museum wurden von kunstvoll angelegten Gärten umgeben, die seine Frau Mable plante.

Wenige Monate vor dem Börsenkrach 1929 starb Mable Ringling. Die **Weltwirtschaftskrise** raffte John Ringlings Vermögen dahin. Im Jahre 1932 verlor der trübsinnig gewordene Ringling den Einfluss über das Zirkusunternehmen. Er starb 1936. Seine Erben, Gläubiger und die Finanzämter stritten zehn Jahre lang über den Nachlass.

Ringling überließ seinen Wohnsitz, das Museum sowie die Kunstsammlung dem Bundesstaat Florida. 1948 fügte die Regierung von Florida dem Anwesen ein Zirkusmuseum hinzu, 1950 das Asolo-Theater, das von Studenten der Florida State University's School of Theatre betrieben wird. Heute erinnert man sich in Amerika an John Ringling, wann immer das Wort »Zirkus« ausgesprochen wird.

**INFO**

**Information:**
**Ringling Museum**, 5401 Bayshore Road, Sarasota, www.ringling.org
**Sarasota Classic Car Museum**, 5500 N. Tamiami Trail, www.sarasotacarmuseum.org
**Essen & Trinken:** **Café Epicure**, 1298 N Palm Avenue, Sarasota, www.cafeepicuresrq.com. Das luftige Downtown-Restaurant bietet italienisch geprägte Küche, aber man kann auch ein hervorragendes Steak genießen. Sehr beliebt bei Einheimischen.
**Übernachten:** **Southland Inn**, 2229 N Tamiami Trail, www.southlandinn.com. Einfach, aber sauber und zentral gelegen. Gutes Preis-Leistungs-Verhältnis.

# 74 Ernest Hemingway: Angler, Trinker, Schriftsteller

Besonders eng mit Florida verbunden ist der Nobel- und Pulitzerpreisträger Ernest Hemingway, der 1928 erstmals nach **Key West** kam. Die Stadt faszinierte ihn sofort, möglicherweise auch, weil die Prohibition hier nicht so streng gehandhabt wurde – seine »Sauftouren« mit dem Barbesitzer Sloppy Joe Russell und weiteren trinkfreudigen Freunden wurden legendär. 1931 kaufte Hemingway mit seiner damaligen Frau Pauline auf der Insel ein malerisches Haus an der Whitehead Street, das auch heute noch fast unverändert besichtigt werden kann. Hier verbrachte er eine insgesamt sehr produktive, aber auch exzessive Zeit.

Nach seiner schriftstellerischen Tätigkeit in den Morgenstunden verbrachte er den Nachmittag mit Freunden beim Angeln und abends traf man sich zum Trinken in der Bar seines Freundes. Dort traf Hemingway 1936 seine zukünftige dritte Frau Martha Gellhorn. In dieser Zeit schrieb er **Klassiker** wie »Schnee auf dem Kilimandscharo« und »Tod am Nachmittag« sowie Werke, die seine Eindrücke vor Ort widerspiegeln, wie »Haben und nicht Haben«, das die Schmugglerszene beschreibt, oder »Inseln im Strom«.

Obgleich Hemingway das Haus bis 1961 besaß, zog er nach der Scheidung von seiner zweiten Frau mit seiner neuen Lebensgefährtin Martha Gellhorn, einer Journalistin, nach **Kuba**. Gelegentlich kehrte er jedoch nach Key West zurück. Nach seinem Tode wurde das Haus für 80.000 US$ verkauft und zwei Jahre später zu einem Museum umgestaltet.

Jedes Jahr im Juni werden in Key West die »Ernest Hemingway Days« gefeiert. Das Festival dauert sechs Tage und spielt sich vor allem auf der Duval Street

*Das ehemalige Wohnhaus Ernest Hemingways und heutige Museum in Key West*

und bei »Sloppy Joe's« ab. Beim Literary Seminar in Key West, das jedes Jahr veranstaltet wird, stehen Stücke von Tennessee Williams, z. B. »Endstation Sehnsucht« und »Die Katze auf dem heißen Blechdach«, sowie von Ernest Hemingway, etwa »Schnee auf dem Kilimandscharo« und »Der alte Mann und das Meer«, im Mittelpunkt der Aufführungen und Workshops.

## Wer war Ernest Hemingway?

Ernest Miller Hemingway wurde am 21. Juli 1899 in Oak Park (Illinois) geboren. Schon früh entwickelte er sich zu einer sehr eigenwilligen Persönlichkeit. Aus einem eher konservativen Elternhaus (sein Vater war Arzt) stammend, stand er in ständigem **Spannungsverhältnis** zu Schule, gesellschaftlichen Konventionen und der materialistisch ausgerichteten amerikanischen Lebensweise. Im Verlaufe des 1. Weltkrieges diente er als freiwilliger Sanitäter an der italienischen Front. Die hier gesammelten Erfahrungen dienten ihm als Hintergrund zu seinem Roman »A Farewell to Arms« (in der deutschen Übersetzung: »In einem anderen Land«).

Hemingway gehörte, wie Gertrude Stein, von der er stark beeinflusst war, einmal bemerkt hatte, zu einer **verlorenen Generation**, die nach Identifikationsfiguren suchte: Desillusioniert durch den ersten Weltkrieg und seine Folgen rang diese Generation um künstlerische Ausdrucksmittel für ihre Gefühls- und Gedankenwelt. Der Leere und Monotonie der Gesellschaft versuchte Hemingway durch eine »barometrische Genauigkeit« zu begegnen, indem er einen lakonisch-sachlichen Stil anstrebte.

Um 1937 schuf Hemingway in Key West »To Have and To Have Not« (»Haben und Nichthaben«), einen Roman, dessen Hintergrund das von wirtschaftlichen Krisen geschüttelte Key West bildet. Hier bringt ein karibischer Desperado die Ohnmacht der sozial Benachteiligten zum Ausdruck, während die Oberschicht im Prozess eines kulturellen und sittlichen Niedergangs begriffen ist. Das war natürlich nicht der Stoff, aus dem in Amerika erfolgreiche Romane gemacht waren, denn Sozialkritik war nicht angesagt... Dementsprechend verkaufte sich dieses Werk nicht sehr gut. Später war Hemingway Berichterstatter im Nahen Osten und im Spanischen Bürgerkrieg, der den Hintergrund für seinen Roman »For Whom the Bell Tolls« (»Wem die Stunde schlägt«) bildet. Seinen großen **Durchbruch** erreichte er erst mit »The Old Man and the Sea« (»Der alte Mann und das Meer«). 1954 erhielt er für diese Erzählung den Nobelpreis für Literatur.

Hemingway wurde oft als **»Haudegen«** bezeichnet, der sehr grob, oberflächlich und aggressiv mit anderen Literaten und Kritikern umgehen konnte. Andererseits war Hemingway jedoch ein sehr sensibler, mitfühlender Mensch, der zutiefst Unterdrückung hasste. Er beging am 2. Juli 1961 in Ketchum (Idaho) **Selbstmord**.

**INFO**

Information: **Ernest Hemingway Home and Museum**, 907 Whitehead St., Key West, www.hemingwayhome.com
Übernachten: Das **Wicker Guesthouse**, 913 Duval St., www.wickerhousekw.com, ist ein Komplex von neuen und restaurierten Häusern inmitten der Altstadt.
Zu **Essen & Trinken** in Key West s. S. 39

# 75 George E. Merrick: der Visionär von Coral Gables

In Miami sollte man auf keinen Fall den Besuch des mondänen Außenbezirks Coral Gables versäumen, der auch heute noch eine sehr wohlhabende Gemeinde im Bezirk von Greater Miami und eine der reichsten Kommunen der USA ist. Geplant und erbaut wurde das Viertel von George Edgar Merrick in den 1920er-Jahren.

George Edgar Merrick, 1886 in Pennsylvania geboren, zog im Alter von zwölf Jahren in den Süden Floridas. Sein Vater, der als Wanderprediger einer neuenglischen Freikirche tätig war, hatte hier für ungefähr 1.000 US$ ein 64 ha großes Landstück erworben und baute darauf zunächst ein Blockhaus. Später errichtete er an gleicher Stelle ein **Haus aus Korallengestein**, dem er den Namen »Coral Gables« (»Korallengiebel«) gab.

Hatte sein Vater noch ganz bescheiden ein Leben als Pfarrer und Farmer geführt, so schwebten dem in der Zwischenzeit zum Landrat aufgestiegenen George ganz andere Pläne vor, war er doch von der Vision besessen, hier eine Stadt zu entwickeln. Er ließ Architekten, Planer und Künstler nach Europa reisen, um im Mittelmeergebiet Ideen und Anregungen zu sammeln. Eine Art **»amerikanisches Venedig«** schwebte ihm vor. Bereits 1921 konnte er Land an baulustige Investoren verkaufen und 1925 offiziell die City of Coral Gables gründen.

Coral Gables war damals die erste Privatsiedlung, in der schlüsselfertige Luxusapartments angeboten wurden. Merricks oberste Maxime war es, die Siedlung mediterran wirken zu lassen und so spürt man allenthalben spanische, italienische oder südfranzösische Bauelemente in der Architektur.

*Venetian Pool in Coral Gables*

Das Biltmore Hotel

Besonders sehenswert in Coral Gables ist neben der Miracle Mile (Coral Way) mit ihren schicken Geschäften der **Venetian Pool**, dem venezianischen Lido vergleichbar. Das öffentliche Schwimmbad ist sicherlich einer der schönsten Swimmingpools der Welt. Ein alter Korallensteinbruch wurde zu einer tropischen Wasserlandschaft mit herrlichen alten Bäumen, Blumen, Farnen und Wasserfällen gestaltet.

Das **Biltmore Hotel** ist schon von weitem an seinen hohen Türmen erkennbar. Am 15. Januar 1926 öffnete das von George Merrick konzipierte Hotel nach nur zehnmonatiger Bauzeit. Der 100 m hohe Glockenturm – dem Giralda-Glockenturm von Sevilla nachempfunden – ist so etwas wie ein Wahrzeichen geworden.

Besichtigt werden kann zudem das **Coral Gables Merrick House and Gardens**, das Korallenhaus von Merricks Vater. Ein kurzes Video vermittelt einen guten Einblick in Merricks Leben. Das Gebäude, das 1906 erbaut wurde und am Coral Way liegt, wurde liebevoll restauriert und beherbergt alte Familienerbstücke, antike Möbel sowie Fotos und Kunstwerke.

INFO

**Information:**
www.coralgableschamber.com, www.coralgables.com, www.coralgablesvenetianpool.com

**Übernachten:**
Das **Biltmore Hotel Coral Gables**, 1200 Anastasia Avenue (www.biltmorehotel.com), ist ein wirklich sehenswerter Bau und sehr luxuriös ausgestattet. Es gibt einen riesigen Swimmingpool und ein tolles Restaurant. Allerdings sind auch die Preise entsprechend (s. auch S. 210).
Eine etwas günstigere Alternative ist das **Hotel Place St. Michel**, 162 Alcazar Ave. (www.hotelstmichel.com), ein individuell geführtes Haus nahe den Venetian Pools, mit romantischer 1920er-Jahre-Atmosphäre.
Etwas weiter entfernt, aber dafür auch mit kleinerem Geldbeutel erschwinglich, ist das **Riviera Court Motel**, 5100 Riviera Drive, mit netten sauberen Zimmern und Swimmingpool.

**Ausflug:** Nur ein paar Autominuten von Coral Gables entfernt liegt **Key Biscayne**, wo jedes Jahr im Frühjahr das Miami Masters-Tennisturnier stattfindet. Vom Bayside Marketplace aus kann man eine ca. 1½-stündige Bootstour unternehmen, die an Fisher Island, Star Island, Palm Island und Hibiscus Island vorbeiführt, die besonders mondäne Ansiedlungen beherbergen.

# 76 Thomas Alva Edison: Idealbild des genialen Erfinders

Wir schreiben das Jahr 1885. Thomas Alva Edison ist auf der Suche nach dem perfekten Material für die Glühbirne. Dabei kommt er nach **Fort Myers**, einem im Vergleich zu heute verschlafenen Nest, und folgt mit seinem Freund Ezra T. Gilliland einem Bambustrail am Caloosahatchee River. Die beiden entscheiden sich, 1½ Meilen südlich von Fort Myers Land zu kaufen. Noch heute kann man verstehen, wieso es ihnen hier am Flussufer so gut gefiel.

Die Gillilands waren es, die Edison mit seiner zweiten Frau, Mina Miller, zusammenbrachten. 1886 heiratete Edison im Keystone Hotel von Fort Myers. Unglücklicherweise verkrachten sich beide Familien und Edison kam 14 Jahre lang nicht in die Gegend. Anschließend kaufte er Gillilands Haus und nach einer gründlichen Renovierung verbrachte er bis zu seinem Tode 1931 die Winter immer in der **Seminole Lodge**, wie er sein Anwesen nannte.

*Kinetograph…*

*… und Glühbirne sind nur zwei der zahlreichen Erfindungen von Thomas A. Edison*

Täglich begegnet man den wegweisenden Erfindungen dieses Mannes, der am 11. Februar 1847 in Milan (Ohio) geboren wurde. Seine Vorfahren kamen um 1730 aus Holland nach Amerika. Es waren **einfache, arbeitsame Leute**, die als Farmer ihren Lebensunterhalt verdienten. Das kleine Backsteinhaus, in dem Thomas Edison geboren wurde, steht noch heute in Milan. »Al«, wie Edison kurz genannt wurde, zeigte schon im Vorschulalter seine besondere Gabe, Dinge auf ihre Funktionsweise hin zu hinterfragen. Dass ein solches Kind seine Lehrer vor pädagogische Probleme stellte war keine Frage. In seiner Klasse bildete er (trotz oder wegen seiner extremen Begabung) das Schlusslicht. Seine Mutter, die selbst Lehrerin war, musste ihn bald von der Schule nehmen und selbst unterrichten. Viele Jahre später, als Edison schon ein gemachter Mann war, erkannte er den unschätzbaren Wert guter Bildung und vergab die berühmten Edison-Stipendien.

Edison eignete sich das meiste Wissen im **Selbststudium** an. Schon im Alter von elf Jahren besaß er in Port Huron (Michigan), wohin seine Eltern gezogen waren, ein eigenes Laboratorium. Mit zwölf verkaufte er im Zug von Port Huron nach Detroit Zeitungen und Süßigkeiten. Schon bei diesem ersten Job zeigte er **Geschäftssinn**: Im Gepäckwagen der Bahn hatte er ein kleines Labor und eine Druckerpresse untergebracht, wo er die erste in einem Zug gedruckte Zeitung herausgab, »The Weekly Herald«. Als Zusatzgeschäft kaufte er entlang der Zugstrecke frisches Gemüse und Obst, um es an Detroiter Markthändler weiterzuverkaufen.

Thomas A. Edison

Während dieses Jobs bei der Eisenbahn riskierte er eines Tages sein Leben, um den Sohn eines Bahnhofsvorstehers vor einem herannahenden Eisenbahnwaggon zu retten. Der Vater zeigte sich auf seine Weise dankbar: Er führte Edison in die **Telegrafentechnik** ein. Von da an war Edison von allem, was mit Elektrizität zu tun hatte, fasziniert. In den weiteren Jahren arbeitete Edison als Telegrafentechniker und versuchte stetig, die Methoden zu verbessern. In seiner Freizeit erfand er bald den Stromzähler, doch hatte zunächst niemand an dieser Erfindung Interesse. 1869 zog Edison nach Washington und erfand hier eine neuartige Druckmaschine, die ihm 40.000 US$ einbrachte. Aber Geld bedeutete dem Erfinder nur insofern etwas, als er dadurch neue Experimentiergeräte kaufen konnte.

In der folgenden Zeit erfand er stetig und in wachsendem Tempo neue Dinge, die vielen Tausenden von Menschen neue Arbeitsplätze brachten. Er arbeitete oft bis zu 20 Stunden am Tag. Nach seiner außerordentlichen Begabung befragt, antwortete Edison stets: »Genie setzt sich zu 98 % aus Perspiration (Schwitzen) und nur zu 2 % aus Inspiration (Eingebung) zusammen.« Seine Mitarbeiter wurden spöttisch als »Schlaflosentruppe« bezeichnet, weil ihr Chef sie ständig in Atem hielt.

Seine Erfindungen waren bahnbrechend, sein Glaube an den technischen Fortschritt blieb eine nicht erlahmende Triebfeder. Die Liste seiner insgesamt **1.097 Patente** reicht von einfach anmutenden Erfindungen (z. B. ließ er sich das erste variable Kinderbett patentieren) bis zu technisch hochkomplizierten Geräten. Er erfand z. B. das Kohlenkörper-Mikrofon und verbesserte damit das von Alexander Graham Bell konstruierte Telefon, das Grammophon, die Kohlefaden-Lampe, den Kinetographen, einen Filmaufnahme-Apparat oder auch das Vitaskop, ein Gerät zur Laufbildprojektion (Filmprojektor).

Edison starb am 18. Oktober 1931 in West Orange (New Jersey).

INFO

**Information: Edison & Ford Winter Estates**, 2350 McGregor Blvd., www.efwefla.org. Im Museum kann man die ganze Palette der Erfindungen Edisons bewundern, u. a. die erste Schallplatte, die noch immer »Mary had a little lamb« wiedergibt. Im Laboratorium sieht man unzählige Flaschen, die z. T. noch mit Chemikalien gefüllt sind. Das Labor befindet sich noch im gleichen Zustand wie zu Edisons Tod, als sei er gerade erst gegangen...

Zu **Essen & Trinken** sowie **Unterkunft** in Ft. Myers s. S. 33

# 77 John Gorrie: der Erfinder der Eismaschine

John Gorrie wurde 1803 in South Carolina geboren. Er studierte Medizin und kam im Jahre 1833 als Arzt nach Apalachicola. Er war ein aktiver Mensch und wurde bald zu einer der **wichtigsten Persönlichkeiten** in dem aufstrebenden Baumwollhafen. Außer als Arzt agierte er zeitweise als Postmeister, Bürgermeister und Mitglied des Stadtrats. Doch in der Hauptsache widmete er sich den Kranken.

*John Gorrie*

Besondere Mühe bereitete es ihm, die vielen **Malariakranken** zu versorgen, die mit hohem Fieber daniederlagen. In jener Zeit wusste man noch nicht, dass Moskitos den Menschen mit Malaria infizieren. Vielmehr ging man davon aus, dass die heiße, feuchte Luft der niedrig gelegenen, von Sümpfen durchsetzten Gebiete die Krankheit hervorrufe. Gorrie bemühte sich daher, die Leiden der Malariakranken zu lindern, indem er sie in dunkle, kühle Räume legte. Doch es war sehr aufwendig und teuer, mit Hilfe von aus Neuengland stammendem Eis die Räume kühl zu halten.

Gorrie suchte nach besseren, effektiveren Möglichkeiten. So erfand er eines Tages die **Eismaschine**. Niemand wollte ihm glauben, dass er Eis herstellen konnte. Als die Kunde in die nördlichen Staaten drang, dass ein unbekannter Arzt mit Hilfe ei-

*Das Gorrie Museum in Apalachicola*

Die Eismaschine – Gorries berühmte Erfindung

ner ominösen Maschine Eis produzieren könne, verhöhnte man ihn gar. Es gäbe unten am Golf einen Verrückten, der behaupte, dass er wie Gott Eis herstellen könne...

1845 war Gorrie in der Lage, zehn Eisblöcke pro Tag herzustellen. Er ließ sich die Erfindung **patentieren**. Die kühle Luft, nun beliebig verfügbar und nicht mehr abhängig vom zufälligen Eintreffen eines Transportschiffes mit Eis, linderte die Fieberleiden seiner Patienten. Doch seine Erfindung wurde zunächst von der breiten Masse nicht wahrgenommen. Kein Wunder, denn der Eishandel war lukrativ und befand sich in den Händen reicher Kaufleute aus Neuengland. Sie fürchteten Konkurrenz und verspotteten die Erfindung als lächerliches Hirngespinst eines Wichtigtuers.

Gorrie starb 1855. Den Durchbruch seiner Erfindung konnte er nicht mehr miterleben. Erst nach seinem Tode wurde seine Erfindung in ihrer ganzen Bedeutung erkannt. Und wenn man heute in der Hitze Floridas einen klimatisierten Raum betritt oder etwas Kühles trinkt: Ohne den Erfindergeist des rührigen Arztes aus Apalachicola wäre dies nicht möglich.

John Gorrie zu Ehren wurde ein nach ihm benanntes **Museum** in Apalachicola errichtet, in dem man eine Nachbildung seiner ersten Eismaschine bewundern kann (das Original steht in der Smithsonian Institution in Washington D.C.). Auf dem Gelände des Museums befinden sich außerdem das Grab und eine Statue des Erfinders.

INFO

**Information:** www.apalachicolabay.org, www.floridastateparks.org/johngorrie museum

**Essen & Trinken: Tamara's Cafe Floridita,** 71 Market Street, www.tamarascafe.com. In diesem Bistro, einem Mix aus floridianischem und südamerikanischem Flair (Tamara stammt aus Venezuela), werden z. T. sehr kreative Seafood-Gerichte angeboten. Verlockend sind die selbst gemachten Desserts.

**Übernachten: Coombs House Inn,** 80 6th St., www.coombshouseinn.com. Äußerst gepflegtes Bed-&-Breakfast-Haus im Stil der alten Südstaaten – extrem gemütlich.

Weitere Unterkünfte und Restaurants in Apalachicola s. S. 45.

# 78 Walt Disney: der Vater von Mickey Mouse

Walt Elias Disney wurde am 5.12.1901 in Chicago geboren. Er war das vierte von fünf Kindern. Sein Vater war ein energiegeladener Mensch, was sich anscheinend auf Walt – der eigentlich Walter hieß – übertrug. Walt verbrachte seine Kindheit auf einer Farm in Marceline/Missouri. Und schon als kleiner Knirps zeichnete er gerne. Doch die Farmerei brachte immer weniger Geld ein, die Familie zog zunächst nach Kansas City, wo der Vater einen Zeitungsvertrieb übernahm, dann wieder zurück nach Chicago. Mit 16 Jahren illustrierte Walt eine Schülerzeitung und besuchte abends **Zeichenkurse**. Nach einem kurzen Intermezzo auf dem europäischen Kriegsschauplatz (1918 in Frankreich als Angehöriger des Roten Kreuzes) kam er zurück in die Staaten, allerdings wartete eine herbe Enttäuschung auf ihn: Seine Freundin hatte geheiratet, ihn dies allerdings nicht wissen lassen.

In den folgenden Jahren lebte er mehr schlecht als recht als relativ glückloser Illustrator, gründete mit einem holländischen Zeichner eine Firma, verließ diese aber, als ihm die Kansas City Film Ad Company einen neuen Job anbot. Walt stieg in die Zeichentrickfilmerei ein, die zwar als solche schon erfunden war, die er aber entschieden verfeinerte. Bislang nämlich stellte man Figuren her, deren Glieder beweglich waren. In jedem Stadium einer Bewegungsphase, die man fein elementarisierte, fotografierte man die Figur. Doch der daraus entstandene Film gefiel aufgrund der doch sehr ruckartigen Bewegungen nicht sonderlich. Disney verfeinerte das Verfahren, indem er dazu überging, jede einzelne, kleinste Bewegungsphase zu zeichnen. Daraus ergaben sich im Filmverlauf viel **harmonischere Bewegungen**: Den Zeichenfiguren wurde so Leben eingehaucht.

*Walt Disney auf einem Zeitschriften-Cover*

Walt Disney gründete 1922 ein **eigenes Unternehmen**, das Zeichentrickfilme produzierte. Sein Bruder Roy betreute die finanzielle Seite der Firma. Doch die Brüder gingen bankrott, obwohl sie ganz lustige Werbestreifen drehten, die beim Publikum gut ankamen: Der New Yorker Filmverleiher zahlte einfach nicht. Ihr erster Zeichentrickfilm hieß »Alice in Cartoonland«. Walt zog an die Westküste, wo ihm ein entscheidender Schritt gelang: Ein New Yorker Filmverleih kaufte Zeichentrickfilme der Alice-Serie für 1.500 US$ pro Stück. Walt heiratete 1925 Lillian (»Lilly«) Bounds, die Tuscherin in seiner Firma war.

1927 schlug die Geburtsstunde der Maus, die die Welt verändern sollte. Man nannte sie zunächst Mortimer, doch Lilly erfand einen griffigeren Namen: **Mickey Mouse**. Nun begann allmählich der Erfolg. Mickey Mouse wurde zu einem gefragten Publikumsliebling. Ohne einen Disney-Vorfilm vor der Hauptvorstellung lief in den Kinos nichts. Und schon 1933 floss reichlich Geld in die Kassen: über fünf Mio. US$ für Mickey Mouse-, Donald Duck-, Pluto- und Goofy-Filme. Die Filme wurden technisch immer mehr perfektioniert und 1935 landete Disney mit »Schneewittchen und die sieben Zwerge« einen Bombenerfolg (Einnahme: 45 Mio. US$!).

*Zu Besuch bei Familie Mouse*

Der **Zweite Weltkrieg** brachte einen großen Einbruch, da aus Europa kein Geld mehr floss. Der Firma drohte der Bankrott, nur eine Umwandlung in eine Aktiengesellschaft und Propagandafilme für die Armee konnten den Ruin abwenden. Walt Disney war tief deprimiert. Nach dem Krieg, als die Einnahmen aus dem Europa-Geschäft wieder anstiegen, drehte Disney einige hervorragende Dokumentar-, Cartoon- und Spielfilme, so z. B. »Die Schatzinsel« (1950), »Cinderella« (1950), »Alice im Wunderland« (1951), »Peter Pan« (1953), »Die Wüste lebt« (1953), »Wunder der Prärie« (1954) oder »20.000 Meilen unter dem Meer« (1955). Leider ging der maßlose Erfolg nicht spurlos an Walt Disneys Persönlichkeit vorbei: Er wurde zunehmend arrogant, trank viel und wurde politisch immer konservativer. Disney avancierte letztlich zum Kommunistenhasser und Denunzianten.

Seiner Kreativität und seinem Geschäftssinn tat dies aber keinen Abbruch: Allmählich reifte seine Idee, einen **Vergnügungspark** zu kreieren, in dem man seine Zeichentrickfiguren anfassen konnte. Sein Bruder Roy und die Aufsichtsräte der Disney Productions waren von diesem Einfall aber nicht zu überzeugen. So gründete Walt Disney ein eigenes Unternehmen. Disneyland in Los Angeles (Anaheim) wurde gebaut, 1955 eröffnet – und zum Bombenerfolg.

Anfang der 1960er-Jahre hatte Walt Disney die Idee, einen ähnlichen, aber viel größeren Vergnügungspark in Florida zu bauen. Doch die Ausführung der Floridapläne von Walt Disney World (s. S. 36) erlebte er nicht mehr. Am 7. November 1966 wurde der Kettenraucher an der Lunge operiert und starb am 15. Dezember.

**INFO**

**Informationen:**
http://disneyworld.disney.go.com
**Essen & Trinken:** zu Dinner-Shows in Orlando s. S. 106, zu Restaurants in den Parks S. 36ff.

**Übernachten:** Unterkünfte in Orlando s. S. 31, in Disney World S. 36ff.

# Sport & Outdoor

# 79 Der Suwannee River: Paddeln auf dem ruhigen, dunklen Fluss

Ein schriller Pfeifton unterbricht die morgendliche Ruhe. Der kleine Vogel leuchtet knallrot und sitzt nur ein paar Meter von der Bootsspitze entfernt auf einer Zypresse am Ufer. Warnt er die Tierwelt vor den unbekannten Eindringlingen, die da fast lautlos übers tiefschwarze Wasser gleiten?

Paddeln auf dem Suwannee River, einem der **sagenumwobensten Flüsse** des amerikanischen Südens. Schon sein Name evoziert Bilder von alten Eichenbäumen, behangen mit den geheimnisvollen Schleiern des spanischen Mooses, von Schaufelraddampfern und dem Zauber des »Old South«. Seinen Ursprung hat der 426 Kilometer lange Fluss im Okefenokee Swamp in Georgia. Von dort aus mäandert er in südwestlicher Richtung, ehe sich in White Springs die Fließrichtung in westliche und später wieder in südliche Richtung ändert. Alapaha River, Withlacoochee River und Santa Fe River ergießen sich in den Strom, ehe er in der Nähe der Stadt Suwannee in den Golf von Mexiko mündet.

Wer den Suwannee zum ersten Mal sieht, weiß, weshalb die Seminolen-Indianer ihn so getauft haben, »**schwarzes Wasser**« nämlich. Vermodertes Laub und die Gerbsäure der Pflanzen färben ihn dunkel wie Tinte. Rund zwei Wochen lang ist man unterwegs, will man den Fluss vom Stephen Foster State Park bis zur Mündung im Golf flussabwärts paddeln. In den vergangenen Jahren wurde entlang des Suwannees ein gut ausgebauter Paddel-Wanderweg eingerichtet, der sogenannte Suwannee River Wilderness Trail. Jeweils im Abstand einer Tagestour laden rustikale Flusscamps zu Rast und Übernachtung ein.

Schon nach der ersten Biegung lässt man die gewohnte Welt hinter sich: dichte Vegetation am Uferrand, rechts und links stehen blühende Zypressen sattgrün im Wasser. Man kommt rasch voran, mit fünf Kilometern pro Stunde schlängelt sich der Fluss zügig durch die Landschaft und nimmt einiges an Paddel-

*Das Wasser ist schwarz und geheimnisvoll, die Ruhe traumhaft*

*Am Suwannee Canoe Outpost geht es los*

arbeit ab. Hinter jeder Kurve offenbart sich ein domartiges Dach aus herüberlehnenden Ästen und Blättern. Vorbei geht die Reise an weißen Sandbänken, die der Fluss reingewaschen hat. **Natur-Erlebnis** pur! In der heißen Jahreszeit kann eine Tour auf dem Suwannee River allerdings zur Tortur werden: Hitze und Mücken setzen den Kanuten zu. Die beste Reisezeit auf dem Fluss ist deshalb Frühling oder Herbst.

Flussabwärts ändert sich das Bild des Suwannee langsam. Wo sonst Sandbänke die Sonne reflektierten, ragen nun am Uferrand Felsen empor, an deren feuchten Wänden Moose und Flechten wachsen. Winzige Rinnsale quellen aus dem Stein, Tausende von Tropfen perlen aus dem Bewuchs und landen nach kurzem Flug im Flusswasser. Zur Mündung hin verwandeln sich die Ufer in eine offene Marschlandschaft, ehe sich der Fluss schließlich träge in den Golf von Mexiko ergießt. (dr)

INFO

**Information:** Ein umfassender Leitfaden für Kanuten und Kajaker ist die offizielle Website des **Suwannee River Wilderness Trails**, betrieben vom Florida Department of Recreation and Parks, im Web unter www.floridastateparks.org/wilderness.
**Kanuverleih:** Es gibt zahlreiche Anbieter für den Kanuverleih am Suwannee River. Für ein Kanu muss mit etwa 25 Dollar pro Tag gerechnet werden, Paddel und Schwimmwesten inklusive. Der Transport zur Einsatzstelle kostet je nach Streckenlänge extra. Von ein paar Stunden bis zu fünf Tagen ist jede Tourdauer möglich.
Reservierungen sind erwünscht.
**Suwannee Canoe Outpost**, 2461 95th Drive, Live Oak, www.suwanneeoutpost.com
**American Canoe Adventures**, 10315 141st Blvd., White Springs, www.aca1.com
**Suwannee Guides**, Box 304, Suwannee, www.suwanneeguides.com

# 80 West Orange-Fahrrad-Trail: Radwandern in Florida

Florida und Radwandern? Bei der Hitze, bei dem Verkehr? Kann das sein? Und ob das sein kann! Auf den normalen Straßen zu fahren ist sicherlich nicht jedermanns Sache (und auch nicht wirklich zu empfehlen). Das Fahrradfahren auf besonders ausgeschilderten Trails ist dagegen sehr beliebt.

Auch unweit von Touristenzentren gibt es Dutzende **idyllische Wege**, zum Beispiel im Norden von Orlando: Der West Orange Trail ist insgesamt 32 Kilometer lang. Der vier Meter breite und durchgängig asphaltierte Weg ist sehr bequem zu befahren. Die Ausschilderung ist beispielhaft und unterwegs gibt es alle Nase lang Rastplätze zum Ausruhen und Picknicken. Beginnen kann man die Tour z. B. gegen 11 Uhr morgens an der Killarney Station. Dort, wo der Turnpike die SR 50 kreuzt, biegt man Richtung Clermont ab. Nach rund einer Meile rechts gehts in den Lake Blvd. und dann wieder nach rechts: Hier startet der Trail und die Anlage ist so schön, dass man fast hier bleiben möchte.

Bei West Orange Trail Bikes and Blades (s. u.) kann man sich ein Rad ausleihen. Es geht in östlicher Richtung und bald überquert man auf der Fahrradbrücke den Turnpike und taucht in eine ruhige Landschaft mit Siedlungen und netten Häuschen ein. Schon nach zwei Meilen erreicht man **Oakland**. Hier ist alles sehr idyllisch: das alte Townhouse, das Post Office, der Brunnen – herrliche Fo-

*Einfach zu befahren: der West Orange Trail*

*Idylle in Oakland*

tomotive mit wunderschönen **alten Eichenbäumen**, die malerisch mit Spanischem Moos bewachsen sind. Zwischen Meile 5 und 6 erreicht man das alte Städtchen Winter Garden. Der Trail verläuft in der Mitte der Straße, umrahmt von tropisch anmutender Vegetation. Und rechts und links liegen verlockende Cafés und Restaurants, die zur Einkehr einladen. Allerdings sollte man sich das für den Rückweg aufsparen, denn nun wird es ernst: Dass Florida nämlich nicht ganz flach ist, wird man spätestens jetzt merken.

Bei Meile 14 (hier überquert man die SR 435) taucht plötzlich ein buddhistischer Tempel auf, den man sich unbedingt anschauen sollte. Nun sind es nur noch fünf Meilen nach Apopka, dem Endpunkt des Trails. Zum Teil fährt man hier lange, schattige Lauballeen entlang. Und dann ist das Ziel erreicht, nach knapp zwei Stunden gemütlicher Fahrt. Kurz vor der Apopka Station kann man sich nun stärken. Zurück geht es oft bergab und in Winter Garden kann man in JR's Attic Door nun einen Kaffee und ein leckeres Eis probieren. Die letzten fünf Meilen sind schnell geschafft und nach insgesamt rund sechs Stunden inklusive Fotostopps und Rast kann man auf einen schönen Tag zurückblicken.

INFO

**Information:** **West Orange Trail Bikes and Blades**, 17914 State Road 438, Winter Garden, www.orlandobikerental.com. Miete und Anlieferung von Fahrrädern zu Hotels möglich.

**Essen & Trinken:** **The Catfish Place** – Seafood Restaurant, 311 South Forest Avenue, Apopka, www.mycatfishplace.com Hier genießt man Salate, Fisch und ein kühles Getränk.

**Übernachten:** **Park Plaza Hotel**, 307 S. Park Ave., Winter Park, www.parkplazahotel.com. Sehr elegantes, kleines Landhotel. 27 Zimmer.

**Historic Edgewater Hotel**, 99 West Plant Street, www.historicedgewater.com. Schönes Haus von 1927, direkt am West Orange Nature Trail gelegen, eher einfache Zimmer im Retro-Design, ausgiebiges Frühstück.

# 81 Schöner Angeln auf den Keys: Fliegenfischer-Paradies Florida

Beim Fliegenfischen steht, wie beim normalen Angeln auch, die Jagd nach dem Fisch im Vordergrund. Bevor der Fliegenfischer jedoch zu angeln beginnt, gilt es für ihn, das entsprechende Gewässer zu »lesen«, sich mit dem Bach, Fluss, See oder Meer vertraut zu machen. Das geht bei erfahrenen Fliegenfischern oft erstaunlich schnell, denn sie wissen, wo sich die Fische im Gewässer jahreszeitlich bedingt aufhalten. Den erfolgreichen Fliegenfischer machen aber neben der Erfahrung vor allem seine wachen Sinne aus. Besonders ein scharfer Blick ist gefragt, denn **Wirbel an der Wasseroberfläche** weisen auf Steine am Grund hin, hinter deren Strömungsschatten sich die Fische gerne aufhalten. Der Fliegenfischer schwingt die filigrane Angel peitschenartig hin und her und bringt Schnur und Fliege durch die entstehenden Federkräfte der Rute an die gewünschte Stelle. War er erfolgreich, so sucht er sich einen neuen vielversprechenden Angelplatz und verfährt dort nach dem gleichem Muster: Beobachten – Auswerfen – Fangen.

An **Equipment** benötigt der Fliegenfischer nicht viel, dafür aber eine umso speziellere und nicht eben billige Ausrüstung. Das Angelgerät besteht aus einer Fliegenrute, einer passenden Fliegenrolle, einer speziellen Fliegenschnur, einem sogenannten Vorfach und einem künstlichen Köder. Die Fliegenruten bestehen überwiegend aus Kohlefaserverbindungen und sind in unterschiedlichen Gewichtsklassen erhältlich. Die Gewichtsklasse der Fliegenrute hängt von der Fischart ab, die beangelt werden soll.

*Vergnügen für Groß und Klein: Angeln am Strand*

Außerdem werden die Fliegenruten in sogenannte Aktionsgrade unterteilt. So wird das Durchbiegeverhalten unter Last genannt. Der Aktionsgrad der Rute entscheidet über die anzuwendende **Wurftechnik**, denn die Rute mit parabolischer Aktion wird mit langsamen Bewegungen geworfen, die mit reiner Spitzenaktion erfordert dagegen schnelle Bewegungen, um die Federkraft der Fliegenrute bestmöglich auszunutzen. Die Fliegenrolle hat eigentlich nur die Funktion, die Fliegenschnur aufzunehmen und einem Fisch bei seiner Flucht genügend Schnur nachgeben zu können. Trotzdem gibt es sie in einer Fülle von Ausführungen und in jeder Preiskategorie. Die mit Kunststoff ummantelte Fliegenschnur stellt das einzige Gewicht dar, mit dem der Köder ausgeworfen wird, da dieser i. d. R. wenig Eigengewicht besitzt. Das Vorfach stellt den fast unsichtbaren Teil der Schnur dar, der zwischen Fliegenschnur und Köder geknotet wird und vom Fisch kaum wahrgenommen wird. Die **Köder** sind Imitationen von Insekten oder kleinen Fischen. Diese oft winzigen Gegenstände werden aus Federn, Tierhaaren und anderen Materialien mehr oder weniger fachmännisch von den meisten Fliegenfischern selbst gebunden.

Die **spezielle Kleidung** des Fliegenfischers besteht aus einer atmungsaktiven Wathose und einer ebensolchen Watjacke. Darüber wird eine spezielle Weste getragen, in der die Vorfächer, Köderschachteln, Hakenlöser etc. unterkommen. Die sogenannte Polbrille minimiert die Lichtreflexionen der Wasseroberfläche und verhilft dem Fliegenfischer so zu einem besseren Blick auf das, was sich darunter befindet. Hut und Holzkescher machen die Ausrüstung des Fliegenfischers perfekt.

Sollten Sie Urlaub in Florida machen und vor allem die Keys besuchen, vergessen Sie Ihre Fliegenrute nicht! Die Möglichkeiten, die sich Ihnen hier bieten sind nahezu unbegrenzt. Es gibt kostengünstige Lizenzen für die Fischerei im Salz- und Süßwasser, mit deren einmaligem Erwerb Sie in ganz Florida fischen können. Ob vom Ufer oder vom Boot aus, die Fischerei kann hier zu einem einzigartigen Erlebnis werden.

Ganz besonders gilt dies für die Keys. Hier benötigt man nicht unbedingt ein Boot, um Fische mit der Fliegenrute zu fangen. Es reicht i. d. R., wenn man am späten Nachmittag ans Wasser geht und sich einen ruhigen Strandabschnitt sucht. Sobald es dunkel wird, sollte man das Wasser verlassen, denn auch größere Raubfische können dann dicht unter Land kommen. Was das angeht, sollte man die Warnungen der Einheimischen ernst nehmen.

INFO

**Information:**
Auf den Keys gibt es sehr viele Anbieter, bei denen man Permits bekommen und spezielle Touren buchen kann. Einige von den größeren finden sich unter www.keywest.com/fishing.html oder www.fishingkeywest.com. Zur Hauptsaison empfiehlt es sich, Touren im Voraus zu buchen.

**Übernachten:** Eine schöne Möglichkeit jenseits der großen Hotelketten ist das **Key West Bed & Breakfast**, 415 William Street, www.keywestbandb.com. In dem Holzhaus von ca. 1898 wurde ein liebevoll dekoriertes B&B eingerichtet. Die acht Zimmer im karibischen Design sind so richtig zum Wohlfühlen. Jacuzzi, Sauna, Gemeinschaftsraum und Garten. Weitere Unterkünfte s. S. 39.

# 82 Der Intracoastal Waterway: Bootstour nach Cabbage Key

Wenn man bei der Anreise Florida überfliegt, wird man überrascht sein: Das Land ist durchzogen von Seen, Seenplatten und Flüssen. In der Nähe der Küste »zerfleddert« das Land allmählich in viele Inseln und Inselchen: Florida ist ein Land im Wasser! Vieles der Schönheit, Einmaligkeit und Faszination des Bundesstaats erschließt sich erst durch eine »Wanderung« auf den Wasserwegen.

*Immer den Schildern nach…*

In Florida findet man dementsprechend den größten **Bootsmarkt** der Welt und die Mehrzahl der Floridianer besitzt ein wie auch immer dimensioniertes Wasserfahrzeug: Das reicht vom Jetski und kleinen Fischerkahn mit 20-PS-Zweitakt-Motor über Sportboote bis hin zur Luxusjacht. Die vielen Häfen (marinas) verdeutlichen, dass hier überall Boote und Schiffe verschiedenster Größenordnungen liegen. Auch wenn man keinerlei Erfahrung hat, kann man hier zum Skipper werden und beispielsweise ein sogenanntes Pantoonboat mieten: Das sind Boote mit einer Plattform, auf der die Fahrerkonsole sowie bequeme Bänke montiert sind, darunter befinden sich an den Seiten in Längsrichtung zwei Schwimmer. Diese Boote sind ruhig im Fahrverhalten und ideal für alle (flachen) Binnengewässer, da sie quasi keinen Tiefgang haben. **Kein Bootsschein?** Auch kein Problem: Der Autoführerschein und eine Kreditkarte reichen und nach einer freundlichen Einweisung kann es losgehen. Auf den vielen kleinen Flüssen Floridas, die durch eine herrliche, unberührte Natur führen, kann man neben Motorbooten auch Kanus mieten.

In Meeresnähe gibt es zwei sehr gut **markierte Wasserwege**, die über lange Strecken vom offenen Meer durch schmale, flache Inseln geschützt sind, aber über »inlets« und »passages« mit dem Meer verbunden sind. An der Ostküste nennt sich dieser Wasserweg Atlantic Intracoastal Waterway, an der Westküste heißt er Gulf Intracoastal Waterway. Die Verbindung durch das Inland stellt der Okeechobee Waterway her, der von Stuart an der Ostküste über eine Distanz von etwa 160 Meilen, fünf Schleusen und unter mehr als 20 Brücken an die Westküste nach Fort Myers bzw. zur Mündung des Caloosahatchee River führt. Das Hinausfahren aus dem Intracoastal Waterway auf das Meer führt durch mehr oder weniger breite Meeresengen.

Zu beachten sind in erster Linie die roten und grünen Bojen (nummerierte Marker). Welche davon links oder rechts den Weg begleiten, fragen Sie am besten Ortskundige beim Bootsverleih. Auf jeden Fall muss man penibel darauf achten, den Marker von der richtigen Seite zu nehmen. Manchmal ist der markierte Kanal sehr schmal und gleich daneben lauern Untiefen, Felsen oder Sand-

*Auch ungeübte Kapitäne kommen auf Floridas Wasserstraßen gut klar*

bänke. Es gilt außerdem zu beachten, dass es Fahrzonen gibt, in denen man keine Wellen verursachen und daher nur in niedrigem Tempo fahren darf (»idle-speedzone – nowake«). Ist eine Geschwindigkeitsbegrenzungszone zu Ende, heißt es »resume to safe operation« (also in normalem Tempo fahren, etwa 25 m/h). Gerät man in durch größere Boote verursachte Wellen, dann die Fahrt verlangsamen und nicht über die Wellen brettern. Am besten nimmt man sie in einem Winkel von etwa 45 Grad.

Wer gerne ein paar Stunden auf dem Wasser verbringt und auch etwas für die Romantik einer kleinen Insel übrig hat, sollte einen **Ausflug nach Cabbage Key** machen (Marker 60 auf dem Gulf Intracoastal Waterway). Hier kann man sich das Cabbage Key Inn ansehen, in dem früher die Fischer Dollarscheine aufgehängt haben, damit sie nach einem schlechten Fang noch Geld für einen Drink hatten. Daraus entstand ein Brauchtum und so haben auch spätere Besucher dazu beigetragen, dass die Wände der Gaststube mit Tausenden von Dollarnoten aufgewertet wurden. Man schätzt das Vermögen an den Wänden auf 20.000–30.000 US$.

INFO

**Information: Dozier's Southern Waterway Guide**: The Cruising Authority, jährliche Ausgaben, Infos unter www.waterwayguide.com. Dies ist der beste und ausführlichste Guide für Bootfahrer. Hier gibt es neben ausgezeichneten Karten jede Menge an Adressen von Marinas, Boots- und Jachtverleihern sowie detailgetreue Beschreibungen von Strecken und Sehenswürdigkeiten unterwegs.

**Übernachten: Cabbage Key Inn**, Pineland 33945, www.cabbagekey.com. Das Insel-Gasthaus, direkt am Intracoastal Waterway gelegen, ist eher rustikal und vermietet sechs einfache Zimmer und sieben Cottages. Marina und ein legeres Restaurant mit schönem Blick auf das Wasser auf der Inselanhöhe vorhanden. Durch die tropische Vegetation verlaufen kurze Wanderwege.

# 83 Tubing auf dem Rainbow River: kristallklares Vergnügen

Wer träumt nicht von kristallklaren, smaragdfarbenen Flüssen, bei denen man bis zum Grund sehen kann und die eine Ahnung von paradiesischen Zuständen vermitteln? In Florida wird man fündig! So zum Beispiel am Rainbow River. Schon vor 10.000 Jahren sollen Indianer dessen Quellen als Wasserstelle genutzt haben. Darauf lassen archäologische Funde aus der Region schließen. Der Rainbow River liegt etwa 100 Meilen nordwestlich von Orlando und 20 Meilen südwestlich von Ocala.

Die Quelle des Rainbow River ist die viertstärkste Quelle in Florida. Aus ihr sprudeln um die 500 Gallonen kristallklares Wasser – und das jeden Tag. Neben der Hauptquelle, den **Rainbow Springs**, fließen entlang des Flusses noch viele kleine andere Quellen in den knapp sechs Meilen langen Fluss hinein. Die Quelle liefert ganzjährig Wasser mit einer Temperatur von ca. 22 Grad – im Hochsommer bietet sich hier also ein herrlich kühles Badevergnügen. Toll ist hier auch das Schnorcheln, Kanu- und Kajakfahren. Letztere können an verschiedenen Stellen entlang des Flusses angemietet werden.

Ein ganz besonderer Spaß ist aber das gemütliche Flussabwärts-Treiben auf dem Rainbow River auf einer Art großem Reifenschlauch. In Amerika wird diese Fortbewegungsart **»Tubing«** genannt. Das Schöne daran ist, dass man quasi nichts tun muss und ganz in Ruhe die schöne Umgebung und das sachte Vorankommen genießen kann. Tubes ausleihen kann man im K. P. Hole County Park, drei Meilen nördlich von Dunnellon.

Der Fluss liegt in einer traumhaft schönen Landschaft mit typischer Florida-Vegetation. Ein Picknick-Areal und ein schöner Campingplatz (separat etwas weiter südlich gelegen, Abzweig von der SR 484 östlich von Dunnellon) laden zum Verweilen ein. Bei Dunnellon treffen der Rainbow River und der Withlacoochee River zusammen.

Die Gegend um den Rainbow River hatte eine kleine Boomzeit im späten 19. Jahrhundert, als hier Phosphorite gefunden wurden. Das daraus gewonnene Phosphor wird in der Düngemittelproduktion und in der chemischen Industrie verwendet. In den 1930er-Jahren wurde die Region um die Rainbow Springs dann für den Tourismus entdeckt und eine entsprechende Infrastruktur entstand.

Der Fluss und seine Umgebung bieten vielen **Tier- und Pflanzenarten** einen Lebensraum. Elf Landschaftsformen können unterschieden werden, was eine große Artenvielfalt in Fauna und Flora möglich macht. Eichen, Sumpfkiefern, Magnolien, Hornsträucher, Judas- und Hickory-Bäume wachsen hier unter vielen anderen.

Grauhörnchen, Rotschulterbussarde, verschiedene Schmetterlingsarten, Streifenkäuze, Weißwedelhirsche sowie eine **Vielzahl an Watvögeln** können beobachtet werden. Besonders in der ruhigeren Nebensaison ergibt sich häufig die Gelegenheit zu interessanten Tierbeobachtungen. Im Visitor Center gibt es weitere Informationen über die hier ansässigen Pflanzen und Tiere.

*Mit Kanu oder Schlauch: Eine Tour auf dem Rainbow River ist ein erfrischendes Vergnügen*

**Information:**
**Rainbow Springs State Park**, 19158 S.W. 81st Place Rd., Dunnellon, www.floridastateparks.org/rainbowsprings, www.therainbowriver.com. Tubing ist von April bis September möglich Eingang ist an der SW 180th Avenue Road.

**Übernachten:** Campen ist möglich, die Campsites verfügen über Wasser und Strom. Es gibt Grillmöglichkeiten. Wer lieber ein festes Dach über dem Kopf hat, findet verschiedene Übernachtungsmöglichkeiten und Restaurants im nahegelegenen **Inverness**, s. S. 14.

INFO

# 84 Hausboot-Tour auf dem St. Johns River: unterwegs auf Floridas gemütlichem Fluss

Der träge dahinfließende St. Johns River ist mit 500 Kilometern der längste Fluss Floridas. Durch die geringe Höhendifferenz zwischen Quelle und Mündung (nur neun Meter) ist er einer der flachsten und langsamsten Flüsse der Welt. Rafting-Abenteuer sind hier also nicht angesagt.

Am schönsten kann man den St. Johns River auf komfortablen Hausbooten oder »Pontoons« (flache Boote mit ebenem Deck, auf dem Bänke und Stühle stehen) erkunden. Auf etwa 240 Kilometern zwischen dem Lake George im Norden und Lake Monroe im Süden ist der Fluss befahrbar. Seinen Anker kann man mitten in der Wildnis werfen, denn man ist **vollkommen autark**. Es gibt einen Generator an Bord, ein Warmwasser-System, eine Dusche, einen Außen-Gasgrill sowie eine Küche.

### Tipp

Mieten Sie sich unter der Woche – von Montag bis Donnerstag – ein Hausboot, dann ist alles noch ruhiger.

*Ideale Reiseform: mit dem Hausboot auf dem St. Johns River*

*Unterwegs kann man die Vogelwelt Floridas entdecken*

Hausboote, wie vieles in den USA entsprechend der Landesgröße dimensioniert, gibt es für zwei bis zehn Personen. Die größeren Boote verfügen sogar über eine Wasserrutsche vom Sonnendeck aus. Doch keine Angst, die Rutschpartie muss nicht zwangsläufig in ein Alligatoren-Maul münden, vielmehr gibt es wunderbare, kristallklare Nebenflüsse, die durch artesische Quellen gespeist werden, wie zum Beispiel die Blue Springs. Die Boote sind relativ einfach zu führen. Man sollte nur wissen, wie man das Boot mit einem Seil befestigt, was die Markierungen an den Wasserwegen bedeuten und wer Vorfahrt hat.

Aber auch wer lieber festen Boden unter den Füßen hat, kann die Ruhe und Gelassenheit, die das Leben am Fluss prägen genießen: Der **Hontoon Island State Park** auf dem St. Johns River bietet einfache Unterkünfte und himmlische Ruhe (s. S. 150).

INFO

**Information:** Verleihstationen für Pontoons und Hausboote:
**Hontoon Landing Resort & Marina**, 2317 River Ridge Road, Deland, www.hontoon.com. Sehr gepflegte familiäre Anlage, Verleih von Pontoons für bis zu 10 Personen und kleinen Fischerbooten (3 Personen).
**Holly Bluff Marina**, 2280 Hontoon Road, Deland, www.hollybluff.com. Vermietung von Hausbooten mit allem Komfort und in den verschiedensten Größen (4 bis 10 Personen).
Man braucht **keinen Bootsführerschein**, um ein Hausboot zu mieten und zu führen.

**Essen & Trinken: Blackwater Inn**, 55716 Front Street, Astor, www.blackwaterinn.com. Hier gibt es unter anderem Alligatorenfleisch und einen schönen Blick auf den St. John's River gratis dazu.

# 85 In den Everglades Natur pur erleben: mit dem Kanu durch die 10.000 Islands

Will man die Everglades und ihre wahre Naturschönheit entdecken, so bieten Kanutrips sicher eine der besten Möglichkeiten dafür. Die **Kanu-Trails** sind klar beschildert, während der Fahrt sollte man nur auf die Zeichen achten. Wenn man kein Kanuprofi ist, mag als Einstieg ein Tagestrip vorerst genügen.

## Tipps

Für einen (Tages-)Kanutrip sollte man mitnehmen:

- Mückenschutz und Sonnenschutzmittel;
- genügend zu essen und zu trinken;
- eine Decke oder ein Kissen als Sitzunterlage;
- je nach Jahreszeit guten Regenschutz;
- Lappen/Schwamm/Gefäß, um nach starkem Regenfall das Boot zu trocknen;
- Fernglas/Kamera (in Schutzbeutel einpacken).

**Hinweis**: In der Zeit von Februar bis Mai sind manche Strecken nicht befahrbar, da dann der Wasserstand zu niedrig ist. Informationen über den Wasserstand der einzelnen Trails erhält man in der Flamingo Ranger-Station oder beim Kanuverleih der Flamingo Marina.

Bei allen Tagestrips muss man sich am Beginn des Kanu-Trails (Trail Head) eintragen. Möchte man unterwegs übernachten (Zelt muss man selbst mitnehmen), dann benötigt man ein Backcountry Use Permit. Diese **Registrierung** schützt den einsamen Camper, sorgt aber auch dafür, dass nur eine begrenzte Zahl an Besuchern die Wildnis aufsucht, sodass man auf jeden Fall die Gewähr hat, unberührte Natur zu erleben.

Trotz der guten Ausschilderungen der Kanu-Trails sollte man sehr sorgfältig auf die Trail-Zeichen unterwegs achten, da man sich in der Wasserwildnis leicht verirren kann. Ebenso beachten sollte man, dass Alligatoren im Zweifel stärker sind … also Augen auf!

*Hier kann die Tour starten: Marina von Flamingo*

*10.000 Islands*

Eine besondere Spezialität für Naturfreunde und kanuerfahrene Besucher ist der **Wilderness Waterway**. Dieser Kanu-Trail führt in die absolute Wildnis der Everglades und verbindet auf seinen 99 Meilen **Everglades City** mit **Flamingo**. Entlang des Trails gibt es Möglichkeiten, sein Zelt aufzuschlagen, allerdings gibt es hier nirgends Frischwasser oder gar Elektrizität. Der Wasserweg führt zunächst durch die Whitewater Bay, folgt dann dem Oberlauf des Shark River, führt über den Harney River an die Küste, dann weiter stromaufwärts dem Broad River folgend landeinwärts. Insgesamt muss man eine Woche einplanen. Die beste Reisezeit sind die Monate von November bis Ende März. Die Temperaturen sind dann nicht so hoch und es regnet praktisch nie. Auch die Moskitoplage hält sich in dieser Zeit in Grenzen. Im Sommer ist von einer Kanutour abzuraten, da sehr häufig heftige Gewitter niedergehen. Eine weitere Voraussetzung: Man sollte über eine gute Kondition sowie gute Karten- und Navigationskenntnisse verfügen. Der Weg ist zwar mit roten Pfählen markiert, trotzdem kann man sich in dieser Wildnis leicht verirren.

In Everglades City sowie in Flamingo ist das Anmieten von Kanus möglich. Man sollte einen guten Kompass mitführen. Das Zelt sollte auch ohne Heringe stehen, da man z. T. auf Holzplattformen übernachtet. Außerdem braucht man Detailkarten, Erste-Hilfe-Ausrüstung, einen leichten Schlafsack, Taschenlampe, Gaskocher, Kochgeschirr und Besteck, Sonnenschutz, Moskitomittel aller Art, wasserdichte Kleidung und wasserdichte Packsäcke. Die Nahrungsmittel sowie das Trinkwasser müssen für den gesamten Kanutrip mitgenommen werden. Wasserbedarf pro Tag ca. vier Liter pro Person. Der Kanutrip muss beim Ranger angemeldet und ein genauer Terminplan vorgelegt werden. Die Zahl der erlaubten Kanuten ist begrenzt (wer zuerst kommt, darf zuerst fahren).

INFO

**Information:**
www.nps.gov/ever/planyourvisit/trailguides.htm

**Essen und Trinken:** in Flamingo gibt es kein Restaurant, nur einen kleinen Laden. In Everglades City: **Captain's Table Restaurant**, 102 E. Broadway, www.captainstablehotel.com. Frischer Fisch – prima sortierte Bar. Auch Hotel.

**Übernachten: The Ivey House Bed & Breakfast**, 107 Camelia St., Everglades City, www.iveyhouse.com. Dieses Haus war früher eine Herberge für die Arbeiter des Tamiami-Trails (1928). Neben einfachen Zimmern im alten Teil gibt es Räume im 2001 erbauten Inn mit einem schönen Pool-Areal. Ebenso werden von hier aus sehr lohnende Naturtrips vermittelt.

# 86 Steinhatchee: auf Jimmy Carters Spuren in der »Hauptstadt« der Jakobsmuscheln

Jenseits von Miami Beach, Naples oder Clearwater, in einer der abgelegensten Regionen Floridas ist Steinhatchee zu finden. Hier fühlt man sich auf Anhieb wohl, wenn man Natur und Gelassenheit erleben möchte. Selbst ein Visitor Center gibt es nicht, so, als würde man die Idylle nicht mit Reisenden teilen wollen. Steinhatchee ist kein Ziel für Badeausflüge, dafür ein toller Ausgangspunkt für **Offshore-Angeltouren**.

Der kleine Küstenort liegt an der »Nature Coast« am Big Bend, dem großen Bogen, den Floridas Westküste in Richtung Apalachicola macht. Steinhatchee ist bekannt für seine Jakobsmuscheln und wird auch als »Florida's Scallop Capital« bezeichnet. Die klaren Mündungsflüsse und das warme Golfwasser sorgen für einen idealen Lebensraum. Saison ist vom 1. Juli bis zum 10. September.

Nur zu Beginn der Muschelsaison ist hier wirklich etwas los, wenn etwa 1.000 Besucherboote auf der Dead Man's Bay unterwegs sind, um auf Muscheljagd zu gehen. In dieser Zeit sollte man unbedingt seine Unterkunft vorher buchen! Den Rest des Jahres geht das Leben hier einen geruhsamen Gang und vielleicht sollte gerade das ein Grund für den Besuch sein.

Auch wer aufs Fischen aus ist, kommt hier voll auf seine Kosten. Bei den Offshore-Touren kann man nach Snapper, Amberjack und Grouper angeln. Auch die Forellenfischerei ist hier oft von Erfolg gekrönt. Und das Beste: Viele Restaurants bereiten den Fang gerne zu.

Außer Angeltouren empfehlen sich **Kanufahrten** auf dem kleinen Steinhatchee River. Hierbei erlebt man das urtümliche Florida: Umgeben von verwunschenen wilden Wäldern und Sümpfen fühlt man sich in eine andere Zeit versetzt.

*Hier nächtigte schon Jimmy Carter: das Steinhatchee Landing Resort*

*Honeymoon Suites des Landing Resorts*

Schon der frühere Präsident Jimmy Carter schätzte die Idylle und verhalf dem verschlafenen Nest durch seinen Aufenthalt zu einer gewissen Berühmtheit. Er weilte im Steinhatchee Landing Resort, das direkt am herrlich wilden Steinhatchee River gelegen ist.

INFO

**Information:** www.steinhatchee.com, www.steinhatcheeriverchamber.org

**Bootsverleih: River Haven Marina and Hotel**, 1110 Riverside Drive, www.riverhavenmarinaandmotel.com. Verleih von Kajaks (mit Bring- bzw. Abholservice) und Fischerbooten. Ebenso werden professionelle Führer vermittelt.

**Booger Charters** (www.booger charters.com) offeriert Offshore-Trips zu exzellenten Angelgründen, ähnliche Angebote bei **Outta Here Charters**, www.outtaherecharters.com.

**Essen & Trinken: Roy's Waterfront Restaurant**, 100 1st Ave SW, www.roys-restaurant.com. Bekannt für seine frischen Fischgerichte. Schöner Platz, um Sonnenuntergänge zu beobachten.

**Fiddler's**, 1306 SE Riverside Drive, www.fiddlersrestaurant.com. Das rustikal-gemütliche Lokal liegt direkt am Wasser und ist für seinen guten Grouper bekannt. Und wenn man selbst Fisch gefangen hat: Der Koch bereitet ihn für den Angler zu. Beliebt sind auch die Cesar's Salads mit Grouper oder frischen Shrimps.

**Übernachten: Steinhatchee Landing Resort**, 203 Ryland Circle, www.steinhatcheelanding.com. Direkt am Steinhatchee River gelegen (ca. 5 km vom Golf entfernt) findet man hier kleine private Apartments. Es gibt kein Restaurant, man kann sich aber in den eingerichteten Küchen toll selbst versorgen. Das Resort bietet Kanus und Kajaks an, es gibt einen Swimmingpool und Tennisplatz. Mit einem Pontoon-Boot kann man unter Führung den Fluss erkunden und bis zum Meer hinausfahren.

**Steinhatchee River Inn**, 1100 Riverside Drive, www.steinhatcheeriverinn.net. Einfaches, freundlich gestaltetes Motel nahe an der Marina gelegen, 17 Zimmer mit kleiner Kücheneinrichtung, Grillmöglichkeit und Swimmingpool vorhanden.

# 87 Golfen in Florida: Möglichkeiten für die Freunde des grünen Sports

Golf ist d e r Sport in Florida, kein anderer US-Bundesstaat verfügt über mehr Golfplätze (schon 1990 wurde der 1.000ste Golfplatz eingeweiht!). Auf den meisten Golfplätzen geht es leger zu. Im Gegensatz zu Europa ist Golf in Florida eine Sportart für jedermann. Auf den Driving Ranges können auch Nicht-Golfer ihre ersten Lektionen lernen.

Westlich von Tarpon Springs ist in **Innisbrook** ein wahres Paradies für Golffreunde mit vier 18-Loch-Meisterschaftskursen entstanden. Der Anfänger kann im Innisbrook Golf Institute die Grundlagen dieses Sports ebenso erlernen wie der Erfahrene seine Abschlagtechnik verbessern kann. Die drei Golfplätze – The Copperhead, The Island Course und The Sandpiper Course – liegen in einer bezaubernden, hügeligen Landschaft, umgeben von Wäldern und Seen. The Copperhead wird im »Golf Magazine« zu den 100 weltbesten Plätzen gezählt. Das »Florida Golfweek Magazine« hat diese Anlage zur besten in Florida gewählt. Die Gesamtanlage ist sehr großzügig und luxuriös angelegt. Es gibt 18 Tennisplätze, sechs Swimmingpools, Spezialprogramme für Kinder, erstklassige Restaurants.

*Viele Plätze sind zauberhaft gelegen, wie der Eagle Creek Golf Club*

*Mission Inn Resort*

## Tipp: Öffentliche Golfanlagen in Miami

Golf ist in Florida nicht von solch einem exklusiven Hauch umweht wie in Europa. Der Key Biscayne Golf Course zählt zu den besten öffentlichen Anlagen. Die Golfanlage des Biltmore Hotels ist einen Besuch wert. Auch lassen viele private Clubs Gäste zu. Manche Hotels haben mit Golfclubs Arrangements getroffen, damit ihre Gäste Golf spielen können – fragen Sie einfach nach.
**Biltmore**, 1210 Anastasia Ave., Coral Gables, www.biltmorehotel.com/golf
**Doral Golf Resort & Spa**, 4400 N. W. 87th Ave., Miami, www.doralresort.com
**Miccosukee Golf & Country Club**, 6401 Kendale Lakes Dr., Miami, www.miccosukee.com
**Miami Beach Golf Club**, 2301 Alton Rd., Miami Beach, www.miamibeachgolfclub.com

INFO

**Information: Florida State Golf Association**, 8875 Hidden River Parkway, Tampa, www.fsga.org
**World Golf Hall of Fame**, One World Golf Place, St. Augustine, www.worldgolfhalloffame.org
**Übernachten: Westin Innisbrook Golf Resort**, 36750 US 19 N, Palm Harbor, Innisbrook, www.innisbrookgolfresort.com. Das riesige Golfgelände verfügt über vier 18-Loch-Golfplätze, drei Greens zum Üben des Puttens, elf Tennisplätze und 600 Suiten in 24 Lodges. Es gibt vier Restaurants, manche Suiten haben Küchenzeilen, sechs Pools. Der Golfer braucht das Gelände nicht zu verlassen; er kann sich hier die Haare schneiden lassen, zur Reinigung gehen, ein Fahrrad mieten … und wenn es beim »richtigen« Golf nicht klappt, sich auf Minigolf verlegen.
**Mission Inn Resort & Club**, 10400 County Road 48, Howey-in-the-Hills, www.missioninnresort.com. Ca. 35 min. von Orlando entfernt gelegenes Golfresort mit 36-Loch-Golfplatz, Tennisplätzen, Pools, Restaurant und vielem mehr.

# 88 Hochseeangeln vor Islamorada: Paradies für Sportfischer

Florida ist ein Anglerparadies – und ganz besonders ein Paradies für all diejenigen, die einmal das Hochseeangeln selbst ausprobieren oder wenigstens dabei sein möchten. Hochseeangeln oder **»Big Game Fishing«** zielt vor allem auf Grouper, Hai, Barrakuda, Thunfisch und Schwertfisch ab, die mit Hilfe eines hinter dem Boot hergezogenen Köders gefangen werden. Der Fang kann dabei schon einmal leicht die 100 kg-Marke überschreiten. Immer öfter wird das

*Islamorada ist die Hochburg für Angelsport aller Art*

Prinzip »catch and release« angewandt: Die Fische werden gefangen, fotografiert und wieder freigelassen. Von beinahe allen Küstenorten werden **Touren** angeboten. Aber Islamorada ist eine der beliebtesten und besten Locations für das Sportfischen insgesamt, und das seit über 100 Jahren. Berühmtheiten wie Ted Williams (Amerikas legendärer Baseballspieler), Harry S. Truman, Jimmy Carter und George W. Bush haben schon hier geangelt. Mehr als 400 Kapitäne bieten ihre Dienste an, die Angler auf See zu fahren.

Zwischen Key Largo und Islamorada liegt die erste größere **Brücke**, die die Keys miteinander verbindet. Hier stellt sich beim Besucher erstmals so richtig das Gefühl ein, von Insel zu Insel zu fahren. Auf Islamorada befindet sich auch das täglich geöffnete **Theater of the Sea**. Bestaunt werden können Haie und Barrakudas; auf die Delfinshow kann man verzichten, wenn man im Seaquarium von Miami war oder in Orlando Seaworld besuchen möchte.

### Shopping-Tipps für Sportfischer

**World Wide Sportsman**, 81576 Overseas Hwy, www.basspro.com. Ein Angelgeschäft der besonderen Art: Wenn man sich auf den Keys aufhält und Interesse am Angelsport hat, sollte man unbedingt dieses Geschäft besuchen, das direkt am Overseas Hwy. auf Islamorada liegt. Die Einrichtung im Kolonialstil und die Anzahl der Angelutensilien sind beeindruckend. Dies ist ein Erlebnis für die ganze Familie, denn inmitten des zweistöckigen Gebäudes steht eine polierte Holzjacht von Ernest Hemingway, die besichtigt werden kann. Daneben gibt es noch ein Meerwasseraquarium mit den gängigsten heimischen Fischarten und eine Bar, an der Kaffee und kalte Getränke ausgeschenkt werden.
**Florida Keys Outfitters**, MM 81.2 Oceanside BS, www.floridakeysoutfitters.com. Dieser Laden mit der angegliederten Florida Keys Fly Fishing School zieht Angler aus der ganzen Welt an.

## INFO

**Information:**
www.islamoradachamber.com, www.theaterofthesea.com
**Essen & Trinken:** **Green Turtle Inn,** MM 81.5, Overseas Highway, www.greenturtlekeys.com. Restaurant, das auch Einheimische lieben. Es gibt u. a. Alligatorensteak sowie viel Fisch, Fleisch und Salate. An manchen Abenden gibt es dazu Klaviermusik.
**Atlantic Edge**, MM 82, 81801 Overseas Highway, www.cheeca.com. Hier erwarten den Gast gute Key Lime Pies sowie fangfrischer Fisch. Schöner Blick auf das Meer, recht teuer. Auch ein Hotel (Cheeca Lodge).
**Übernachten:** **Casa Thorn B&B**, 114 Palm Lane, Islamorada, www.casathorn.com. Gemütliches Bed&Breakfast mit fünf Zimmern unterschiedlicher Ausstattung, Pool. Sehr freundliche Gastgeber.
**Cheeca Lodge & Spa**, 81801 Overseas Highway, MM 82, www.cheeca.com. Ein wahrlich exklusives Juwel mit 86 Zimmern, direkt am Palmenstrand gelegen und entsprechend teuer.
**Angeltouren:** **Fishabout Charters**, www.floridakeysflyfish.com. Captain Geoff Colmes und seine Kollegen bieten Tagestouren und mehrtägige Touren an, die u. a. bis in die Küstengewässer der Everglades führen (sie starten in Flamingo).
**Florida Key Fishing Adventure**, MM 84 Oceanside (Holiday Isle), http://floridakeysfishingadventures.com. Captain Chuck Kitto hat über 25 Jahre Erfahrung und bietet Eco-Tours, Backcountry- und Offshore-Angeltouren sowie Schnorchel- und Kanutouren an.

# 89 Wracktauchen vor Floridas Küsten: diving at its best

Florida ist sicher als »Unterwasser-Paradies« zu bezeichnen, bietet sich doch hier für jeden Geschmack etwas: Man kann sich ganz einfach nur Flossen und Taucherbrille überstreifen und schon gehts los zum Schnorcheln. Man kann mit Manatees schwimmen oder mit Delfinen auf Tuchfühlung gehen. Und man kann natürlich auch richtig »abtauchen« und beispielsweise eines der zahlreichen Schiffswracks, die vor Floridas Küste liegen, erforschen. Die Schiffe, die es hierbei zu entdecken gilt, sind entweder bei Stürmen oder durch Zusammenstöße mit anderen Schiffen gesunken, oder aber sie wurden absichtlich als künstliche Riffs versenkt.

Das größte künstliche Riff der Welt befindet sich denn auch vor Florida, bei Pensacola, und es handelt sich dabei um den ehemaligen Flugzeugträger der US Navy **»USS Oriskany«**. Am 17. Mai 2006 wurde das Schiff 24 Seemeilen vor der Küste versenkt und dient seitdem für Sporttaucher als Unterwasser-Tummelplatz. Diesem Projekt vorausgegangen war natürlich ein langer Vorbereitungsprozess, so musste etwa der Motor entfernt werden und es galt, alle Rückstände von Öl oder Asbest aus dem Schiff zu beseitigen, um den Umweltauflagen gerecht zu werden. Das Schiffswrack darf nun auch als erstes in den USA das Umweltgütesiegel der EPA tragen. Doch nicht nur an die Umwelt wurde gedacht, auch auf das Wohl der Taucher wurde besonderes Augenmerk gelegt, indem man beispielsweise alle scharfen Gegenstände im und um das Wrack entfernt hat.

Somit stellt ein Tauchgang zur USS Oriskany sicher ein besonderes Erlebnis dar, doch auch andere Wracks lohnen einen oder sogar mehrere Tauchgänge: Auch die »USS Spiegel Grove« und die **»City of Washington«** sind für Tauchbegeisterte unbedingt zu empfehlen. Letztere sank vor bald 100 Jahren, genauer gesagt im Jahre 1917, als sie vor Key Largo auf ein Riff auflief und auf der Stelle unterging. In nur zehn Metern Tiefe kann man das Wrack erforschen und dabei die fantastische Unterwasserwelt und vor allem die zahlreichen Fische aus nächster Nähe bewundern. Schildkröten, Mantas, Kraken und viele mehr haben hier ihren Lebensraum.

Wer sich in allzu großer Tiefe nicht wohl fühlt, der findet am Elbow Reef in nur acht Metern Meerestiefe »Mike's Wreck«, das man, zumindest oberflächlich, sogar mit dem Schnorchel erkunden kann.

Und wem selbst diese acht Meter Tiefe zu viel sein sollten, der findet in nur drei Metern Tiefe die Stahlsegeljacht »Germania«, die 1906 in Kiel erbaut wurde und 1930 an der Küste Key Biscaynes sank.

**INFO**

**Information:**
**www.divespots.com**: Seite mit Infos zu zahlreichen Wracks, deren Lage und Tiefe.
**www.visitpanamacitybeach.com/do/diving:** Infos zu Tauchmöglichkeiten um Panama City Beach.
**www.fla-keys.com/keylargo/**: Infos zum Tauchen an den Keys, vor allem Key Largo.

*Ein echtes Erlebnis: Wracktauchen*

Auch um **Panama City Beach** gibt es zahlreiche Tauch-Spots und ebenso viele Anbieter. Eines der bekanntesten Wracks ist das der »Empire Mica«, ein 1942 von deutschen U-Booten versenkter britischer Öltanker. Er liegt etwa 64 Meilen von Panama City entfernt. Zudem liegt hier ein künstliches Riff rund um die »Chippewa«, einen Ende der 1980er-Jahre versenkten Schlepper, der ca. 30 m tief auf dem Meeresgrund liegt. Zudem gibt es rund 50 weitere künstliche Riffs, die in Zusammenarbeit mit dem Panama City Marine Institute eingerichtet wurden.

Die natürlichen Riffs liegen einige Meilen von der Küste entfernt. Die beste Tauchzeit bei Panama City Beach ist zwischen April und September. Zahlreiche Anbieter finden sich im Ort.

# 90 Myakka River State Park und Crowley Museum and Nature Center

Der Myakka River State Park, an der Westküste Floridas bei Sarasota gelegen, ist ein **großes Erholungsgebiet** mit sehr schön angelegtem Campingplatz. Es gibt Wandermöglichkeiten und einen Fahrradverleih. Auch Bootstouren (Kanu und Kajak) sind möglich. Dieser State Park veranschaulicht in eindrucksvoller Weise die Schönheit und Eigenart der floridianischen Landschaften und Vegetationsformen. Es gibt mit Spanischem Moos bewachsene Zypressen, deren Anblick oft ein bisschen melancholisch stimmt, prächtige Palmen, ruhig dahinfließende Gewässer wie etwa den Myakka River.

Die Palmenhaine wechseln mit Eichenwäldern und Nadelgehölzen. Es gibt Sümpfe, Seen – aber auch Prärielandschaften. An den Ufern des Myakka River kann man Ibisse, Geier, verschiedene Kranicharten, Alligatoren, Schildkröten und mit Glück Otter beobachten. Herrlich ist es, mit einem Kanu dahinzugleiten. Der Verleih befindet sich am Boat Basin, fünf Kilometer vom Haupteingang entfernt. Auch sind **Airboat-Fahrten** möglich, die aber eine etwas zwiespältige Angelegenheit sind, da die lauten Motoren dieser Boote beinahe alle Tiere weglaufen, -fliegen oder -schwimmen lassen. Der hier operierende »Gator Gal« zählt mit einer Aufnahmekapazität von 70 Personen zu den größten dieser Lärm-Ungetüme. Von Mitte Dezember bis Mai wird zudem eine Safari Tram Tour angeboten.

*Otter sind exzellente Schwimmer und Taucher*

Naturliebhabern stehen zudem insgesamt 63 Kilometer sehr gut markierte **Wanderwege** zur Verfügung. Dabei kann man u. a. von langen Holzstegen und einem Aussichtsturm aus die urwüchsige Natur bewundern. Auch Fischen ist im Myakka River und in den anderen Gewässern des Parks möglich. Unter vielen anderen Fischarten tummeln sich hier verschiedene Hecht- und Welsarten.

*Mit dem Kajak in den Sonnenuntergang*

Auch einen interessanten **Reitpfad** durch eine offene Prärielandschaft gibt es, auf dem man oft verschiedene Tiere wie Rehe, Truthähne und Watvögel beobachten kann. Seltener bekommt man auch Otter, Alligatoren und Weißkopfseeadler, das Wappentier der USA, zu Gesicht. Manchmal sogar einen der scheuen Rotluchse. Der Trail ist insgesamt knapp 20 Kilometer lang. Am Wegrand stehen Markierungen, die man mit der am Visitor Center ausgegebenen Reitkarte abgleichen kann. Pferde kann man im Park allerdings nicht ausleihen, sondern muss sie aus einem Gestüt der Umgebung mitbringen.

Eine weitere kleine Attraktion des Parks ist der Myakka **Canopy Walkway**, ein Steg, der von Baumkrone zu Baumkrone führt. Eine 25 Meter lange Hängebrücke in acht Metern Höhe muss dabei überwunden werden, also nur etwas für Schwindelfreie.

### Crowley Museum and Nature Center

Das direkt nördlich des Myakka State Park gelegene Crowley Museum hat sich der Erhaltung der Natur und Information über die verschiedenen hier lebenden Pflanzen und Tiere verschrieben. Es gibt ein kleines Infobüchlein mit dessen Hilfe man auf angelegten Pfaden die lokale Vegetation entdecken kann.

INFO

Information: **Myakka River State Park**, 13208 State Road 72, 27 km südöstlich von Sarasota, www.floridastateparks.net/myakkariver, www.myakkariver.org. Es gibt Campingplätze und es werden auch einfache Hütten vermietet.

**Crowley Museum**, 16405 Myakka Road, Sarasota, www.cmncfl.org.

Übernachten: **The Cypress B&B Inn**, 621 Gulfstream Ave., www.cypressbb.com. Fünf schöne, individuell gestaltete Zimmer, leckeres Frühstück.

# 91 Wandern im Vogelparadies Panhandle: der Great Florida Birding Trail

Frische Luft, Bewegung und interessante Begegnungen mit der floridianischen Tierwelt: Eine Wanderung auf dem Great Florida Birding and Wildlife Trail ist ideal für Outdoor-Fans. Insgesamt etwa 3.200 km umfasst das Wegenetz des von der Florida Fish and Wildlife Conservation Comission initiierten und organisierten Programms. Es verbindet beinahe 500 ausgezeichnete Vogelbeobachtungsgebiete in Florida miteinander. Vorbild des zwischen 2000 und 2006 entstandenen Projekts war der äußerst beliebte Great Texas Coastal Birding Trail.

*Auch kleinere Vertreter der floridianischen Fauna können auf dem Trail beobachtet werden*

Der Trail ist in **vier Sektionen** aufgeteilt: Ostflorida zwischen dem Lake Okeechobee und der Grenze zu Georgia, Westflorida zwischen Tampa und Tallahassee, Südflorida einschließlich der Keys und die Panhandle-Sektion, also den schmalen Landstreifen im Nordwesten, an der Grenze zu Alabama. Der Panhandle (s. S. 58) zeichnet sich insgesamt dadurch aus, dass er weniger überlaufen ist als die touristischen Zentren im Süden und in Zentralflorida. Daher ermöglicht er ein besonders intensives Naturerlebnis. Die Tiere leben in einem weitestgehend unberührten und natürlichen Umfeld.

*Breitschwingenbussard*

Die Panhandle-Sektion des Trails ist in 13 verschiedene »Cluster« aufgeteilt, die jeweils über mehrere besondere Vogelbeobachtungsmöglichkeiten verfügen. Die **Gateways** mit Visitor Center befinden sich im Big Lagoon State Park bei Pensacola, also ganz im Westen des Panhandle, und in der St. Marks National Wildlife Refuge im Osten.

*Streifenkauz*

Der **Big Lagoon State Park** bietet sich als Startpunkt eines längeren Trips auf dem Birding Trail ebenso an wie für Reisende, die sich auf einen Spot entlang des Trails beschränken und diesen etwas genauer in Augenschein nehmen möchten. Der Park bietet eine Vielfalt von Lebensräumen und also auch eine große Bandbreite verschiedenster Vogelarten, wie z. B. mehrere Möwen- und Schwalbenarten, Goldspechte und Eistaucher. Auch die stark gefährdete Georgia-Gopherschildkröte kann hier beobachtet werden.

Weitere interessante Spots in der Panhandle-Sektion sind etwa der Edward Ball Wakulla Springs State Park, in dem man eine Fahrt mit einem Glasbodenboot unternehmen kann (s. S. 134), der St. Andrews State Park, in dem interessante Seevogelarten leben (s. S. 58) und der Ochlockonee River State Park, wo man u. a. den Kokardenspecht beobachten kann.

Wie bei allen anderen Wanderungen gilt auch auf dem Birding Trail: Genügend Wasser mitnehmen, **Sonnenschutz** (Hut und Sonnencreme) nicht vergessen und, v. a. an Binnengewässern, vor Insektenstichen schützen.

INFO

**Information:**

**http://floridabirdingtrail.com**

Auf der Website gibt es ausführliche Trail Guides zum Download. Informationen sind aber auch an den Gateway Sites der einzelnen Sektionen des Parks erhältlich. Dort befindet sich jeweils ein Visitor Center. Hier kann man auch Ferngläser gegen Pfand ausleihen.

**Übernachten:**

Die State Parks verfügen oft über gut ausgestattete **Campingplätze**, so etwa der Big Lagoon oder der St. Andrews State Park. Hotels und B&Bs finden sich in den größeren Orten entlang des Trails, etwa in Tallahassee (s. S. 22) oder Pensacola (s. S. 42).

# Essen & Übernachten

# 92 The Breakers: »The worlds finest resort«

Man muss nicht unbedingt Millionär sein, um einmal in den Hauch von Luxus einzutauchen, der **Palm Beach** umgibt (s. auch S. 36). Wird Palm Beach zu Recht als einer der vornehmsten Orte Floridas bezeichnet, so bietet es natürlich auch zahlreiche Hotels, in denen man sich als Kunde nicht nur wie ein König, sondern fast schon kaiserlich fühlen darf.

Als eine der ersten Adressen ist hier das Hotel The Breakers zu nennen, das auf eine lange Geschichte zurückblicken kann. Diese geht auf den Eisenbahn-Magnaten Henry Morrison Flagler (s. S. 158) zurück. Flagler, der die Bedeutung von Tourismus für Florida früh erkannte, ließ an dieser Stelle ein luxuriöses Hotel errichten und nannte es Palm Beach Inn. Der Holzbau brannte allerdings später nieder, ebenso wie sein Nachfolgebau. 1925 wurde das heutige The Breakers fertiggestellt und ist inzwischen zu einer amerikanischen Institution geworden. Es zählt in den USA zu den allerbesten Nobelherbergen.

Auch wer hier nicht übernachten möchte, kann z. B. am Sonntagvormittag zum Brunch kommen und die großzügige Atmosphäre dieses Hauses kennenlernen. In der Lobby kann man sich auch als Besucher umsehen. Hier haben sich 1926 75 extra zu diesem Zweck aus Italien hergeholte Künstler mit wunderschönen Gemälden verewigt.

Das Hotel ist direkt gegenüber dem Flagler Museum gelegen, an der South County Road. Die Preise sind dem Luxus entsprechend ziemlich hoch, dasselbe gilt für die verschiedenen zum Hotel gehörigen Restaurants – dafür wird aber auch alles geboten, was das Herz begehrt.

Und wem der Sinn nach **sportlichen Aktivitäten** stehen sollte, der ist hier ebenfalls aufs Beste versorgt: Es gibt Tennisplätze, man kann Golf spielen, ein Fahrradverleih ist vorhanden und alle Arten von Wassersport werden angeboten.

Das Hotel verfügt nicht nur über einen eigenen Strand,

*Das traditionsreiche Hotel ist eine amerikanische Institution*

*Gediegenes Ambiente im Restaurant L'Escalier*

sondern auch über nicht weniger als fünf verschiedene Swimmingpools sowie vier Whirlpools. Dabei sind verschiedene Poolbereiche für unterschiedliche Bedürfnisse – Sport und Spaß, Kinder, Ruhe und Erholung etc. – ausgewiesen.

**Neun Restaurants**, u. a. französische, italienische und asiatische Küche, und fünf Bars erfüllen nahezu jeden kulinarischen Wunsch. Sogar zum Shoppen von Designer-Klamotten muss man das Hotelgelände nicht verlassen. Neben Burberry und Ralph Lauren gibt es Coconut Crew (Designerkleidung für Kinder), Absolutely Suitable (Designer-Bademode), Guerlain (Kosmetika) und viele andere kleine Shops und Boutiquen, die zum Überziehen der Kreditkarte einladen.

Trotz allem Luxus herrscht in The Breakers aber keine snobistische Totenstille, in der jedes Kinderlachen als störend empfunden wird. Im Gegenteil: Für **Familien mit Kindern** wird sogar ein Extra-Veranstaltungsprogramm angeboten. Es gibt ein Salzwasser-Aquarium, einen Outdoor-Spielplatz, ein Mini-Kino und jede Menge Sportangebote für Kinder, z. B. Basketball, Volleyball, Hockey und vieles mehr…

**INFO**

**Information:** One South County Road, Palm Beach, www.thebreakers.com
**Ausflüge:** Neben den vielen Millionärsvillen bietet Palm Beach kulturell und geschichtlich Interessantes, wie das Flagler Museum (s. S. 159) oder das Norton Museum of Art sowie den Lion Country Safari Park mit Elefanten, Nashörnern und Co.

**Sonstiges:** Heiraten im The Breakers: Das Hotel bietet die komplette Organisation und Durchführung von Hochzeitszeremonien und Feierlichkeiten an, von der intimen Familienfeier bis hin zum Riesenevent mit bis zu 500 Gästen.

# 93 Eine Welt für sich: Coral Gables und das Biltmore Hotel

Wer an Florida denkt, hat sofort das Bild vor Augen, mit dem man den Sunshine State in erster Linie assoziiert: Sonne, Palmen, endlose strahlendweiße Strände und Luxus pur. Das alles findet man in und um Miami. Vor allem die mondänen Außenbezirke lohnen hier einen zusätzlichen Besichtigungstag. In dem noblen Stadtteil **Coral Gables** (s. S. 170) alleine kann man schon einen interessanten und angenehmen Nachmittag verbringen. La Puerta del Sol, das Sonnentor, ein etwa 30 m hoher Wasserturm, die Stadtuhr und vor allem der Venetian Pool sorgen für mediterranes Flair und sind die Charakteristika des Stadtteils.

*Der Glockenturm des Hotels ist weithin sichtbar*

Ein Highlight und so etwas wie das Wahrzeichen des Viertels ist das **Biltmore Hotel**. Am 15. Januar 1926 öffnete das von George Edgar Merrick, Gründer und Gestalter von Coral Gables, konzipierte Hotel nach nur zehnmonatiger Bauzeit. Der 100 m hohe Glockenturm des Hotels (er soll an den Giralda-Glockenturm von Sevilla erinnern) ist schon von Weitem sichtbar.

*Ein Traum aus roten Rosen und Kristall: Hochzeitsbankett im Biltmore Hotel*

*Das Fontana-Restaurant bietet mediterranes Flair und norditalienische Küche*

Insgesamt fast 300 Zimmer und Suiten gibt es in dem riesigen Komplex. Trotzdem ist hier keinesfalls homogene Langeweile angesagt. Die Zimmer sind individuell, aber immer **geschmackvoll und mediterran** eingerichtet. Besonders die Suiten verfügen über spezielle Highlights, wie etwa die Tower Suite, die einen privaten Aufzug und einen Rundumblick über die Umgebung bietet.

Vier Restaurants, zwei Bars und eine Teelounge sorgen für kulinarische Abwechslung. Die **französische Küche** im Hauptrestaurant Palme d'Or ist preisgekrönt. Außerdem hat man die Wahl zwischen italienischer und karibischer Küche sowie den gehobenen amerikanischen Klassikern im Golfrestaurant. Wer möchte, kann den Urlaub auch nutzen, um sich selbst ein paar Küchentricks zeigen zu lassen. Eine Kochschule bietet Kurse für Kinder und Erwachsene.

Eine besondere Attraktion ist der 1925 von einem schottischen Golfplatzdesigner angelegte 18-Loch-Platz. Natürlichkeit und Abwechslung waren dabei die Leitlinien, was auch heute noch zu einer ebenso anregenden wie entspannten Partie einlädt.

INFO

**Information:** 1200 Anastasia Ave, Coral Gables, südwestlich von Miami Beach, www.biltmorehotel.com
**Ausflüge:** **Coconut Grove** gilt als bevorzugtes Wohngebiet von Künstlern. Kleine Cafés, Restaurants und Boutiquen prägen das Stadtbild ebenso wie das bunt gemischte Publikum. 10 Min. mit dem Auto.

# 94 Eine Nacht unter Wasser: Jules' Undersea Lodge auf Key Largo

Floridas geografische Erscheinung ist durchaus interessant: Im Norden weist der Panhandle, Floridas »Pfannenstiel«, nach Alabama. Im Süden dagegen »kleckert« der Sunshine State förmlich aus: Eine **Reihe von kleinen Inseln** – die Keys – ziehen einen Bogen bis hin zu den Dry Tortugas. Alle Eilande bis Key West sind mittels Brücken – z. T. gigantischen Konstruktionen wie der ca. elf Kilometer langen Seven Mile Bridge – miteinander verbunden.

Apropos »Keys«: Die Bezeichnung der Inseln hat nichts mit dem englischen Wort für »Schlüssel« zu tun. Vielmehr leitet sich dieser Name aus dem spanischen Wort »cayo« (»kleine Insel«) ab. In der amerikanischen Alltagssprache wurde daraus »key«.

Die Inselkette wird meist in **drei Hauptabschnitte** unterteilt: Die Upper Keys von Key Largo bis Long Key, die Middle Keys von Long Key bis an die Seven Mile Bridge und die Lower Keys von der Seven Mile Bridge bis Key West.

Die Keys mit ihren endlosen Stränden, den spektakulären Brücken und dem aufregenden Nachtleben auf Key West sind das »Sahnehäubchen« eines Florida-Besuchs. Auch außergewöhnliche Erlebnisse wie etwa das Schwimmen mit Delfinen oder spektakuläre Übernachtungsmöglichkeiten, von denen die Jules' Undersea Lodge auf Key Largo sicher die exotischste sein dürfte, sprechen für einen Abstecher auf die Keys.

*Abendstimmung vor Key Largo*

Dieses 1986 eröffnete Hotel war das **erste Unterwasserhotel der Welt** und liegt in etwa zehn Metern Tiefe in einer Mangrovenlagune. In Anlehnung an Jules Vernes berühmten Roman »20.000 Meilen unter dem Meer« wurde es nach diesem Autor benannt und ist ein echtes Unikum: Die Zimmer bieten allen Komfort, den man sich nur wünschen kann, so etwa TV, Telefon und Stereoanlage. Natürlich muss man auch unter Wasser nicht auf kulinarische Genüsse verzichten und so wird das Essen in wasserdichten Koffern gebracht. Highlight in dem ehemaligen Wasserforschungslaboratorium ist aber natürlich, das man umgeben ist von einer tropischen Fisch- und Pflanzenwelt, der man durch Tauchunterricht sowie naturgeschichtliche Kurse unter Wasser näher kommen kann. Die Taucherausrüstung ist im Preis inklusive, anmelden sollte man sich mindestens einen Monat vorher.

*Die Zimmer sind nur in Taucherausrüstung zu erreichen*

Und auch über Wasser bietet Key Largo so einiges an Empfehlenswertem, wie etwa das **Fish House Restaurant**. Hier werden hervorragende Fischgerichte verfeinert mit den Gewürzen der westindischen Inseln serviert. Täglich kommt der Fang quasi durch die Hintertür herein, das Lokal wird von lokalen Fischern beliefert. Die Atmosphäre ist locker-leger – man sollte keine Eleganz erwarten, dafür aber sagenhafte Frische. Eine wahre Institution ist Mrs. Mac's Kitchen, in der man auf sehr rustikale Weise frischen Fisch und Steak genießen kann. Das Restaurant ist seit den 1950er Jahren, als hier nur lokale Fischer einkehrten, fast unverändert! Im Caribbean Club wurde der **Film »Key Largo«** mit Humphrey Bogart und Lauren Bacall gedreht. Hier kann man von der Veranda aus bei Bier und Pizza den Sonnenuntergang genießen.

**INFO**

**Information:** ca. 100 km südlich von Miami gelegen, www.jul.com
**Sonstiges:** Ein Erlebnis, an das man sich bestimmt immer wieder gerne erinnern wird, ist die Unterwasser-Trauung in der Jule's Lodge. Hier kann die Hochzeitszeremonie direkt in die Flitterwochen übergehen. Hochzeitskleid und -torte werden garantiert trocken ins Trauzimmer geliefert...

# 95 Breakwater Hotel South Miami Beach: Art déco trifft modernen Luxus

Das traditionsreiche Hotel Breakwater war schon in den 1940er-Jahren ein Anziehungspunkt für die Reichen und Berühmten. Das Gebäude wurde 1939 von dem aus Jugoslawien stammenden Architekten Anton Skislewicz geplant und errichtet. Die Art-déco-Fassaden stehen inzwischen unter Denkmalschutz. Seit seiner ersten Eröffnung hat das Hotel zusammen mit dem ganzen Stadtbezirk South Beach kulturelle und finanzielle Höhen und Tiefen miterlebt. Die komplette Renovierung und die Neueröffnung im Frühling 2011 sollen die glamouröse Ära der Anfangszeit des Hotels wieder aufleben lassen.

Dem steht angesichts der geschickten Kombination von **Luxus und Komfort** nichts im Wege. Das Interieur stellt den gelungenen Versuch einer modernen Interpretation des Art déco dar, wodurch Fassade und Einrichtung zu einer homogenen Einheit werden.

Das Hotel verfügt über insgesamt **100 Zimmer und Suiten**, die den Miami Boutique Lifestyle wiederspiegeln. Die Zimmer sind großzügig und modern ausgestattet. Es gibt luxuriöse King Size-Betten mit Daunendecken. Plasma-TV und kabelloser Internetzugang gehören ebenso zur Grundausstattung wie ein elegantes Badezimmer mit einer spektakulären Regendusche. Die Zimmer mit Meerblick verfügen zusätzlich über eine Badewanne. Die VIP Penthouse Suite ist die Super-Luxus-Variante mit separatem Wohnzimmer, Dachterrasse und Jacuzzi mit Meerblick.

*Die Einrichtung ist von schlichter Eleganz*

Zu den Annehmlichkeiten des Hotels gehören unter anderem ein Swimmingpool, ein Fitnessraum, ein Internet-Café, eine Dachterrassenlounge und der Strand-Service mit hoteleigenen Liegen.

*Die coole Eleganz der 1940er-Jahre erlebt hier ein Comeback*

Die **Dachterrassenlounge** ist eine Oase mitten im South Beach Art-déco-Distrikt und verfügt über einen traumhaften Blick über den Atlantischen Ozean und den Strand sowie die Lichter des berühmten Ocean Drive. Tagsüber können die Gäste sich auf bequemen Loungebetten entspannen und abends entsteht durch sanfte Beleuchtung und Musik eine ganz besondere Atmosphäre.

Das absolute Highlight des Hotels ist aber der durchsichtige **Poolbereich**, der mit einem Pool-Deck beide Hotelgebäude auf Höhe der zweiten Etage verbindet. Abends wird dieser Bereich mit Farblichtern angestrahlt und ist damit vom Ocean Drive aus zu sehen.

Das Breakwater Hotel liegt direkt an der Grenze zum Lummus Park, in dem in den 1980er-Jahren viele Szenen der Kult-Serie »Miami Vice« gedreht wurden. Der Bereich des Ocean Drive zwischen der Fünften und der Fünfzehnten Straße – genau in der Mitte liegt das Breakwater Hotel – ist der Vorzeige-Distrikt der Art déco-Architektur von Miami Beach. Schon ein kleiner Spaziergang in der Hotelumgebung wird hier also zum kulturellen Erlebnis.

**INFO**

**Information:** 940 Ocean Drive Miami Beach,
www.breakwatersouthbeach.com

**Ausflüge:** Abgesehen von den auf S. 34 beschriebenen Highlights von Miami Beach bieten sich folgende Ausflugsziele und Aktivitäten an: Eine **Helikoptertour** über Miami Beach (www.globalairgroup.net), die die Stadt aus einem ganz neuen Blickwinkel erleben lässt, eine **Shoppingtour** in der Lincoln Road (www.lincolnroad.org), bei der kein Wunsch unerfüllt bleibt, ein Besuch des **Jewish Museum** of Florida (www.jewishmuseum.com), das in einer ehemaligen Synagoge untergebracht ist oder der **Villa Vizcaya** in Coconut Grove (www.miamidade.gov/vizcaya), einem 1914 bis 1916 erbauten Schloss im italienischen Renaissance-Stil mit wunderschönen Gartenanlagen.

# 96 Charme von »Old Dixie«: McFarlin House in Quincy

Irgendwie kommt man hier gleich ins Historische. Wie sollte es auch anders sein, atmet jede knarrende Dielenbohle und jede silberne Teekanne doch die **Geschichte vieler Generationen**. Richard Fauble steht vor dem antiken Nussbaum-Vertiko und erzählt den Gästen des McFarlin-Hauses die unglaubliche Geschichte des nordwestlich von Tallahassee gelegenen Örtchens Quincy. Das macht er gerne, hat er bestimmt schon hunderte Male so vorgetragen. Aber immer wieder geht ein Raunen durch das stilvolle Speisezimmer dieses auf charmante Weise antiquierten Bed & Breakfast.

*Das Anwesen wurde schon vor dem Coca-Cola-Boom erbaut*

Also: Der Provinzbanker Mark W. Munroe hatte Anfang des vergangenen Jahrhunderts Geschäftskontakte zu einer Firma in Atlanta, die für je 40 Dollar ihre Aktien an den Mann bringen wollte. Der Bankchef sorgte dafür, dass fast jeder Farmer aus Quincy ein paar Aktien jener Firma erwarb, die ein Produkt verkaufte, das damals noch als Heilmittel galt: **Coca-Cola**. Die braune Brause wurde zum Welterfolg – aus jedem 1919 gekauften 40-Dollar-Papier waren Ende 1998 (dem bisherigen Höchststand des Kurses) durch Splits 4.608 Aktien im Wert von 6,7 Millionen Dollar geworden. Und das Farmer-Nest Quincy konnte inzwischen mit mehreren Milliardären aufwarten.

Übrig geblieben ist von dem Reichtum scheinbar nicht viel: ein paar **Straßenzüge mit viktorianischen Villen**, versteckt hinter riesigen, von Spanischem Moos behangenen Eichenbäumen, ein schmuckes Gerichtsgebäude, ein paar Coca-Cola-Wandmalereien in einer ansonsten typisch amerikanischen Kleinstadt. Die Milliarden scheinen sich in alle Himmelsrichtungen verflüchtigt zu haben. Doch man sollte sich nicht täuschen lassen, sagt Gastgeber Richard. »Hinter mancher Fassade sitzen hier immer noch steinalte – und steinreiche – Herrschaften, die aus Sparsamkeit und Stolz nie auch nur eine einzige Aktie verkauft haben.«

Richard und Tina Fauble selbst sind vor 15 Jahren mit ihren Kindern aus Michigan nach Quincy gekommen. Beide wollten sich nach erfolgreichen Karrieren ihren Traum erfüllen und eine stilvolle Herberge für Menschen einrichten, die das Ambiente der »guten alten Zeit« zu schätzen wissen. Sie kauften das alte McFarlin-Haus (das im Übrigen schon vor dem Coca-Cola-Boom von einem reichen Plantagenbesitzer errichtet worden war), restaurierten das halb zerfallene Anwesen und kümmern sich seither liebevoll um sämtliche Belange ihrer Gäste. Diese lassen sich gerne einfangen von der besonderen Atmosphäre des »Old Dixie«. Hier liegt tatsächlich etwas von »Tara« in der Luft, von Rhett Butler und Scarlett O'Hara. Die mysteriöse Aura des amerikanischen Südens eben.

*Hier würde sich auch Scarlett O'Hara wohlfühlen…*

Einen Katzensprung von Quincy entfernt findet man das pittoreske Örtchen **Havana** im Zentrum eines ehemaligen Tabakanbaugebietes. Viele der ehemaligen Lagerhallen aus schmuckem Backstein beherbergen heute Antiquitätengeschäfte. Traditions Antiques & Gifts und The Planter's Exchange sind Kooperativen, bei denen viele kleine Einzelhändler unter einem Dach ausstellen. Cindy's Chapeaux bietet Bekleidung und Accessoires verschiedenster Epochen, Wanderings ist auf Möbelstücke und Einrichtungsgegenstände spezialisiert, während der Little River General Store ein totaler Nostalgie-Trip ist. (dr)

INFO

**Information:** 305 East King Street, Quincy, ca. 25 km nordwestlich von Tallahassee gelegen, www.mcfarlinhouse.com

**Ausflüge:** In erster Linie bietet sich natürlich Floridas Hauptstadt **Tallahassee** als Ausflugsziel an. Neben den auf S. 22 und 122 beschriebenen Sehenswürdigkeiten lohnen etwa das Automobile Museum (www.tacm.com), das Goodwood Museum & Gardens (www.goodwoodmuseum.org) und das Tallahassee Museum (www.tallahassee museum.org) einen Besuch.
Außerdem erreicht man in etwa einer Stunde Fahrtzeit auch den **Edward Ball Wakulla Springs State Park**. Hier befindet sich eine der mächtigsten und klarsten Frischwasserquellen der Welt. Entsprechend üppig und artenreich sind Vegetation und Tierwelt. Bootstouren und Schwimmen (s. a. S. 134).

# 97 Rendezvous mit Gestern: Casa de Solana in St. Augustine

Von draußen strahlt das warme Licht des Spätnachmittags durch die Sprossenfenster und malt surreale Schattenmuster an die Wand. Die **alte Standuhr** im Foyer scheint derweil mit ihrem ewig gleichen Ticktack daran erinnern zu wollen, wie unaufhörlich die Minuten und Stunden verrinnen. Was ihr allerdings nicht wirklich gelingt, denn sie hängt gerade ziemlich träge im Raum, die Zeit. Wie erfreulich!

## Restaurant-Tipp

Gleich am Cathedral Place, dem Zentrum von St. Augustine, verwöhnt Chef Jean-Stephane Poinard seine Gäste im **Bistro de Leon** nach allen Regeln der französischen Kochkunst. Gemeinsam mit seiner Gattin begeistert der Maestro aus Lyon in seinem gemütlichen Restaurant eine loyale Klientel. Und schon mancher hat sich nach dem Lunch oder Dinner verwundert die Augen gerieben: So authentisch französische Küche – zu überraschend moderaten Preisen – hätte man in St. Augustine kaum zu entdecken gehofft (12 Cathedral Place, www.bistrodeleon.com).

»Sind Sie auch schon im **Lightner Museum** gewesen?«, fragt die Dame vom Nachbartisch. Mit ihrem Mann Fred hatte Betty aus South Dakota am Vormittag die eklektische Sammlung von Kunstgegenständen im ehemaligen Hotel Alcazar bewundert, die der Unternehmer Otto C. Lightner Anfang des vergangenen Jahrhunderts zusammengetragen hatte.

Bei einem Glas Chardonnay und ein paar Käsehäppchen kommt man hier, im schönen Speiseraum des Casa de Solana, schnell ins Gespräch: über die Freuden, auch mal ohne Kinder zu verreisen. Über das unbarmherzige Winterwetter dort oben in der Prärie von South Dakota (»auch nach 30 Jahren ha-

*Gemütlich speisen im Casa de Solana*

*Traditionsreiche Herberge*

ben wir uns nicht daran gewöhnt«). Und natürlich über die **Sehenswürdigkeiten St. Augustines** am Ufer des Matanzas River. Die historische St. George Street etwa, von riesigen Eichen umgrenzt. Die vielen Parks, über denen das süßliche Parfüm der Magnolien in der Luft liegt. Das Museumsdorf Spanish Quarter Village, wo man viel über die Lebensbedingungen der Menschen aus der spanischen Kolonialzeit lernt. Das Castillo de San Marcos, erbaut 1672 bis 1695 aus Coquina-Kalkstein zur Sicherung der Schifffahrtsroute von Havanna nach Spanien. Und selbstverständlich die »Fountain of Youth«, deren Geschichte zurückgeht bis zu den Tagen von Juan Ponce de León (s. S. 154).

Natürlich kann sich St. Augustine nicht mit den aufregenden Themenparks in Orlando oder der pulsierenden Lebendigkeit eines Ocean Drives in Miami Beach messen. Aber das ist auch gut so. Für jemanden, der einen **kontemplativen Ort** mit jeder Menge Geschichte sucht, ist diese alte Stadt ideal. Und einen besseren Ort als das Casa de Solana, um einzutauchen in diese Mixtur aus lebendiger Historie, pittoresker Kleinstadtidylle und gepflegtem Müßiggang, wird man kaum finden. Schon seit Anfang des 18. Jahrhunderts werden Gäste in diesem historischen Hotel auf charmante Weise willkommen geheißen und umsorgt. Die elf Zimmer und Suiten sind geschmackvoll und dezent ausgestattet. Und so wie der erste Besitzer, Don Manuel Solana, verstehen es auch die heutigen Inhaber Jeffrey Sonia und Luis Castro, ihren Besuchern mit einem unaufdringlichen Service das Gefühl zu geben, wirklich zu Hause zu sein. (dr)

INFO

**Information:** 21 Aviles Street, St. Augustine, www.casadesolana.com
**Sonstiges:** Nach einem Stadtrundgang voller neuer Eindrücke sorgt eine **Massage** für die notwendige Entspannung, bevor man sich zum Dinner in den Speisesaal begibt. Eine Physiotherapeutin bietet diesen Service ganz bequem auf dem eigenen Zimmer an. Am besten schon bei der Zimmerreservierung mitbuchen.

# 98 Rod & Gun Club Everglades City: der Charme des alten Florida

Der urige Rod & Gun Club in Everglades City, ein »historical landmark« Floridas, liegt direkt am Barron River am Rande der Everglades. Einst zogen hier die Caloosa-Indianer, später Spanier und Seminolen durch die **unwegsame Wildnis**. Nach den Seminolenkriegen zogen sich die wenigen Überlebenden in die ewigen Sümpfe zurück und 1864 wurde ein Handelsposten an der Stelle errichtet, wo heute Everglades City liegt.

In den 1920er-Jahren trat der Industrielle Baron Collier im Südwesten Floridas auf den Plan: Der damals größte Landbesitzer Floridas kaufte alles auf, was im unter die Augen kam. Er steckte sein Revier im Collier County ab und plante, ein zweites Miami zu errichten. Als erstes kaufte er das alte Allen House am südlichen Flussufer. Nach und nach wurde dieses erweitert, um den vorbeiziehenden Fischern, Jägern und Bootsbesatzungen Unterkunft zu gewähren. In der privaten Jagdhütte des Barons kamen die Mächtigen und Reichen zusammen. Die illustre Gästeliste ist lang: Die Präsidenten Roosevelt, Truman, Eisenhower, Hoover und Nixon zählten ebenso dazu wie die Schauspieler John Wayne, Burt Reynolds, Sally Field, Sean Connery und Danny Glover. Verschiedene Filme, wie etwa »The Cannonball Run«, »Just Cause« und »Gone Fishin'« wurden teilweise hier gedreht.

In den 1970er-Jahren kaufte der heutige Besitzer das Haus auf und hat es bis heute geschafft, den **Charme vergangener Tage** zu bewahren. Großen Luxus darf man nicht erwarten, dafür aber die Möglichkeit, Geschichte zu erleben. Übernachtet wird in einfachen Cottages. Ein rustikales Restaurant, eine

*Die Wände des Speisezimmers könnten viel erzählen…*

*Von Palmen umgeben und mit Blick aufs Wasser kann man es sich gut gehen lassen*

Bar, Tennisplätze und ein Pool stehen zur Verfügung. Angeltouren werden angeboten. Wer erfolgreich war, kann sich seinen Fang im Restaurant zubereiten lassen. Im Ort können Fahrräder und Boote gemietet werden.

Everglades City selbst ist eigentlich keine Stadt – der Ort hat nur 500 Einwohner. Colliers Traum einer Großstadt in Südwestflorida hat sich hier nicht verwirklicht. Einem aufkeimenden Aufschwung im Anschluss an den 2. Weltkrieg wurde durch Hurrikan Donna 1960 ein jähes Ende gesetzt. Nur zum alljährlichen **Seafood Festival** im Februar strömen Tausende Menschen hierher.

Der Ort ist der westliche Wasserweg-Zugang zum **Everglades National Park**. Hier informiert ein Visitor Center über die Vegetation und Tierwelt des Parks. Verschiedene Aktivitäten werden angeboten, so kleine Wanderungen mit Park-Rangern durch die flache Chokoloskee Bay, Fahrrad- und Kanuwanderungen sowie Veranstaltungen am Lagerfeuer. Sozusagen vor der Haustür liegt die Inselgruppe der Ten Thousand Islands. Everglades National Park Tours bietet täglich mehrere Touren an. Die Fahrten führen durch Mangrovensümpfe sowie zu mehreren Inseln (s. a. S. 192).

Zudem gibt es das kleine **Museum of the Everglades** (105 West Broadway, www.evergladesmuseum.org), das sich in einer ehemaligen, 1927 eröffneten Wäscherei befindet. Hier werden rund 2.000 Jahre Geschichte der Gegend und vor allem die ersten Siedlungsversuche gezeigt.

**INFO**

**Information:** 200 Riverside Dr., Everglades City, www.evergladesrodandgun.com. Allgemeine Informationen zur **Region**: www.evergladesseafoodfestival.com, www.florida-everglades.com

**Essen & Trinken:** **Oyster House**, Chokoloskee Causeway South, Everglades City, www.oysterhouserestaurant.com. Bestes und frisches Seafood.

# 99 Ewige Sommerfreuden: Elizabeth Pointe Lodge auf Amelia Island

Ewige Sommerfreuden. Mit einer Limonade in der Hand im Schaukelstuhl auf der Veranda sitzen und dem Spiel der Möwen zuschauen. Am **weißen Strand** entlang schlendern und sich die sanften Wellen des Atlantiks um die Füße spielen lassen. Später beim Fünf-Uhr-Tee in der behaglichen Lobby mit anderen Gästen über die kleinen und großen Abenteuer des Tages plaudern. Und dabei spüren, dass man in diesem Moment nirgendwo anders auf der Welt sein möchte als hier in diesem unbeschwerten Feriendomizil auf Amelia Island.

*Ein Hauch von Neuengland an der floridianischen Küste*

Natürlich ist die perfekte Urlaubsatmosphäre in der 1991 erbauten Elizabeth Pointe Lodge kein Zufall, sondern das Ergebnis präziser Planung und eines leidenschaftlichen Engagements für den Gast. Lange hatten die Inhaber Susan und David Caples in großen Unternehmen gearbeitet, ehe sie sich auf Amelia Island ihren Lebenstraum erfüllten. Und in jedem Winkel ist er heute zu spüren, der unbedingte Perfektionismus seiner Besitzer: von den zwanzig geschmackvollen, im maritimen Stil eingerichteten Gästezimmern und den vier im Nebenhaus gelegenen Suiten über die Präsentation des morgendlichen Buffets im wunderschönen Frühstücksraum bis hin zum dezenten Service, der meist unsichtbar bleibt, aber immer dann sofort zur Stelle ist, wenn es darum geht, den Aufenthalt des Gastes so angenehm wie möglich zu gestalten. Ein besonderes Highlight ist der Fünf-Uhr-Tee, wenn sich die Sommerfrischler zu Tee, Kaffee und leckerem Gebäck im maritim dekorierten Salon treffen.

Inspirieren lassen haben sich die aus New Jersey stammenden Susan und David Caples vom **Ambiente Neuenglands**, dem stilvoll von Wind und Wellen verwaschenen Flair Nantuckets oder Martha's Vineyards. Gekonnt gepaart freilich mit einem gehörigen Schuss subtropischem Florida. »Als wir uns anfangs im Sunshine State nach einem geeigneten Standort für unser Inn umgesehen haben, sind wir bis Key West gefahren«, erinnert sich Susan Caples – und schmunzelt. »Aber erst auf Amelia Island hatten wir das Gefühl, wirklich zu

*Die Altstadt von Amelia Island*

Hause zu sein.« Man kann es ihnen nicht verdenken, gehört das Eiland doch wahrlich zu den schönsten Flecken hier zu Lande. Die nördlichste Insel an Floridas Ostküste ist gute drei Kilometer breit und knapp 22 Kilometer lang. Die schneeweißen Strände sind ihr größter Schatz (s. a. S. 52).

Und wenn man abends mit einem Glas Pinot Grigio auf der Veranda der Elizabeth Pointe Lodge sitzt und sich der Mond magisch auf den weißen Schaumkronen des Meeres spiegelt, ist man sich tatsächlich ziemlich sicher, dass es in diesem Augenblick keinen schöneren Ort auf der Welt geben kann…

Nur wenige Autominuten von der Elizabeth Pointe Lodge liegt das historische **Fernandina Beach** mit seinen sorgfältig erhaltenen viktorianischen Häusern aus dem 19. Jahrhundert. Sie beherbergen hübsche Shops, edle Galerien, Eisdielen und Restaurants. Ganz unamerikanisch zuckeln auch Pferdekutschen durch die Straßen. Der Ort ist berühmt für seine Flotte von Garnelenfischern. Jedes Jahr am ersten Mai-Wochenende feiern die Insulaner das »Shrimp Festival«, das immer Tausende von Besuchern anzieht. (dr)

INFO

**Information:** 98 South Fletcher Avenue, Amelia Island, www.elizabethpointelodge.com
**Ausflüge:** Der nahegelegene **Fort Clinch State Park** bietet sich für einen Ausflug an. Hier gibt es Fahrrad- und Spazierwege, Angelmöglichkeiten, unberührte Strände und Salzwiesen. Das Fort Clinch selbst ist ein gut erhaltenes Fort aus dem 19. Jahrhundert. Tägliche Führungen erhellen seine militärische Bedeutung während des Bürgerkriegs und während des Spanisch-Amerikanischen Kriegs.

# 100 Kulinarische Genüsse: Floridas vielseitige Küche

Amerikas Küche ist so vielseitig wie das Land. Die Vorurteile gegenüber amerikanischen Essgewohnheiten mögen zum Teil stimmen, sie sind aber nur ein Teilausschnitt der Wirklichkeit. Denn: Neben Hamburgern und Fast Food gibt es erstklassige Restaurants und riesige Bio- und Spezialitätenmärkte.

Das Interessante an der Küche in Florida ist, dass sie von den **verschiedensten Einflüssen** geprägt ist. Nicht nur die Einwanderer aus Europa haben den Speisezettel bereichert, sondern auch die aus Kuba, Mittel- und Südamerika Zugewanderten. Dass es an guten Zutaten nicht mangelt, verdankt Florida seiner geografischen Lage. Im milden Klima gedeihen praktisch alle Gemüse- und Obstsorten; die Nähe zum Meer sorgt für einen Reichtum köstlicher Salzwasserfische. Zudem werden in den vielen Binnengewässern hervorragende Süßwasserfische gefangen. Und auf saftigen Wiesen im Zentrum Floridas werden Rinder gezüchtet, deren zartes Fleisch als fantastische Steaks auf den Tisch kommt.

*Von Floridas langen Küsten: leckeres Seafood*

Einige typisch floridianische Gerichte und Zutaten seien hier kurz vorgestellt:

Der **Key Lime Pie** ist das kulinarische Aushängeschild Floridas (s. S. 226). Dieses Dessert findet man praktisch auf jeder Speisekarte.

Das Klima in dem (nach Hawaii) südlichsten Bundesstaat der USA lässt viele **Obst- und Gemüsesorten** sehr gut wachsen. Zu den besonders aromatischen Früchten gehören die floridianischen Erdbeeren. Die Saison ist hier vorwiegend im März und April. Außerdem werden viele Zitrusfrüchte, insbesondere Orangen und Pampelmusen, angebaut. Die bekanntesten Orangensorten nennen sich Hamlin, Pineapple und Valencia. Frisch gepresste Obstsäfte gehören zu den Spezialitäten Floridas.

Nicht speziell floridianisch, aber allgemein in den südlichen Bundesstaaten verbreitet ist **Grits**: Das ist eine Art Hafergrütze, die zu einem herzhaften Frühstück serviert wird. Das Gericht ist indianischen Ursprungs, aber sein Name ist sehr wahrscheinlich eine Ableitung von dem deutschen Wort »Grütze«.

Sehr häufig findet sich auf floridianischen Speisekarten auch **Conch Chowder**: Das ist eine dickflüssige, würzige Suppe mit Muschelfleisch, die ursprünglich aus den Neuengland-Staaten stammt.

*Die Scheren der Stone Crabs sind eine Delikatesse*

**Fisch und Meeresfrüchte** sind überhaupt allgegenwärtig. Beliebt sind vor allem folgende Arten: Steinkrebse (stone crabs); in den Zangen dieser Krebsart findet man das zarte Fleisch. Das Gesetz schreibt vor, dass man zwischen dem 15. Oktober und 15. April den Steinkrebsen die Scheren abschneiden darf, allerdings muss man das Tier anschließend wieder freilassen. Die Scheren wachsen dann langsam wieder nach. Langusten, die in Florida »spiny lobster«, »crawfish«, »crayfish« oder auch »Florida Lobster« genannt werden, sind eine weitere Spezialität. Der echte Hummer mit Zangen kommt dagegen aus Maine im Nordosten der USA. Krabben (shrimps) werden zu shrimp cocktail oder zu shrimp salad weiterverarbeitet. Krabben sind eine alltägliche Speise in Florida. Sie werden zumeist im Golf von Mexiko gefangen.

Austern (oysters): Diese Spezialität, bei uns sündhaft teuer, gehört mittlerweile zum Standardangebot eines jeden Restaurants. Austern werden bekanntermaßen roh geschlürft, was sicherlich nicht jedermanns Sache ist. Am besten, das heißt saftigsten, sind sie in der kühleren Jahreszeit.

Wels (catfish) ist ein Süßwasserfisch, der meist gebraten angeboten wird. Die Goldmakrele (pompano) wird in Folie im Ofen gebacken und oft zusätzlich mit Krabben gefüllt. Die Seeforelle (spotted sea trout) ist ein köstlicher Fisch, der ganz unterschiedlich zubereitet wird. Häufig findet man ihn gebraten und mit Mandeln serviert. Außerdem verbreitet sind Barsch (grouper) sowie der Red Snapper: Diese Fische werden zumeist gegrillt angeboten.

Einige Restaurants in Florida bieten auch **Alligatorenfleisch** an. Das Alligatorensteak ist in der Konsistenz ähnlich dem Tintenfisch, also eher fest und ähnelt dem Geschmack von Kalbfleisch. Der alligator tail, also der Schwanz, ist das Gourmetstück. Er ist mit einem festen Fisch (z. B. Haifisch) zu vergleichen und hat einen angenehm milden Eigengeschmack. Am besten schmeckt dieses Fleisch in einer Suppe oder gekocht, z. B. mit einer Senf-Honig-Sauce. Leider wird er aber auch häufig frittiert angeboten, was ihm seinen spezifischen Charakter nimmt.

**INFO**

**Essen & Trinken:** Gutes Seafood und floridianische Küche kann man unter anderem in **Joe's Stone Crab** (www.joesstonecrab.com, s. auch S. 35) in Miami Beach probieren, wo die Stone Crabs von Joe's eigener Flotte gebracht werden (Saison: 15. Mai bis 15. Oktober). Auch das **Green Turtle Inn** auf Islamorada (www.greenturtlekeys.com, s. auch S. 199) bietet viel Fisch und Meeresfrüchte.

Im **Blackwater Inn** in Astor am St. Johns River (www.blackwaterinn.com) sowie im Restaurant des **Miccosukee Indian Village** (s. auch S. 131) kann man u.a. Alligatorenfleisch probieren.

# 101 Key Lime Pie: Floridas offizieller Staatskuchen

In jedem dritten Café oder Restaurant auf den Keys ist man der Überzeugung, man backe den besten Key Lime Pie der Keys, Floridas oder gleich der Welt. Zumindest aber das Original. Dabei weiß niemand so ganz genau, aus was der ursprüngliche Kuchen gemacht war, als dessen **Erfinderin** die Köchin von William Curry, einem Millionär und Großgrundbesitzer, gilt, die nur als Aunt Sally bekannt ist. Da es Ende des 19. Jahrhunderts in Florida weder Kühe noch Kühlschränke oder sonstige Aufbewahrungsmöglichkeiten für frische Milch gab, backte sie ihren Kuchen mit Kondensmilch.

Sein intensives Aroma hat der Key Lime Pie von der Frucht, nach der er benannt ist: Die **Key Lime** (auch »Saure Limette« oder »Mexikanische Limette« genannt) ist eine Limettenart, die kleiner und samenreicher ist als die gewöhnliche Limette. Diese Frucht stammt ursprünglich aus Südostasien. Wahrscheinlich ist sie von dort über den Mittleren Osten nach Nordafrika und von dort wiederum nach Sizilien und Andalusien gelangt. Die spanischen Konquistadoren brachten sie schließlich in die Karibik und auch nach Florida.

Die Pflanze reagiert sehr empfindlich auf kühle Temperaturen, ihre möglichen **Anbaugebiete** sind daher begrenzt. Im generell eher warmen Florida kommen beispielsweise neben den Keys nur ganz bestimmte Gebiete an der Antlantikküste oder am Golf von Mexiko in Frage.

*Auch heute wird der traditionelle Key Lime Pie noch mit Kondensmilch gemacht*

*Die Key Limes sind besonders aromatisch*

Es gibt wohl hunderte Rezepte für Key Lime Pie, einige **Grundkomponenten** lassen sich aber festhalten: Der Boden besteht aus dünnem und relativ süßem Teig, der oft aus zerbröselten Keksen gemacht wird. Darauf wird eine Schicht aus verquirltem Eigelb, Kondensmilch und Limettensaft gegeben. Die oberste Schicht ist eine großzügige Haube aus leicht gebräuntem Baiser. Der Geschmack ist bei einem guten Key Lime Pie angenehm ausgewogen zwischen der Säure der Limetten und der Süße von Keksboden und Baiser.

Seit 2006 ist der Key Lime Pie nicht mehr nur der Liebling der Key-Bewohner, sondern »Official Florida State Pie«, also quasi der Staatskuchen von Florida.

## Rezept Key Lime Pie

200g **Vollkorn-Butterkekse** in einer Plastiktüte fein zerstoßen.

**120g Butter** zerlassen, abkühlen lassen und mit den den Kekskrümeln verkneten. Die Masse am Boden einer gefetteten Pie-Form festdrücken.

**5 Eigelb** mit einer Dose gesüßter **Kondensmilch** (400g) mit dem Handrührgerät einige Minuten kräftig durchquirlen. Von **3 Bio-Limetten** die äußere Schale abreiben, zusammen mit **125 ml Limettensaft** zu der Eigelbmasse geben und kurz unterrühren.

Das Ganze auf dem Keksboden verteilen und bei 180 °C (vorgeheizt) 20 bis 25 Minuten backen.

Die **5 Eiweiß** mit **150g Zucker** zu festem Eischnee schlagen und auf den gebackenen (etwas abgekühlten) Kuchen streichen. Bei 250 °C auf der untersten Schiene des Backofens goldbraun werden lassen. Das dauert etwa 2 bis 5 Minuten, dabei ständig im Auge behalten, damit die Masse nicht verbrennt.

INFO

**Information:** Über Geschmack lässt sich nicht streiten. Daher sollte man sich, was den Key Lime Pie angeht, nicht allzu sehr von den diversen Auszeichnungen und Siegesplaketten leiten lassen, sondern seinen persönlichen Favoriten finden. Wer ein paar Tage auf den Keys verbringt, kann sich einfach von Key Largo bis nach Key West durchfuttern. Empfehlenswert ist auf jeden Fall das Restaurant **Atlantic's Edge** in der Cheeca Lodge auf Islamorada (81801 Overseas Highway, www.cheeca.com). Der Key Lime Pie hier ist weithin berühmt. Außerdem gibt es guten, fangfrischen Fisch und einen schönen Blick auf das Meer.

# Anhang

Purse Club

# Routenvorschläge

### Alternative 1: Tagesausflüge vom Urlaubsstandort aus

Viele Urlauber möchten einen Strandurlaub verbringen, aber trotzdem von einem festen Standort aus Tagesausflüge unternehmen. Ob man nun in Miami Beach, Naples, Fort Myers (Sanibel Island) oder St. Petersburg/Clearwater Beach wohnt: Alle eignen sich gut für interessante Ausflüge in die Umgebung

### Alternative 2: Florida-Rundfahrt südlich von Orlando

Die meisten Urlauber aus Deutschland kommen in Miami an und fliegen wieder in Miami ab. In ca. 14 Tagen kann man eine Rundfahrt unternehmen, die das Reisegebiet von Orlando im Norden bis Key West im Süden beinhaltet. Diese Rundfahrt umfasst insbesondere die bekannten landschaftlichen Ziele wie den Everglades National Park und die Florida Keys, schließt sowohl die Ost- als auch die Westküste (Golf von Mexiko) ein und führt zu den großen touristischen Magneten wie Disney World und Kennedy Space Center.

### Alternative 3: Florida-Rundfahrt nördlich von Orlando

Diese Rundfahrt eignet sich vor allem für Urlauber, die in Orlando (oder Tampa) ankommen und wieder abfliegen. Im Verlauf dieser Strecke kommen Sie zu den Attraktionen wie Disney World und Kennedy Space Center sowie an die weiten Strände der Atlantikküste und nach St. Augustine, der ältesten Stadt der USA. Die Route führt dann weiter in den viel weniger bekannten Westteil Floridas, den Panhandle (Pfannenstiel). Dieses Gebiet unterscheidet sich von der südlich von Orlando gelegenen Region dahingehend, dass es hier viel weniger Touristen, umso mehr aber eine unverfälschte Natur, Ruhe und z. T. die schönsten Strände des Bundesstaates (am Miracle Strip) gibt. Unterwegs besuchen Sie die ruhige Hauptstadt Tallahassee und fahren bis zum historisch bedeutsamen Pensacola. Zurück geht es direkt an den herrlich weißen Stränden der Golfküste entlang über verträumte Hafen- und Fischerstädtchen wie Apalachicola und Cedar Key durch den zentralen Teil Mittelfloridas (Geheimtipp: Inverness und die Seenplatte) nach Orlando.

### Alternative 4: Große Florida-Rundfahrt

Diese Rundfahrt schließt den Süden und Norden ein. Hierfür empfehlen sich wohl am besten Miami als Beginn und Orlando/Tampa als Ende der Reise. Die große Rundfahrt dürfte 4–5 Wochen Urlaubszeit in Anspruch nehmen.

| Vorschlag für die Zeiteinteilung für die Große Florida-Rundfahrt, einschließlich touristischer Interessen | | | | |
|---|---|---|---|---|
| **Gebiet** | **Unternehmungen/Ausflugsziele** | **Tage** | **ca. km** | **touristische Interessen** |
| **Miami und Umgebung** | Miami Stadtbesichtigung; Coral Gables - Coconut Grove - Key Biscayne - Miami Beach | 2-3 | 200 | Baden - Völkervielfalt - Sport - Stadt- und Strandleben - Architektur |
| **Miami - Everglades N.P.** | Everglades National Park: Rundfahrten - Miccosukee Indian Village | 2 | 200 | Pflanzen- und Tierwelt - Wanderungen - Boots- und Kanufahrten - Indianer |
| **Everglades N.P. - Key West** | Biscayne Nat. Park - John Pennekamp Coral Reef State Park - Key Largo - Islamorada - Indian Key - Seven Mile Bridge - Bahia Honda - Key West - Dry Tortugas | 3 | 300-350 | Landschaft - Geschichte - Tauchen - Baden |
| **Key West - Naples** | Big Cypress National Preserve - Everglades City - Collier Seminole State Park - Marco Island - Naples | 2 | 400 | Landschaft - Geschichte - Baden - Pflanzen- und Tierwelt - Sport |
| **Naples - Fort Myers/Sanibel Island** | Corkscrew Swamp Sanctuary - Fort Myers - Sanibel und Captiva Island | 2 | 100 | Pflanzen- und Tierwelt - Geschichte (Edison) - Baden - Sport |
| **Sanibel Island - Sarasota** | Residenz und Ringling-Museum | 1 | 120 | Geschichte - Baden |
| **Sarasota - St. Petersburg** | De Soto Memorial - Dalí-Museum - South Florida Museum - Sunken Gardens - Strände von St. Petersburg Beach - Clearwater Beach | 2-3 | 60 | Geschichte - Baden - Attraktionen - Kultur |
| **St. Petersburg - Tampa** | Ybor City - Busch Gardens - Tarpon Springs - Weeki Wachee | 1-2 | 25 | Geschichte - Stadtleben - Attraktionen - Griechen |
| **Tampa - Orlando** | Cypress Gardens - Walt Disney World (Magic Kingdom + Epcot Center) - Sea World | 2-3 | 200 | Hauptattraktion Floridas |
| **Orlando - Kennedy Space Center (Titusville)** | Besichtigung des Kennedy Space Center | 1 | 100 | Raumfahrt-Technik |
| **Titusville - St. Augustine** | Baden in Daytona Beach - Besichtigung der ältesten Stadt der USA | 2 | 160 | Baden - Geschichte |
| **Jacksonville - Amelia Island** | Strände von Amelia Island - Abstecher zum Okefenokee Swamp (GA) | 1-2 | 200 | Baden - Natur |
| **St. Augustine - Tallahassee** | Ocala National Forest - Silver Springs Osceola Nat. Forest - Suwannee River S. P. - „alte" Städtchen mit Atmosphäre | 2 | 400 | unberührte Landschaft - Pflanzenwelt - Südstaaten-Einfluss |
| **Tallahassee - Pensacola** | Florida Cavern State Park - Falling Waters - Blackwater River State Forest | 2-3 | 410 | Geologie - Landschaft - Geschichte - Schwimmen - Kanufahrten |
| **Pensacola - Apalachicola** | Sandestin Beach - Shell Island - St. George Island S.P. - Apalachicola National Forest | 2-3 | 300 | Baden - Geschichte - unberührte Küstenlandschaft |
| **Apalachicola - Crystal River** | Manatee Springs State Park - Cedar Key - Yankeetown | 2 | 400 | Tierwelt - Landschaft - alte Siedlungen |
| **Crystal River - Orlando** | Inverness Seenplatte - Citrus Tower | 1-3 | 160 | Landschaft - Erholung - Sport - Ursprünglichkeit |
| **Orlando - Miami** | Strände - Palm Beach | 2-3 | 420 | Strand-Erholung (mondän) u. Ft. Lauderdale (»Venedig« Amerikas) |

# Florida auf einen Blick

| | |
|---|---|
| **Fläche:** | 170.451 km² (45 % der Gesamtfläche Deutschlands). Von dieser Fläche nehmen Gewässer 30.486 km² ein (17,9 %) |
| **Einwohner:** | 18,9 Mio. |
| **Bevölkerungszusammensetzung:** | 76,1 % Weiße, 20,1 % Hispanics, 15,4 % Afro-Amerikaner, 2,2 % Asiaten, 0,3 % Indianer |
| **Hauptstadt:** | Tallahassee (159.000 Einwohner) |
| **Gewässer:** | Größter Binnensee ist der Lake Okeechobee (1.813 km², Durchschnittstiefe 5 m). |
| **Sprachen:** | Englisch, Spanisch (in Südflorida weit verbreitet) |
| **Flagge:** | rotes Andreaskreuz auf weißem Untergrund mit rundem Staatssiegel in der Mitte |
| **Nationalfeiertag:** | 4.7. (Independence Day) |
| **Staats- und Regierungsform:** | Zwei-Kammern-System: 40-köpfiger Senat, Repräsentantenhaus mit 120 Abgeordneten. Derzeitiger Gouverneur (seit 2007) ist der Republikaner *Charlie Crist*. |
| **Staatsmotto:** | In God We Trust |
| **Wirtschaft:** | Haupterwerbszweig ist der Tourismus geworden. Florida ist in den USA führender Produzent von Zitrusfrüchten und ebenfalls (nach Kalifornien) führend in der Produktion von Wintergemüse. Bedeutend ebenso die Fischerei und Holzverarbeitung. Im Aufschwung begriffen sind weiterhin High-Tech-Betriebe. |
| **Bodenschätze:** | Phosphate, Titan- und Zinkerz, Erdöl und Erdgas (teilweise off-shore) |
| **Zeitzonen:** | Im größten Teil Floridas gilt die Eastern Standard Time (MEZ minus 6 Stunden). Westlich von Tallahassee treten wir in die Zeitzone der Central Time (MEZ minus 7 Stunden). |
| **Städte:** | Jacksonville (783.000 Einwohner), Miami (483.000 Ew.), Tampa (326.000 Ew.), St. Petersburg (249.000 Ew.), Orlando (213.000 Ew.), Fort Lauderdale (167.000 Ew.) |
| **Arbeitslosigkeit:** | Florida: rund 10 %, Gesamt-USA leicht darüber. 2009 signifikanter Anstieg. |

# Historischer Überblick

Ca. 35000 v. Chr. Von Sibirien nomadisieren Stämme aus Asien nach Alaska und ziehen von hier weiter südwärts.

800 v. Chr. Diese »Ureinwohner« überschreiten den Mississippi und leben zunächst von der Jagd und dem Fischfang, später (ab 2000 v. Chr.) vom Maisanbau.

1492 Christoph Kolumbus entdeckt »Westindien« – zu dieser Zeit dürften um die 10.000 Indianer in Florida gelebt haben.

1513 Juan Ponce de León betritt wahrscheinlich als erster Weißer floridianischen Boden genau in der Osterzeit. Nach dem spanischen Osterfest »pascua florida« benennt er die Halbinsel.

1565 Pedro Menéndez de Avilés landet an der Nordostküste Floridas und gründet die erste Dauersiedlung, aus der St. Augustine entsteht.

1586 Sir Francis Drake lässt St. Augustine abbrennen. In der Folgezeit wird Florida zum Zankapfel zwischen Engländern, Spaniern und Franzosen.

1698 Pensacola wird an der Westgrenze Floridas gegründet.

1763 Ende des Siebenjährigen Krieges: Spanien tauscht Florida gegen Kuba.

1783 Erneuter Tausch: Nun erhalten die Engländer die Bahamas und die Spanier wieder Florida.

1817/18 Erster Seminolenkrieg: Die Indianer werden in die südlichen Sumpfgebiete zurückgedrängt.

1819 Die Vereinigten Staaten kaufen den Spaniern Zug um Zug die Halbinsel ab.

1824 Tallahassee wird gegründet und zur Hauptstadt des Florida Territory erklärt.

1835–42 Zweiter Seminolenkrieg: Zunächst weigern sich die Seminolen, freiwillig nach Oklahoma umzusiedeln. Kurz vor Ablauf der von Präsident Jackson gesetzten Frist greifen sie die Regierungstruppen an. Folge: ein siebenjähriger Krieg – zum Schluss müssen 4.000 Indianer in das Reservat ziehen, wenige entfliehen in den Süden.

1845 Florida wird offiziell der 27. Bundesstaat der USA.

1861 Im Bürgerkrieg kämpft Florida auf Seiten der Südstaaten und tritt demzufolge aus der Union aus.

1884 Das Eisenbahnzeitalter beginnt, der erste Zug von Henry Plant erreicht Tampa.

1886 Die Ostküste erhält durch die neue Bahnlinie von Henry Flagler neue Wachstumsimpulse. St. Augustine wird von der Bahn 1890 erreicht, Palm Beach 1894, Miami 1896 und Key West 1912.

1926 Ein gewaltiger Hurrikan zerstört Miami.

1935 Der »Labor Day«-Hurrikan zerstört die Eisenbahnbrücken an den Keys – 400 Todesopfer sind zu beklagen.

1941 Während des 2. Weltkriegs werden in Florida Ausbildungscamps für Soldaten errichtet. Die Soldaten lernen das Klima schätzen ... und kehren nach dem Krieg als Urlauber nach Florida zurück.

1959 Nach Fidel Castros Sieg in Kuba fliehen etwa 500.000 Kubaner nach Florida und siedeln zumeist in der Gegend um Miami.

1961 Cape Canaveral wird offiziell zum Weltraum-»Bahnhof« bestimmt. Die US-Regierung unterstützt Exilkubaner bei dem Versuch, Kuba einzunehmen. Die Operation »Schweinebucht« schlägt aber fehl – die Auseinandersetzungen verschärfen sich.

1963 Cape Canaveral wird zu Ehren des ermordeten Präsidenten in Cape Kennedy umbenannt.

1969 Apollo 11 startet mit Neil Armstrong, Edwin E. Aldrin und Michael Collins zum Mond. Armstrong betritt als erster Mensch den Mond.

1971 Walt Disney World in Orlando wird am 1. Oktober eröffnet.

1981 Der erste Spaceshuttle startet in Florida.

1986 Am 28. Januar explodiert kurz nach dem Start der Spaceshuttle Challenger – 7 Astronauten sterben.

1992 Am 24. August erreicht der Hurrikan »Andrew« den Südosten Floridas und richtet südlich von Miami große Schäden an (65 Tote).

1996 Zwei Privatflugzeuge von Exilkubanern werden vom kubanischen Militär kurz vor Kuba abgeschossen.

1998 Flächenbrände gefährden im Sommer 1998 Teile der dicht besiedelten Ostküste. Ursache sind Auswirkungen des El Niño, Trockenheit und lang andauernde Hitze.

2000 Bei der Präsidentschaftswahl wird Florida Schauplatz eines spektakulären Auszählchaos. Nach wochenlangen Auseinandersetzungen vor Gerichten um die Auszählung der Stimmen wird George W. Bush mit einem Vorsprung von nur 537 Stimmen gegenüber seinem Gegner Al Gore zum Sieger in dem Bundesstaat erklärt und erhält damit die entscheidenden 25 Stimmen der Wahlmänner Floridas.

2003 Die Raumfähre Columbia zerbricht beim Landeanflug auf Cape Canaveral – 7 Astronauten sterben.

2004 Eine Rakete mit Messenger-Sonde startet in Cape Canaveral ihre Reise zum Planeten Merkur.

2004 Die Hurrikans Charley und Frances treffen mit Winden von über 160 km/h auf Florida und richten Verwüstungen an.

*Aus den Frühzeiten des Tourismus in St. Petersburg*

2006 Im Juli startet die US-Raumfähre Discovery mit einer 7-köpfigen Besatzung, darunter dem deutschen Astronauten Thomas Reiter, zur Internationalen Raumstation.

2008 Am 7. 2. 2008 startet der Space Shuttle Atlantis und bringt das europäische Weltraumlabor Kolumbus an die ISS (International Space Station).

2008 Bei den Präsidentschaftswahlen ist Florida hart umkämpft und wählt schließlich demokratisch – erst das 4. Mal seit den 1950er-Jahren.

2008–2009 Im Zuge der Wirtschaftskrise bricht der Immobilienmarkt in Florida drastisch ein, die Zahl der Zwangsversteigerungen steigt, ebenso die Zahl verlassener Häuser. Großer Einbruch bei der Bauindustrie, geringerer Zuzug aus anderen Staaten nach Florida.

2010 Im April explodiert im Golf von Mexiko die Tiefseebohrinsel Deepwater Horizon, die im Auftrag von BP nach Öl bohrt, elf Menschen kommen ums Leben. Millionen Liter Rohöl gelangen ins Meer, bis das Loch im September geschlossen werden kann. Mittlerweile sind die meisten Küstenregionen vom Öl gesäubert, in Florida war nur der Nordwesten geringfügig betroffen.

# Allgemeine Reiseinformationen

## Information

**Visit Florida**, www.visitflorida.com/deutsch (mit herunterladbarem VISIT Florida Reiseführer)

Im **Notfall**, egal welcher Art, helfen das nächste Polizeirevier (Operator 0) und die gebührenfreie Emergency Number **911** (Notrufzentrale).

## An- und Einreise

**Per Flugzeug:** Die wichtigsten Flughäfen in Florida sind Miami, Orlando und Fort Myers. Der angenehmste Anreiseflughafen ist Orlando (hier besonders schnelle Abfertigung, da wenige internationale Flüge abgewickelt werden). In Miami kostet die Einreise mitunter viel Zeit, da viele Flüge, vor allem aus Südamerika, ankommen. Von Deutschland aus werden Nonstopflüge angeboten, u. a. ab Düsseldorf, Frankfurt und München (z. B. Lufthansa und Air Berlin). Die amerikanischen Gesellschaften fliegen in der Regel über ihre Knotenpunkte von Europa nach Florida, was Umsteigen bedeutet (z. B. in New York oder Atlanta). British Airways fliegt von London aus Miami, Tampa und Orlando an.

**Per Schiff:** Miami ist der größte Kreuzfahrthafen der Welt. Hier beginnen oder enden die Kreuzfahrten in die Karibik, nach Mittelamerika oder nach Südamerika.

**Per Bahn**: Amtrak verbindet Florida mit Chicago, Boston, New York und Washington. Zwischen Washington DC und Sanford bei Orlando verkehrt täglich ein Autoreisezug (rund 17 Stunden, www.amtrak.com).

**Per Auto**: Über den Interstate 95 ist Florida mit dem Nordosten der USA verbunden. Doch sind diese Highways in den Ferienzeiten sehr stark frequentiert.

Deutsche, Schweizer und österreichische Staatsbürger brauchen für einen Aufenthalt von bis zu 90 Tagen kein Visum (Visa-Waiver-Programm). Außer einem Rückflugticket braucht jeder einreisende Besucher einen maschinenlesbaren (bordeauxroten) Reisepass mit einer Restgültigkeit bis mindestens zum Reiseende.

Seit Januar 2009 müssen sich Bürger, die ohne Visum einreisen, als Teil des Visa Waiver-Programms (VWP) spätestens 72 Stunden vor Abflug online registrieren lassen (Electronic System for Travel Authorization – **ESTA**). Das kann bereits im Reisebüro oder aber im Internet erfolgen: https://esta.cbp.dhs.gov/esta/. Zudem wird eine **Einreisegebühr** von US$ 14 fällig, die gängigen Kreditkarten werden akzeptiert. Wer einmal registriert ist, kann innerhalb von zwei Jahren mehrfach einreisen, sofern der Pass solange gültig ist. Da sich die Einreisebestimmungen kurzfristig ändern können, empfiehlt es sich, sich vor Abflug auf der Website der amerikanischen Botschaft zu informieren (http://german.germany.usembassy.gov/).

## Auto fahren

Florida besitzt ein dichtes Straßennetz. Obwohl die Höchstgeschwindigkeit bei 75 mph (ca. 120 km/h) liegt, kommt man zügig voran, da es aufgrund der breiten Highways kaum Staus gibt. Ausnahme: Ballungsräume wie Fort Lauderdale – Miami oder St. Petersburg – Tampa – Clearwater. Allerdings sollte man Fernstraßen meiden, die durch die Ortschaften führen, denn eine »grüne Welle«, wie wir sie kennen, gibt es quasi nicht und man muss pausenlos anhalten. Das ist beispielsweise auf dem parallel zur Ostküste verlaufenden US 1 oder auf dem US 19 (Westküste) der Fall.

Insgesamt gesehen fährt man in den USA **viel weniger hektisch** als in Europa. Für den Amerikaner ist ein Auto mehr ein Wohnzimmer auf Rädern, verbringt man doch aufgrund der weiten Wege viel mehr Zeit darin als bei uns.

Da man auf den Highways links und rechts überholen darf und man oft aufgrund sehr geringer Geschwindigkeitsdifferenz lange nebeneinander fährt und sich Fahrzeuge im toten Winkel der Spiegel befinden, kann es rasch krachen... Eine andere Angewohnheit sollte man ebenfalls mit einkalkulieren: Der Fahrbahnwechsel oder Abbiegen generell wird sehr selten durch Blinken angezeigt. Man muss also damit rechnen, dass der Vordermann statt geradeaus zu fahren doch vielleicht abbiegen wird.

Speziell in Florida sollte man beachten, dass es überdurchschnittlich viele ältere Autofahrer gibt, die sich manchmal unsicher fühlen, langsam fahren, beim Abbiegen nicht blinken oder lange zum Einparken brauchen.

*In Miami sind noch einige Straßenkreuzer unterwegs*

### Besondere Verkehrsregeln

- Generell gilt Rechts vor Links. Größere Kreuzungen sind, wenn nicht durch Ampeln gesichert, mit vier Stoppschildern versehen. Regel: Wer zuerst die Kreuzung erreicht und hält, kann als Erster fahren.

- Die Höchstgeschwindigkeit auf dem Highway beträgt bis zu 75 mph (120 km/h). Dem Übertreter winken deftige Geldstrafen – zahlbar in bar an Ort und Stelle. In Schulgebieten (school zones) sowie in Abschnitten mit Straßenbauarbeiten (construction areas) verdoppeln sich die Strafen.

- Das Rechtsabbiegen bei Rot ist generell erlaubt, jedoch erst nach vorausgegangenem Stopp. Nur in Ausnahmefällen ist dies verboten, dann steht an der Ampel »no turn on red«.

- Hat eine Straße mehrere Spuren, ist Rechtsüberholen erlaubt. Allerdings sollte man nicht abrupt zum Fahrbahnwechsel ansetzen; damit rechnet der Amerikaner nicht. Auf dem Highway aufpassen, wenn man auf der rechten Fahrspur fährt: Sehr oft heißt es plötzlich »right lane must turn right« (auf der rechten Fahrbahn muss rechts abgebogen werden).

- Vorsicht bei Schulbussen: Blinkt deren Warnanlage oder sind die Stoppzeichen ausgeklappt, darf der Bus nicht überholt werden. Auch der Gegenverkehr muss halten.

- Es herrscht völliges Alkoholverbot für Autofahrer: 0,0 ‰ Alkohol heißt die Devise. Jede Art von angebrochenen Flaschen mit alkoholischem Inhalt muss im Kofferraum bleiben.

## Kleidung

In den warmen Monaten, d. h. von April bis Oktober, kommt man mit leichter, legerer **Sommerkleidung** bestens durch den Urlaub. Für die übrigen Monate empfiehlt sich noch ein Pullover oder eine Jacke für die kühleren Tage. Von Dezember bis Mitte Februar kann es von Norden her zu Kaltlufteinbrüchen kommen; und dann wird es auch in Florida empfindlich kalt. Wer in diesen Monaten nach Florida reist, kann zwar den Wintermantel getrost zu Hause lassen, sollte aber auf jeden Fall warme Sachen im Gepäck haben. Am besten nimmt man Kleidungsstücke mit, die nach dem »Zwiebelprinzip«, d. h. in mehreren Schichten, über- und untereinander getragen werden können. In der Region um Miami bis hin zu den Florida Keys kommt man ganzjährig mit Sommerkleidung und einem leichten Pullover aus.

## Reisezeit

Generell kann man Floridas Klima als **sonnenreich und warm** bezeichnen, auch wenn es große jahreszeitliche und regionale Unterschiede gibt. Im Sommer wird es in Florida sehr heiß, zum Teil (besonders im Süden) schwül, in den Wintermonaten kann es morgens und abends überraschend stark abkühlen. Baden im Dezember und Januar ist in der Regel nur für abgehärtete Naturen angesagt.

Die **Moskito**-Hochsaison dauert von Mai-November. »Mosquito repellants« (Mückenschutzmittel) schützen dann vor Stichen. Allerdings hat man durch Versprühen von Vernichtungsmitteln die Mückenplage weitgehend im Griff. Nur im Everglades National Park und anderen Naturschutzgebieten darf nicht gesprüht werden.

Durchschnittlich einmal jährlich ist mit **Hurrikans** zu rechnen. Ihre »Saison« sind die Monate Juni bis Oktober, wobei sie besonders gehäuft im September auftreten. Sie werden von den Wetterstationen frühzeitig vorhergesagt. Von ihnen sind insbesondere die küstennahen Regionen bedroht.

In den Monaten mit den höchsten Temperaturen fällt auch der meiste Niederschlag. Meist kommen die oft von **Gewittern** begleiteten Schauer in den Nachmittagsstunden herunter. Gewitter gehören im floridianischen Sommer zu den bald täglichen Naturerscheinungen. Florida selbst bezeichnet sich als »lightning capital of the world« – ein nicht gerade verlockender Ruf. In der Tat gibt es in der Umgebung von Fort Myers 100 Tage pro Jahr mit Gewittern, statistisch werden elf Menschen pro Jahr durch Blitzschlag getötet. Für die Routenplanung in den Sommermonaten ist die Tatsache der nachmittäglichen Regengüsse sehr wichtig: Wenn es schüttet, wird sehr langsam, z. T. im Schritt-Tempo, und mit Licht gefahren, sodass man nur langsam vorankommt.

### Info: mobil telefonieren

Die hohen Roamingkosten beim Telefonieren mit dem Handy können mit einer amerikanischen SIM-Karte vermieden werden, die in das eigene Handy eingesetzt werden kann. Es gibt sie ohne Grundgebühren, Mindestumsatzverpflichtungen oder Aktivierungsgebühren, mit kostenloser UniversalCard Calling Card. Man erhält eine amerikanische Rufnummer, unter der man für jeden erreichbar ist. Anrufer aus Deutschland können bereits für wenige Cent zu einer amerikanischen Cellion-Handynummer telefonieren (www.cellion.de).

*Im Sommer ist gelegentlich mit heftigen Gewittern zu rechnen*

# Infos zum Immobilienkauf

Durch die ehemals hohe Zuzugsrate (bis zu 1.000 neue Einwohner täglich) war Florida – generell gesprochen – ein Land der stetig steigenden Immobilienpreise. Nach dem Platzen der Immobilienblase und aufgrund der Tatsache, dass Florida im Jahr 2009 der Bundesstaat mit den meisten Zwangsversteigerungen war, wurden die Häuserpreise für Ausländer interessant. Sie dürfen in Florida ohne Auflagen Immobilien erwerben und wieder veräußern. Generell gilt: Je näher man am Wasser wohnt, desto teurer wird es. Die derzeit verhältnismäßig günstigen Immobilienpreise dürfen nicht darüber hinwegtäuschen, dass der **Unterhalt** eines Hauses relativ kostspielig ist: Als »non-resident«, also als jemand, der nicht ständig im Haus wohnt, sind Steuern (»property tax«) und Versicherungen höher.

Die **Grundsteuern** in Florida werden jährlich neu festgesetzt. Dabei spielt eine wesentliche Rolle, zu welchem Preis Grundstücke bzw. Häuser in der Umgebung verkauft wurden. Haben Nachbarn ihr Haus teuer verkauft, dann steigen die Steuern. In den Grundsteuern sind auch Schulsteuern und die Gebühren für Müllentsorgung enthalten.

Bei Interesse ist es empfehlenswert, sich an einen der zahllosen, oft auch deutschsprachigen Makler zu wenden. Einen guten Fundus an Adressen für Makler und Rechtsanwälte bietet das deutschsprachige Magazin Florida Sun: www.floridasunmagazine.com.

*Heute günstiger als vor wenigen Jahren, aber nicht unbedingt ein Schnäppchen: Luxusimmobilien in Florida*

*Wer es romantisch mag, kann in Florida am Strand den Bund fürs Leben schließen*

## Heiraten im Sunshine State

Es muss ja nicht immer Las Vegas sein. Heiraten in Florida geht genauso unkompliziert, und: Man hat traumhafte Strände als Kulisse für den schönsten Tag im Leben. Aber auch an Bord einer Jacht, im schicken Hotel im Miami oder am Pool der Ferienvilla kann man sich trauen lassen.

Um in Florida zu heiraten, muss man mit einem mindestens noch sechs Monate gültigen Reisepass eine Heiratslizenz (»marriage license«) erwerben. Weitere Unterlagen sind bei einer ersten Eheschließung nicht nötig. Die Lizenz gibt es für ca. 100 US$ bei jedem Gericht (Courthouse, manchmal Barzahlung nötig) und sie ist für 60 Tage gültig. Man muss nicht an dem Ort heiraten, wo man die Lizenz beantragt hat, sie ist im ganzen Bundesstaat gültig. Es gibt keine Wartezeit zwischen Antrag auf die Heiratslizenz und der eigentlichen Trauung. Mit einer Apostille für die Heiratsurkunde kann man die Trauung im Heimatland anerkennen lassen. Trauzeugen sind nicht erforderlich.

Wer es lieber bequem hat: Zahlreiche, auch viele deutschsprachige »wedding planner« bieten ihre Dienste an und erfüllen so gut wie jeden Wunsch für einen unvergesslichen Tag.

# Do and Don't – der »American Way of Life«

Hot Dogs und Hamburger, Jeans und Cowboystiefel, Baseball Caps und Turnschuhe, Kaugummi und Erdnussbutter, Smalltalk und Oberflächlichkeit – viele Vorurteile kursieren über »den« Amerikaner, doch ihn gibt es ebenso wenig wie eine universelle Lebensart. Schlüsseleigenschaften der Amerikaner sind Freundlichkeit und Hilfsbereitschaft, Aufgeschlossenheit und Kontaktfreudigkeit. »How are you?« – die höfliche Frage nach dem Befinden mag anfangs ungewohnt sein. Dennoch machen solche Universalfloskeln das Klima angenehmer und den Umgang leichter.

»**Small Talk**« beginnt gerne mit der Frage nach der Herkunft, geht über das Wetter oder die letzten Sportergebnisse. »Have a nice day (trip)« dient der Verabschiedung, ebenso wie »It was a pleasure meeting you« oder »See you«. Händeschütteln ist bei der Begrüßung eher nicht üblich, dafür werden altersunabhängig schnell die Vornamen benutzt. Eine Wissenschaft ist der Gebrauch der weiblichen Anredeform: »Mrs.« (meist verheiratet oder verwitwet, älter) steht »Miss« oder »Ms.« als universal anwendbare Anredeform, unabhängig von Alter und oft auch Stand, gegenüber.

Die Amerikaner sind bekannt für ihre stoische Geduld und englische Disziplin beim Schlangestehen, sei es an der Bushaltestelle, der Ladenkasse oder beim Warten auf einen Tisch in einem Restaurant. Bei einer Reservierung, aber auch bei offiziellen Einladungen, sollte man sich nach den Kleidervorschriften erkundigen: »formal« (elegant) oder »casual« (leger)?

Über das **Essen** in den Vereinigten Staaten kursieren leider noch immer eine Menge Vorurteile. Man sollte sich hüten, Fast Food als »typisch amerikanisch« abzutun, handelt es sich doch um ein weltweites Phänomen zur raschen Verpflegung großer Menschenmengen. Auch die amerikanische Küche besteht nicht nur aus Hamburgern und Hot Dogs, Pommes, Budweiser und Coke, und Amerikaner ernähren sich auch zu Hause nicht ausschließlich von Dosen und Tiefkühlfertigkost.

Die amerikanischen Tischsitten unterscheiden sich besonders im Hinblick auf das Hantieren mit dem Besteck: Amerikaner schneiden mit dem Messer vor und benutzen dann nur noch die Gabel. Schon Kinder lernen, dass die linke Hand unter dem Tisch bleibt, und es gilt als gierig und unschicklich, beidhändig zu essen. Andererseits würde es keinem Amerikaner einfallen, Pizza, Hähnchen oder Meeresfrüchte mit Messer und Gabel zu essen.

Während die Essenszeiten den unsrigen gleichen, ist im Lokal einiges anders. Nach dem Prinzip »wait to be seated« wird einem ein Tisch zugewiesen, die Bedienung (server/waiter) stellt sich vor, überreicht die Speisekarte (menu), erwähnt die Tagesgerichte (daily specials) und der »busboy« schenkt unaufgefordert Wasser ein. Man wird nicht dumm angeschaut, wenn man kein zusätzliches Getränk bestellt. Die Menüzusammensetzung ist flexibel und mehrere Beilagen, Salatdressings und Zubereitungsarten, oft auch Portionsgrößen, stehen zur Wahl. Auf den appetizer (Vorspeise) folgt das entrée (Hauptgericht), den Abschluss bilden der Nachtisch (dessert) und/oder Kaffee. Selbst ein mehrgängiges Menü wird schnell serviert und ehe man sich versieht, kommt unaufgefordert die Rechnung. Man sitzt nicht im Restaurant, um gemütlich mit Freunden zu plaudern, dazu geht man in eine Bar oder einen Pub. Das Einpacken von Essensresten (doggy bag) ist selbst in Feinschmeckerrestaurants üblich.

In Restaurants, aber nicht nur dort, wird genau auf die richtige **Trinkgeldhöhe** geachtet. Da die Bedienung nicht inklusive ist und die Löhne der Beschäftigten im Dienstleistungsgewerbe gering sind, gibt man mindestens 15 %. Manche Amerikaner haben dazu sogar spezielle Tabellen oder einen Taschenrechner dabei. Die gleiche Korrektheit legen Amerikaner bei »suggested donation/admission« (vorgeschlagener Eintrittspreis) in Museen an den Tag. (b/k)

*Im Aussteigerparadies Key West gelten eigene Regeln...*

# Kleiner kulinarischer Sprachführer

**Teigwaren**
biscuit: weiche Brötchen
bread: Brot
cookies: Kekse
cornbread: Maisbrot
Danish pastry: Blätterteigstückchen
muffins: kleine Teekuchen
hush puppies: Pfannkuchen aus Maismehl
pancake: Pfannkuchen
rolls: Brötchen (weich, nicht so knusprig)
rye bread: Roggenbrot
sandwich: belegtes Brot
shortcake: Mürbeteigküchlein mit Früchten und manchmal Sahne
waffles: Waffeln (wird oft mit einem Aufstrich aus salziger Butter und Ahornsirup gegessen)
white bread: Weißbrot
crispies: knusprige Getreideflocken
cornflakes: unterschiedliche Getreideflocken

**Belag**
Bologna sausage: Mettwurst
butter: meist salzige Butter
cottage cheese: Hüttenkäse
jam: Marmelade
jelly: Gelee
maple syrup: Ahornsirup
peanut butter: Erdnussbutter, sehr beliebt bei Kindern

**Eierzubereitungen**
bacon and eggs: Eier mit Schinkenspeck
boiled eggs: gekochte Eier
ham and eggs: Eier mit Schinken
scrambled eggs: Rührei
sunny side up: Spiegeleier, dabei gibt es folgende Varianten: „over" bedeutet auf beiden Seiten fest gebraten „over easy" bedeutet auf beiden Seiten leicht knusprig gebraten

**Vorspeisen (appetizers)**
soup: Suppe, verschiedene Arten
crab bisque: Krabbencremesuppe
shrimp cocktail: Shrimpscocktail, meist mit Tomatensauce
cole slaw: roher, geschnitzelter Kohl, in Sauce angemacht

**Fleisch-Hauptgerichte**
beef: Rind
pork: Schwein
lamb: Lamm
turkey: Truthahn
chicken: Hähnchen
veal: Kalb
prime rib of beef: Rinder-Rippenstück
steak: Steak

Steak ist *das* typisch amerikanische Hauptgericht. Die Bezeichnungen der einzelnen Steakstücke sind auch auf den Karten besserer Restaurants nicht immer präzise. So werden englische, französische und amerikanische Schnitte dem Speisenden angeboten. Grob eingeteilt können Sie Folgendes erwarten:

- Das deutsche Filet gibt es auch im Amerikanischen (als Filet, Chateaubriand, Tournedo, Mignon und Teil des Porterhouse- und kleineren T-Bone-Steak).
- Die Stücke aus unserem Roastbeef-Bereich (Lende) entsprechen je nach Schnitt dem Sirloin, Rumpsteak oder Entrecote.
- Außerdem gibt es noch das Clubsteak (Mittelrücken) und das Roundsteak (aus der Keule).

Steaks werden in unterschiedlichen Arten zubereitet, die Bedienung wird Sie stets danach fragen:
**well done**: ganz durchgebraten, also innen auf keinen Fall mehr rot
**medium**: halb durchgebraten, innen rot-rosa, außen etwas angekrustet
**rare**: innen ganz roh, nur außen gebraten

**Fisch-Hauptgerichte**
seafood: Fischgerichte
fish chowder: Fischgemüsesuppe
clam chowder: Muschelgemüsesuppe
clams: Herz-Muscheln
crab: Imperial-Krabbe
king crabs: große Alaska-Krebse
lobster: Hummer
oysters: Austern (meistens werden sie roh gegessen, oft auch gebraten angeboten)
shrimps: Krabben bzw. Garnelen
scallops: Jakobsmuscheln

**Beilagen**
vegetables: Gemüse
French fries: Pommes frites
chips: gebratene Kartoffelscheiben
baked potatoes: in Folie gegarte Kartoffeln
salads: Salate: meist sehr frisch, oft gibt es eine salad bar (Salatbar) zur Selbstbedienung. Zu den Salaten gibt es amerikaweit die gleichen Saucen (nur Spitzenrestaurants scheren hier aus der Reihe):
French dressing: Sauce mit Mayonnaise
thousand islands: Sauce mit Paprikastückchen
blue cheese: Käsesauce
vinaigrette: Essig und Öl
chicken salad: Hühnersalat
turkey salad: Putensalat
tuna salad: Tunfischsalat

**Nachtisch (dessert)**
ice cream: Eis, in Amerika besonders sahnig und sehr gut
hot fudge sundae: Eis mit dicker Schokoladensauce
pie: Torte. Es gibt die unterschiedlichsten pies. Besonders beliebt sind apple pie (Apfeltorte) und die Florida-typische key lime pie (Zitronencremetorte).

**Kubanische Spezialitäten**
tostones: gebratene Kochbananenstreifen
malanquitas: knusprige Kartoffelscheiben
sopo'n marinero: Suppe mit Schalentieren, Reis, Erbsen, scharfen Pfefferschoten
sopa de frijoles negros: schwarze Bohnensuppe, mit viel Knoblauch, Oliven, Schweinefleisch
arroz con pollo: Huhn und Safranreis
piccadillo: scharf gewürztes Hackfleisch mit Pfefferschoten, Knoblauch, Tomaten, Zwiebeln, manchmal auch Oliven
palomilla: kubanisches Steak
tocino del cielo: Nachtisch aus Zucker und Eigelb
tres leches: leichter Biskuitkuchen, der mit Milch durchtränkt wird.

# Literatur

### Hinweis

*Bei vielen touristischen Vertretungen, z.B. zu Miami und Orlando, kann man sich Informationsmaterial nach Hause schicken lassen. Adressen bei den jeweiligen Regionen.*

**Aust, Stefan**, 11. September 2001. Geschichte eines Terrorangriffs (dtv 2002).

**Böhm, Andrea**, Die Amerikaner. Reise durch ein unbekanntes Imperium (Herder Verlag 2004).

**Bryson, Bill**, Streiflichter aus Amerika. Die USA für Anfänger und Fortgeschrittene (Goldmann Verlag 2009). Amüsante Darstellung des Lebens in den USA und der Gedankenwelt der Amerikaner.

**Düßmann, Jörn**, Vier Jahre Florida (BoD 2008): Amüsantes Buch über einen Auswanderer, der ein Motel in Daytona aufmacht und über Alltagsepisoden berichtet.

**Gassert, Phillip / Häberlein, Mark / Wala, Michael**, Kleine Geschichte der USA (Reclam, 2008). Eine übergreifende Skizze der historischen Entwicklung in den USA.

**Hudson, C.**, The Southeastern Indians (6. Aufl. 1992). Das beste Handbuch über die Indianer des Südostens.

**Kuralt, C. / Glusker**, I., Southerners: Portrait of a People (1986). Interessante Studie über das Gemüt der Südstaatler.

**National Park Foundation**, The Official Guide to America's National Parks (2008). Kurze und bündige Übersicht über alle wichtigen Adressen für Nationalparks und National Monuments. Gegliedert nach Staaten.

**Raeithel, Gert**, Geschichte der nordamerikanischen Kultur, 3 Bände (Zweitausendeins, Frankfurt/M 1997). Umfassender Überblick über die Geschichte und die gesellschaftliche Entwicklung der USA.

**Reep, Roger L. / Bonde, Robert K.**, The Florida Manatee: Biology and Conservation (2006). Interessantes über die Seekühe.

**Shoemaker, Lisa**, Amerikanisch kochen (Die Werkstatt 2009). Kulinarische Einstimmung.

**Tocqueville, Alexis de**, Über die Demokratie in Amerika (u. a. Reclam UB 8077). Lesenswerte Einführung in die amerikanische Politik und Gesellschaft aus der Feder eines französischen Gesandten im 19. Jh. – immer noch aktuell.

**Watzlawick, Paul**, Gebrauchsanweisung für Amerika (Piper 2009). Ein „respektloses" Brevier über den amerikanischen Alltag.

**Wichmann, Dominik**, Jenseits von Utopia. Amerikanische Träume (Picus Verlag 2000).

**Wilson, Ch. Reagan / Ferris, W. (Hrsg.)**, Encyclopedia of Southern Culture (Chapel Hill/London, 1989). Das einzige umfassende Nachschlagewerk über den Süden der USA, steht in vielen Uni-Bibliotheken.

**Zacharasiewicz, Waldemar**, Die Erzählkunst des amerikanischen Südens (Darmstadt 1990). Guter allgemeiner Überblick über die Literatur der Südstaaten.

**Zagat Survey**, Zagat 2009. Ständig aktualisierte Restaurantführer, die in Amerika bereits als Klassiker gehandelt werden.

## Englischsprachige Reiseführer

**Disney Editions**, Birnbaums Walt Disney World (The Official Guide): Sehr kommerziell und Disney-freundlich (eher unkritisch) aufgemachter Führer. Beschreibt aber alles in und um Walt Disney World.

**Fodor's Florida**, Fodor's Travel Publication. Nach geografischen Regionen gegliederte Übersicht. Gute Tipps. Jährlich neu.

**Frommer's**, Bände Orlando und Florida: Macmillian Travel Publications. Wenn auch etwas unübersichtlich gestaltet, bietet dieses Buch gute Adressen und Tipps. Besonders das Orlando-Buch kann Ihnen zu diesem Buch eine gute Ergänzung bieten.

**Mobil Travel Guide – Southeast**, Alphabetische Auflistung und Kurzbeschreibung aller Städte und Sehenswürdigkeiten mit Schwerpunkt auf Hotel- und Restaurantempfehlungen.

**Molloy, Johnny**, A Paddler's Guide to Everglades National Park (Univ Pr of Florida 2009). Alles was man für eine erfolgreiche Tour durch die Everglades wissen muss.

**Sapp, Rick**, Florida: A Comprehensive Guide to Hundreds of Campgrounds: Sehr guter Campingführer (Falcon Press 2009).

# Orts- und Parkregister

## AUTOR

**Michael Iwanowski** bereist die USA seit mehr als 30 Jahren. Er kennt das gesamte Gebiet wie seine Westentasche und hat seit mehr als 20 Jahren in Florida eine neue Wahlheimat gefunden. Auf seinen ständigen Reisen per Auto, Fahrrad oder Boot lernt er immer neue verborgene »Schätze« kennen, von denen eine Auswahl in diesem Buch zu finden ist.

Zudem möchten wir uns an dieser Stelle bei **Dirk Rheker/Florida Sun (dr)** für den Beitrag von sechs Artikeln bedanken sowie bei **Margit Brinke und Peter Kränzle (b/k)** für zwei weitere Artikel.

## Abbildungsverzeichnis

IWANOWSKI'S REISEBUCHVERLAG

# FÜR INDIVIDUELLE ENTDECKER

## REISEHANDBÜCHER

**Europa**
Barcelona
Dänemark*
Finnland*
Irland*
Island*
Litauen mit Kurischer Nehrung*
Liparische Inseln, Insel- und Wanderführer *
Lissabon
Madeira*
Madrid
Mallorca, Wanderführer*
Malta mit Gozo*
Moskau & Goldener Ring
Nordspanien & der Jakobsweg*
Norwegen*
Paris
Piemont & Aostatal*
Polens Ostseeküste & Masuren*
Provence mit Camargue*
Rom mit Latium
Schottland*
Schweden*
Tal der Loire mit Chartres*

**Asien**
Bali*
Hong Kong
Oman*
Peking
Rajasthan mit Delhi und Agra*
Shanghai
Singapur
Sri Lanka/Malediven*
Thailand mit Phuket*
Tokio mit Kyoto
Vereinigte Arabische Emirate mit Dubai & Abu Dhabi *
Vietnam*

**Afrika**
Botswana*
Kapstadt & Garden Route*
Kenia/Nordtanzania*
Mauritius/Réunion*
Namibia*
Nambia/Naturschutzgebiete*
Südafrikas Norden & Ostküste*
Südafrika*
Uganda/Ruanda*

**Amerika**
Bahamas
Chile mit Osterinsel*
Florida*
Hawaii*
Kalifornien
Kanada/Osten*
Kanada/Westen*
Karibik/Kleine Antillen*
New York
USA/Große Seen*
USA/Nordosten*
USA/Nordwesten*
USA/Ostküste*
USA/Süden*
USA/Südwesten*
USA/Westen*

**Pazifik**
Australien mit Outback*
Neuseeland*

**101 Geheimtipps...**
101 Berlin – Geheimtipps und Top-Ziele für Entdecker
101 Florida – Geheimtipps und Top-Ziele
101 Inseln – Geheimtipps für Entdecker
101 Namibia – Die schönsten Reiseziele, Lodges & Gästefarmen
101 Reisen für die Seele – Relaxen & Genießen in aller Welt
101 Safaris – Traumziele in Afrika
101 Skandinavien – Geheimtipps für Entdecker
101 Südafrika – Die schönsten Reiseziele und Lodges
101 USA – Geheimtipps für Entdecker

## REISEGAST IN...

Ägypten
China
England
Indien
Japan
Korea
Polen
Russland
Südafrika
Thailand

* mit herausnehmbarer Reisekarte

Iwanowski's Reisebuchverlag GmbH • Salm-Reifferscheidt-Allee 37 • D- 41540 Dormagen
TEL: 0 21 33/2 60 31 1 • FAX: 0 21 33/26 03 33 • E-MAIL: INFO@IWANOWSKI.DE
www.iwanowski.de